教育部人文社会科学研究规划基金项目（项目批准号：17YJA770012)

德州学院校级科研项目（项目编号：2020xjpy16）

A STUDY ON THE IMAGE
OF THE REGIME AND ITS UPS AND DOWNS
IN THE 17TH CENTURY BRITAIN

17世纪
英国政权形象与
兴替研究

刘淑青　著

人民出版社

目　录

绪　论

　　在大众政治与媒体政治时代，政治人物的公众形象在当代西方国家政治生活中的地位日益凸显，是说服艺术的重要组成部分。公众形象能够影响大众对一个党派、政权或者某项政策的认知，甚至关乎某个政党或者政权的兴衰，对于政权合法性的意义不言而喻，因而良好的公众形象是一个政权或者政党的宣传目标。与当代社会一样，在近代早期英国，君主政权的公众形象对于王朝的兴衰同样意义非凡。这是因为欧洲近代早期恰逢文艺复兴时代，文化与权力相互依赖，美学与意识形态隐形结合，君主政权致力于权力文化与权力美学的构建，正如学者所言，"修辞与表演，是文艺复兴时期欧洲国家的重要政治特征"①。英国都铎王朝的君主们通过著书立说、绘画艺术、庆典活动等进行权力表述与形象展示，形成一整套权力文化，把君主表述成民族利益的代表与民族的象征，使其处于民族想象的中心位置，借以维护统治的合法性，确立政权的文化权威。面对以教皇为首的国内外天主教势力和欧陆强国如西班牙、法国等大国的巨大挑战，都铎王朝不仅没有被消灭，相反君主的地位与权力比以往任何时候都更加强大，伊丽莎白女王就曾经被人们普遍认为是神圣女王。鉴于这种历史事实，越来越多的学者认识到，17 世纪英国君主政权的表述与形象在政治

---

① Kevin Sharpe,"Representations and Negotiations: Text, Images, and Authority in Early Modern England", *The Historical Journal*, Vol. 42, No. 3, 1999.

过程中占有举足轻重的地位，单纯强调宪政维度的辉格派史学研究范式已经无法全面、深刻地解释该时期的政治过程与政治现象，因而对该时期政治的理解需要我们从权威的文化建构视角，剖析权力形象与权力表述在政治过程乃至政权更替中的重要作用。

一、研究综述

众所周知，在当代西方国家，政治领袖及其政党的公众形象受到选民的高度关注，它可以影响选民对国家政权、某个党派或者某项政策的认知，因而公众形象是一个国家首脑、政党领袖与政治人物个人不得不高度重视的问题。福柯曾指出，权力不是物，而是一种关系，同时西方学界对于"权力"一词的界定也发生了变化，这一切直接影响着君主及其政权形象史学的发展。史学家不再把君主及其政权的公共形象看作是单向的，形象作为一种文化权威，它的构建与宣传被视为统治者与被统治者之间的交换与互动，是一个社会文化过程。在这种理念的影响下，君主（政权）形象史学研究出现重大转变。受当代政治的启发，自20世纪末以来近代早期英国君主（政权）形象受到史学界关注，它经历了从文化霸权模式向沟通模式、从艺术视角向政治伦理视角、从聚焦高雅艺术向关注大众文化的转变。

（一）君主（政权）形象史学的崛起与分析模式的根本转变

随着二战期间法西斯轴心国与世界反法西斯同盟国家大规模系统的政治宣传，以及战后电影时代的到来，政治宣传成为各国政权普遍而自然的事务。但这并不意味着人们对政治宣传本身的认可，由于马基雅维利政治学说的影响，"宣传"一词通常带有贬义，它总是与政治谎言、政治伎俩、操纵与歪曲真相联系在一起，因而被视为是危险的，特别是当代国际社会，宗教冲突加剧了人们对于政治宣传的担忧。因而历史上的政治宣传，长期以来被学界所忽略。20 世纪末苏联东欧剧变，改变了人们的看法，西方学者普遍认为，正是高度集权的政治体制，使苏联东欧国家单纯依靠强大军队与秘密警察，文化权威缺失，政权得不到人民的服从与配合，导致政权的覆亡，学界因此对文化权威产生了浓厚兴趣。在当代社会的观照下，近代早期君主形象（政权）引起史学界关注。

君主（政权）形象研究的开创者并非传统的历史学家，而是一些文学批评家与艺术史学家[①]，他们打破文化史与政治史之间的学科壁垒，开始强调文化与权力的关系，君主的伦理形象取代艺术形象成为研究焦点。在这种研究范式的启发下，以罗伊·斯特朗为首的英国学者，从意识形态视角，选取 16、17 世纪都铎与斯图亚特王朝的君主及其政权形象，将其放到特定的历史条件下进行研究，强调文化艺术的意识形态性，艺术与权力研究紧密结合，君主（政权）形象研究出现重大转折。

关于意识形态问题，马克思、恩格斯在《德意志意识形态》中指出，意识形态是"占统治地位的物质关系的理想表达"[②]。马克思主义史学家认为，意识形态是统治阶级维持社会不平等、保证无产阶级服从的工具。20 世纪 80 年代诞生的新历史主义社会文化思潮，把史学与文化结合起来，对西方学界的君主（政权）形象史学产生了深刻影响。一些学者提出[③]，

---

① 开山鼻祖是德国沃伯格研究所的艾比·沃伯格和弟子恩斯特·贡布里希，他们反对艺术史单纯研究高雅艺术——绘画和雕塑技巧的做法，主张所有的艺术形式都应该纳入艺术研究的范畴，并且主张把艺术史置于历史背景下进行研究。受该派影响，英国学者罗伊·斯特朗从 20 世纪 50 年代末起，探讨自宗教改革到内战期间英国的政治宣传，深刻影响着人们对文化与权力之间关系的认识与理解。

② Raymond Willams, *Keywords: A Vocabulary of Culture and Society*, London,1976, p.127.

③ 左派评论家林恩·亨特与杰伊·弗利热尔曼利用社会心理学理论，通过解读当时有关家庭的论述，认为当时统治阶级运用子女与父母之间或者心存负罪感的信徒与上帝之间既爱又惧的复杂情感，来描述国家与人民之间的关系。斯蒂芬·格林布拉特等学者认为，政权与民众之间存在一种复杂的政治沟通，他们的主张得到文化唯物论评论家伊丽莎白·弗罗因德、苏珊·鲁宾·苏莱曼和英奇·卡拉勒斯·考斯曼的进一步发展，后者强调文化文本的物质性与消费情况，特别强调读者的反馈以及读者在决定文本含义中的作用。

权威具有互惠性，近代早期当权者需要对大众期待、大众情感作出回应，以便维持统治，意识形态灌输论被沟通论所取代，君主（政权）形象作为意识形态的传播工具，不再被视为自上而下的灌输与控制，相反，近代早期英国君主（政权）的公众形象作为一种文化权威，被视为互动性的，是统治者的需要与被统治者的期待之间进行一种交换与协商。君主（政权）形象与塑造形象的能力，被视为近代早期政治的核心，诉诸大众是统治者不得不考虑的问题，即说服政治，大众不是君主（政权）形象的被动接受者，他们也参与构建过程。英国史学家夏普认为，研究者"必须重视权力文本与形象的生产，以及被大众接受的情况，必须进入到当时人们的思想、思维中去进行探索"[1]，才能对君主（政权）形象有更深刻的理解。这样，君主（政权）形象史学呈现出一种新的趋势：不仅研究对象由政权、精英转向大众与市场，从文本作者转向文本的读者与观众，更为重要的是，分析模式也由意识形态灌输模式转向沟通模式。

首先，学者研究发现，君主（政权）的舞台形象开始大众化、市场化，政权对舞台日趋失去控制，单向的灌输模式难以为继。早在英国宗教改革时期，剧院就被亨利八世和托马斯·克伦威尔作为宣传论坛所利用，约翰·贝尔和理查德·莫里森被政权雇佣，从事反教权和新教剧本的写作[2]，自此剧作与舞台表演成为近代早期英国君主（政权）形象宣传的重要媒介。但随着商业的崛起，以及剧院本身的开放性，16 世纪末剧院开始相对独立地进行君主（政权）形象塑造与宣传，对权威进行批判，舞台上出现了一些激进观点，比如莎士比亚的剧作揭露君主统治下的虚伪与阴谋。同时詹姆斯·福斯、威廉·英格拉姆、道格拉斯·布儒斯特、乔纳

---

[1]　Kevin Sharpe,"Representations and Negotiations: Text, Images, and Authority in Early Modern England", *The Historical Journal*, Vol. 42, No. 3,1999.

[2]　W. Ingram, *The Business of Playing: The Beginnings of the Adult Professional Theatre in Elizabethan London*, Ithaca,1992, pp.78−79.

森·海恩斯等学者对 16 世纪末、17 世纪初的剧作及其舞台表演进行研究后发现，剧院开始关注大众审美趣味，注重市场调研，"剧院经理始终关注畅销书的交易情况"①，他们把图书贸易视为社会风尚与美学品位的风向标，关注潜在观众——乡绅、工匠以及一些雇工与学徒，因为当时一便士就可以在剧院里买到一个便宜座位，这只不过是酒馆里一两瓶啤酒的价格，是当时伦敦人最实惠的娱乐消费，因而来剧院看戏的人数猛增，戏剧遂成为一种新的商品与服务。据估计，每周 15000 名观众观看海军司令公司与宫务大臣公司的演出，从 1576 年剧院开业到 1642 年关闭期间，共有 5000 万人次到剧院看戏。② 随着剧院的大众化，普通观众在一定程度上决定了剧院的文化品位。道格拉斯·布儒斯特指出，如果说剧院是意识形态的传播工具，是理解与再生产意识形态的手段，那么自伊丽莎白和詹姆士一世时期开始，剧院逐渐从原来依附宫廷贵族和城市精英，转向对教会和国家的批评，而日益商业化，"政府不能对剧院进行完全的控制"③。同时剧作家生活在由一个由契约、商品、交易构成的商品经济社会，这是一个审美品位或者文化权力由最大卖家决定的社会，因而剧作家开始揭露社会现实，表现出强大的新现实主义精神。

由于受到商业利益驱动，消费者成为决定剧院剧目名单的主要因素，剧院开始按照大众审美需求与期待，塑造君主形象，舞台上的君主（政权）形象经历了一定程度的去神秘化，呈现出大众化趋向。詹姆斯·福斯指出，为追求商业利润，剧院在塑造公共意见的同时，反过来也被大众所塑造，作为再现君主（政权）形象与大众认知的场所，舞台上的君主不再是神秘的，时人威廉·普林和威廉·德雷克明确表达了君主去神秘化与君

---

① J. H. Forse, *Art Imitates Business: Commercial and Political Influences in Elizabethan Theatre*, Bowling Green, OH, 1983, pp.33—42.

② See D. Bruster, *Drama and the Market in the Age of Shakespeare*, Cambridge, 1992, p.i.

③ D. Bruster, *Drama and the Market in the Age of Shakespeare*, Cambridge, 1992, pp.78—79.

主权威被削弱的担忧，"如果舞台是宣扬与维护君主权威的地方，那么（政府）就应该对剧院的日常活动进行钳制……他们（演员）出身卑微，天资平庸，不适合扮演如此尊贵的角色"①。确实，剧院舞台本身内在的颠覆性，导致政府对它的控制力度逐渐减弱，1649 年国王查理一世在展示君权的重要舞台——王宫宴会厅被处死，就是明显一例。

同时学者发现，法庭与断头台的象征性舞台功能，在内战与革命期间被政治集团或个人加以利用与发挥，成为塑造君主（政权）形象、实现政治目的的工具。夏普指出，内战爆发后，公审成为大众免费参与的宏大场面，"法庭与审判台可能是 1649 年伦敦政治生活的最可见特征"②，因而不仅小册子作者有意识地利用舞台语言和舞台夸张技巧，而且审判官和被审判者的舞台表演意识也很强烈。内战爆发后，国王查理一世虽然一度彻底失去了舆论控制权，但他却在公开审判中有意利用公共舞台进行炒作，凭借高超的演技，以及在审判厅与断头台上充满感情的动人演讲，成功地把审判国王变成了国王胜利的一场表演，塑造了强大的"殉道者"形象，从而使保王党赢得了舆论主动权。

其次，学者在对伊丽莎白女王形象进行个案研究后指出，君主（政权）的公众形象是政权的政治需要与大众期待之间妥协的产物，其中的互动性不可低估。艺术与权力、权威与大众之间在进行复杂的互动与交流后，最终创造出了集神秘与世俗、高雅与大众于一体的多面女王形象，其实用主义特征很明显。自宗教改革后，英国广大新教徒的反天主教情绪异常浓厚，因而很多大众节日庆典中，女王画像代表的是智慧与美德，女王是领导王国从教皇黑暗统治走向繁荣的新教国家的象征与符号。1590 年

---

① Kevin Sharpe, "Representations and Negotiations: Text, Images, and Authority in Early Modern England", *The Historical Journal*, Vol. 42, No. 3, 1999.

② Kevin Sharpe, "Representations and Negotiations: Text, Images, and Authority in Early Modern England", *The Historical Journal*, Vol. 42, No. 3, 1999.

伦敦市庆典是在打败西班牙无敌舰队后举行的,所以女王是以"和平之王"形象出现的。[①] 同时,嘉德勋位仪式在伊丽莎白女王时期呈现出明显的开放性,原先没有资格参加嘉德勋位仪式的商人和手工业者,现在也可以作为观众参与到仪式中,接受统治阶级的伦理与价值观念的灌输,"嘉德勋位庆典成为一种公开的表演与游行……是政权的有意设计。"[②] 伦敦市每年举行的女王登基纪念日庆典活动既有宫廷元素,也有大众元素,"以至于它有时甚至不能得到政权的完全认可与赞同"[③],在很大程度上体现的是伦敦中产阶级的价值观念,它用新教徒的英国历史观,把女王塑造成旧约中的圣母玛利亚,致力于新教圣徒、圣女王的形象宣传。

同时,学者也注意到,大众对君主画像拥有不同的理解与解读,不存在自上而下的单向灌输。大卫·豪沃斯指出,近代早期英国艺术和画像所拥有的观众队伍日益壮大,黑市印刷品画像出现在城镇大厅,甚至"大多数乡村教堂,都有伊丽莎白女王墓碑上的雕刻画"[④]。看到女王画像,一些人可能会更加忠诚于女王,但是不容否认的事实是,随着女王画像的广泛传播,女王被更多的人重新诠释与评论,甚至一些人借此抨击或者反对女王政权。

(二)美学视角受到关注

近代早期英国,文艺复兴方兴未艾,大众政治日益崛起,政治合法性对美学日趋依赖,这种现象在英国内战中尤为突出,保王党与议会阵营

---

① See D. Bergeron, *English Civic Pageantry,1558−1642*, London,1971.

② R. Strong, *The Tudor and Stuart Monarchy: Pageantry, Painting, Iconography, Volume II: Elizabethan*, Woodbridge,1995, p.63.

③ R. Strong, *The Tudor and Stuart Monarchy: Pageantry, Painting, Iconography, Volume II: Elizabethan*, Woodbridge,1995, p.123.

④ R. Strong, *The Tudor and Stuart Monarchy: Pageantry, Painting, Iconography, Volume II: Elizabethan*, Woodbridge,1995, p.116.

为争取大众支持，诉诸社会心理，把美学作为确立权威与获取政治忠诚的工具，从而创造出各自的权力美学。

首先，保王党在内战后塑造了查理一世殉道者形象，其神圣美学价值近年来受到学者关注。在公开审判以及被处决后，查理一世与保王党塑造了查理既亲民又神秘的殉道者形象，这为保王党赢得大众支持与同情奠定了基础。内战爆发初期，查理的公众形象面临巨大考验，因为内战与国家分裂，查理从一国之主降为一个党派领袖，君权经历了去中心化，"国王权力的锐减，不可避免地改变了以王权为基础的诗学"①，因此查理一世无法像伊丽莎白等先王那样被宣传为"民族之王"，丧失了在大众想象中国王作为所有秩序天然中心的地位，为此保王党文人需要重新构建君主形象。但是自议会宣称在内斯比截获查理私通法国的信件后，议会派发起宣传攻势，不仅把私通信件公布于众，而且撰文揭露"虚伪国王的真面目"②，同时查理化妆成仆人从牛津囚禁地出逃事件，使其遭受诚信危机，其公众形象与国王权威遭到极大毁损。就在保王党在论战中即将失利之际，弑君事件成功挽救了他们。在断头台前，查理成为当时所有在场者关注的焦点，断头台上貌似从容沉着、高贵优雅的表演，以及自诩为"人民殉道者"的演讲，呈现给人们的是一个圣徒式君主形象。因此查理一世的公众形象实现了逆袭，他再次成为大众想象的中心。随后保王党的借机炒作，使濒临崩溃的保王党起死回生，贵族价值观念与美学得以延续，"他们（保王党文人）用手中的笔，锻造了军队、武器与盔甲，投入战斗"③，保王党美学没有随着君主制的颠覆而消失。

---

① J. Loxley, *Royalism and Poetry in the English Civil Wars: The Drawn Sword*, Houndmills,1997, p.84.

② J. Loxley, *Royalism and Poetry in the English Civil Wars: The Drawn Sword*, Houndmills,1997, p.132.

③ J. Loxley, *Royalism and Poetry in the English Civil Wars: The Drawn Sword*, Houndmills,1997, p.234.

　　同时学者研究发现，保王党利用传统的田园诗、抒情诗等美学体裁，赞颂君主与君主制，宣扬抚慰性美学，对抗共和国的暴力美学，有利于良好君主形象的构建，从而在权力斗争中处于优势。史蒂文·兹维克对1649—1689 年间的文学作品研究后发现，针对清教禁止安息日娱乐等主张，保王党艾萨克·沃尔顿诉诸自然美，赞颂国教所提倡的理想生活方式与价值观念，"阶级之间、阶级内部各成员之间维持着古老、传统的有机联系"①，对抗清教所倡导的禁欲、简朴的美学。在此基础上，他用四季轮回的自然美，驳斥清教徒世界末日的历史观，提出自然秩序最终将回归君主制，他把君主制自然美学化了。兹维克认为，与沃尔顿诉诸自然美学相反，共和派米尔顿和马维尔在 1649 年后抛弃抒情诗，转向为克伦威尔创造新美学，但这种新美学与大众期待不契合。马维尔在《首个纪念日》中，把护国主塑造成世界末日的英雄，赞颂他单枪匹马打破旧秩序、创造新的和谐与秩序的英雄气概，这样他的诗就难免充斥着鼓噪与尖厉的腔调，对饱受内战之苦的大众来说，缺少抚慰性，其产生的影响也就非常有限，"只限于清教徒圈子内"②。相比之下，从美学上看，沃尔顿的诗能够给人以抚慰，令人振奋，沃尔顿的美学就精神意义和政治意义上而言更具有抚慰性、滋养性，因而更有吸引力，比革命派的暴力美学更胜一筹，一定程度上加剧了共和国的政治困境。

　　其次，学者发现，围绕查理二世产生的仁慈父亲与放荡嫖客两种对立的君主形象，是保王党与清教徒之间美学的斗争，是单纯、质朴的乡村美学与繁荣大都市美学对立的结果。南希·克莱因·马奎尔研究指出，面对查理二世好色多情、众多私生子的不利公共舆论，以屈莱顿为首的御用文人，诉诸以热情、奔放、繁荣为核心的都市美学，把查理二世的放荡与

---

① S. Zwicker, *Lines of Authority: Politics and English Literary Culture,1649−1689*, Ithaca,1993, p.69.
② S. Zwicker, *Lines of Authority: Politics and English Literary Culture,1649−1689*, Ithaca,1993, pp.88−89.

9

多子的私生活，与英国的商业繁荣联系起来，塑造查理爱护子民、造福子民的仁慈大家长形象。而以清教徒为核心的老共和派，则倡导禁欲、质朴的美学，马维尔借用荷兰田园诗，把国王不检点的私生活作为共和国政治伦理的对立面，批评英国宫廷的奢侈与腐败，塑造沉溺声色犬马、放荡嫖客的君主形象。弥尔顿的《失乐园》则塑造了查理二世堕落、非法、不虔诚的公众形象，与官方塑造的基督、父亲、家长的形象分庭抗礼。

史蒂文·兹维克研究发现，洛克的《政府论》第二篇从某种角度看也是一种美学文本，它是对德莱顿都市美学的回应与对抗。兹维克从美学视角对德莱顿作品进行审视后认为，德莱顿否认父权主义与专制暴君、绝对主义之间的联系，维护国王多个非婚生子女的合理性，借用人类始祖也难免犯错的事实，为查理二世的私生活进行辩护，甚至把辉格党抨击为"淫荡之人"。同时保王党文人还诋毁洛克的财产神圣不可侵犯的观点，称其是"个人贪婪与自私自利"的体现。兹维克由此认为，《政府论》第二篇是一种修辞表演，它的语调慎重，宣扬理性美学，对热情进行贬抑，抬高理性至党派争论之上，旨在把理性与权威进行文化勾连，因而德莱顿与洛克的争论本身既是政治性的，也是美学性的，他们都意识到政治合法性对美学与文化权威的依赖，因而表面看来德莱顿和洛克是在辩论有关父权、财产、自然法则、主权的概念，实则"维护各自作品的美学地位和文化权威"①。

再次，在以上认识的基础上，有学者认为，君主公众形象一定程度上取决于大众美学品位及其市场需求，因而他们主张把君主（政权）形象置于当时的美学史、形象生产与传播史、大众接受史的背景下进行研究，探索形象变化的物质性因素。君主（政权）形象一方面塑造了大众审美趣

---

① S. Zwicker, *Lines of Authority: Politics and English Literary Culture,1649−1689*, Ithaca,1993, p.162.

味与大众认知，另一方面也反映了大众审美趣味与大众认知的变化，因而研究者在把意识形态纳入艺术史研究的同时，也应把贸易、消费者、观众或听众等因素纳入考量中。苏珊·福耶斯特指出，除了宫廷，地方社会对绘画需求的剧增，刺激了 17 世纪末英国画家数量的增加[1]，约翰·纽曼把教堂装饰物看作是复辟后教堂建筑审美趣味与敌对宗教之间进行调和的产物。

（三）意识形态性日益被强调

由于曾因倡导玩弄权术、塑造君主形象而著称，马基雅维利在近代早期被人们所憎恶、鄙视甚至引发人们的担忧，君主形象长期被视为权谋政治，从而被人们憎恶，君主形象问题因此被学界所忽略。20 世纪 90 年代，以罗伊·斯特朗为代表的英国学者研究发现，都铎与斯图亚特王朝时期君主形象都带有明显的意识形态色彩，意识形态问题得到学界关注。

首先，学者认为，都铎王朝君主形象带有明显的反教权意识形态，是与罗马教皇长期斗争的政治需要。斯特朗选取亨利八世的御用宫廷画家霍尔拜因作为研究对象，认为霍尔拜因是英国最早的宣传运动领袖，"由画家、雕塑家、建筑师、工匠组合的一小支队伍，在 16 世纪 30 年代被雇佣，在石头、木头、金属、玻璃、织物上作画"[2]，以此支持宗教改革，宣布英国与罗马教皇的决裂，这场视觉运动旨在谴责教皇，重新把都铎君主塑造成新康斯坦丁大帝，霍尔拜因"把神圣艺术作为贡品，献给新的全能君主，赋予《禁止上诉法》中的最高首脑以视觉形象"[3]。爱德华六世时期，

---

[1]　See David Howarth, ed., *Art and Patronage in the Caroline Courts*, Cambridge,1993, pp.32—50.

[2]　R. Strong, *The Tudor and Stuart Monarchy: Pageantry, Painting, Iconography, Volume II: Elizabethan*, Woodbridge,1995, p.6, p.10.

[3]　R. Strong, *The Tudor and Stuart Monarchy: Pageantry, Painting, Iconography, Volume II: Elizabethan*, Woodbridge,1995, p.10.

反教皇运动仍在继续，木刻、绘画把英国君主塑造成《圣经》的守护者、对抗敌基督的英雄形象。到伊丽莎白女王时期，希利亚德继承霍尔拜因的事业，绘画艺术继续服务政治权力，视觉艺术的意识形态性非常明显。

罗伊·斯特朗认为，早期斯图亚特王朝的国王詹姆士与查理一世的形象，体现了帝国扩张的意识形态。詹姆士希望英格兰和苏格兰两王国进行联合，实现建立英帝国的梦想，因而他倡导回归古典主义艺术，他在位时期的宫廷文化强调帝国主题。作为御用建筑师与宫廷文化领军人物，伊尼戈·琼斯积极支持建立英帝国的计划，宣扬英国神话传说，把巨石阵诠释为英国古老信仰的标志，复兴古典不列颠的荣耀，培养新的审美品位，"琼斯的建筑革命是新教的、英国的，如果把它作为罗马天主教的建筑风格进行解读，则是完全错误的"①，他的国宴厅屋顶设计，象征着詹姆士治下英国古典时代教会的复兴，借以否认罗马教权至上，宣扬英帝国主题。同样，斯特朗发现，30 年代查理一世形象由最初的帝国主题，转向好丈夫、好父亲的家庭主题，这种形象转变也是意识形态传播的需要。与詹姆士一样，查理一世也追求建立大英帝国，对帝国主题同样很感兴趣，因而御用画家范戴克把他塑造成骑士形象，《马背上的查理》把新的艺术技巧和风格与传统骑士主题结合起来，查理被塑造成古典时代的皇帝、主持骑士祈祷仪式的圣徒，以及领导军队冲锋陷阵的骑士②，这些形象旨在宣扬帝国意识形态。随着 20 年代末政治危机的加剧，塑造民族之王的形象日益困难，查理一世的形象遂偏重家庭，范戴克通过诉诸普通人的自然情感，借用家庭与感情色彩浓厚的词汇与意象，把查理塑造成温柔的丈夫、慈爱的父亲，实际上这是企图依靠父权主义与自然法，维护君主制与君主

---

① R. Strong, *The Tudor and Stuart Monarchy: Pageantry, Painting, Iconography, Volume III: Jacobean and Caroline*, Woodbridge,1995, p.105.

② R. Strong, *The Tudor and Stuart Monarchy: Pageantry, Painting, Iconography, Volume III: Jacobean and Caroline*, Woodbridge,1995, p.152.

权力。这种充满家庭温情的语言和父亲意象，给予《国王的圣像》①以巨大力量，使保王党曾经一度在公共舆论中占据优势，虽然它未能保住查理的性命，但是却在五六十年代，赢得了部分大众对斯图亚特王朝的同情，有助于斯图亚特王朝的复辟与统治。

沃恩·哈特研究认为，近代早期英国的艺术实际上是表达宇宙观的一种特殊符号，当时的建筑师、画家用艺术宣扬君主维护自然秩序的神秘力量，君主形象带有明显的新柏拉图主义神秘色彩，是帝国意识形态的体现，"新柏拉图主义成为英国复兴的符号"②。哈特指出，早期斯图亚特王朝所有艺术都是"披着古典时代民族传说外衣的柏拉图主义"③，为实现帝国梦，詹姆士一世和查理一世致力于古典艺术与古典建筑的复兴，以及帝国意识形态的传播。因而詹姆士的肖像与其祖先布鲁图一同出现在国宴厅屋顶绘画中，作为宇宙秩序的类比，国王在王宫宴会厅的绘画中处于中心位置，旨在宣扬政治秩序中国王至高无上的地位。伊尼戈·琼斯设计的假面舞剧，以及圣保罗大教堂与伦敦法学会特洛伊纪念碑柱廊，都体现了帝国复兴的主题。帝国主题还出现在一些文学作品中，它们宣扬骑士时代是英国历史上的黄金时代，把英国比喻成伊甸园，君主是维护自然秩序与宇宙和谐的超凡魅力人物，一些音乐和舞蹈也充斥着神秘的柏拉图主义。

当然，一些学者反对把艺术视为政治宣传的研究模式，他们认为近代早期不存在国家宣传，或者质疑这种自上而下宣传运动的有效性。历史学家西奥多·拉布认为，17世纪的政治理论家很少关注艺术，因此当代学者对君主形象进行政治文化的解读，这是犯了时代错误，"有谁能够真

---

① 查理一世被处死后不久，英国坊间出现了一本以他的口吻出版的著作，题为《国王的圣像》，又名《国王的书》，声称该书的作者就是查理一世本人。关于该书的作者问题，目前学界普遍认为是保王党炮制。

② R. Strong, *The Tudor and Stuart Monarchy: Pageantry, Painting, Iconography, Volume III: Jacobean and Caroline*, Woodbridge,1995, p.34.

③ V. Hart, *Art and Magic in the Court of the Stuarts*, Routledge,1994, p.190.

正理解文艺复兴时期艺术的象征主义?"[1] 他进一步指出,近代早期的政治思想建立在美学理论基础之上,艺术不是政治,而是一种美学实践或者表达野心的表演。但是我们知道,美学实践无法避免意识形态的影响,当时被允许的演出或者娱乐,表达的都是社会与宗教等热议的政治话题,所以美学无法置身于政治之外,相反它深深根植于意识形态、党派斗争中。

同时,一些学者对政治宣传的效果产生质疑。[2] 西德尼·安格鲁否认都铎王朝节日庆典与仪式的宣传功能,认为这些娱乐活动作为交流的手段是无效的,虽然他不否认都铎时期存在一种自上而下、严密控制的官方宣传,但是他却质疑宣传的效果。他认为,这些盛大庆典的政治影响在很大程度上取决于大众的参与,由于它们表达的是欧洲古典哲学主张,普通大众根本无法理解庆典活动中的符号及其含义,以至于"这些晦涩深奥的思想,有可能失去观众"[3]。按照这样的逻辑,安格鲁认为,盛大庆典政治宣传的有效性就成为问题。但是史料已经证明,在近代早期英国,寓言与符号绝非是精英的专利,宗教和道德符号已经出现于大众文学、大众文化与木刻版画中。[4] 同时从伊丽莎白时期的剧作、查理一世时期的诗文、近代早期的仪式中不难看出,精英与大众之间出现了更多的共同文化,市民与精英都是象征性文化共同体的参与者,两极化的文化与政治分析模式显然是不符合历史事实的。

福柯曾指出,现代权力不能因自己的淫威而无所不能,单靠惩罚制度、警察等监督力量及军队,不能完全有效掌控整个社会,现代权力运作与权威形象、权力表述密不可分,后者便是文化权力,文化权力的作用就

---

①   T. K. Rabb,"Play Not Politics: Who Really Understood the Symbolism of Renaissance Art?" *Times Literary Supplement*, 10 Nov., No. 4832,1995.

②   See Sidney Anglo, *Images of Tudor Kingship*, Seaby,1992.

③   Sidney Anglo, *Images of Tudor Kingship*, Seaby,1992, p.197.

④   See M. Spuffrod, *Small Books and Pleasant Histories*, London,1981.

是宣扬权力正当化和服从的义务。发轫于 20 世纪末的文化转向，推动近代早期英国政治史从单纯的组织机构研究转向物质文化的研究，从静态的制度安排研究转向动态的社会文化与政治文化构建过程研究，君主形象史学则是这一趋势影响的结果。

二、选题的缘起

最近几十年，西方历史学界出现了一股新的国际性潮流——新文化史，因其把社会和文化作为一个整体来看待，又被称为"社会文化史"。它从全新的视角来研究政治，是集中于政治态度和政治实践的社会史，包括普通人与精英人物、地方政治与中央政府。新文化史的兴起是同以"文化转向"或"语言学转向"为标志的整个当代西方社会思潮和人文社会科学研究风气的转变相一致的，因而可以被包容在广义的文化研究的范畴之内。它从人类学（尤其是文化人类学）获得了文化的概念、研究的视野和解释的手段，从文学理论、语言学和符号学那里得到了分析的武器，又从结构主义、后结构主义等后现代思潮中学会了批判的态度。本书选题正是受到新文化史的启发而确定。

（一）新文化史对于历史学的深刻影响

20 世纪七八十年代，以新文化史为代表，整个西方史学经历了一次由社会史向文化史的转向，历史学家开始关注普通民众对政治的理解和态度，以及他们日常生活、行动、思维和心态对政治的反映和影响。与此同时，福柯对知识与权力关系的解析、对话语的阐释以及其探究历史的独特视角，又指引历史学家走向了新的方向，"历史学家在最没有希望的地方"——感觉、爱欲、意识、直觉中寻找权力的缝隙。这一切对历史学的影响深远而巨大。

新文化史将历史学的研究对象和研究领域从以往偏重于政治军事或经济社会等方面转移到社会文化的范畴之内，提出用文化的观念来解释历史，在方法上借助了文化人类学、语言学、文化研究等学科的理论方法，通过对语言、符号、仪式等文化象征的分析，解释其中的文化意涵与意义。

新文化史对历史学所做的最积极的贡献就是以全新的视角来审视史料。在它看来，史料不是作为事实的再现，而是作为一个承载了文化的文本表述被解读。它抛弃了客观主义的研究方法，不再把研究对象仅仅看作是等待被分析的物质，而是在文化相对主义中发现了主观与客观协调、平衡的可能性，采用了主体研究法，把事件、文献作为一个由社会和文化建构的文本，历史学家也由此与研究对象展开互动的对话，认为现实是社会地或者文化地建构起来的，历史学家的写作是建构性的。

新文化史的"话语"概念与话语分析为政治史研究提供了方法论上的启发。话语作为新文化史的重要概念，是指人们说出来或写出来的语言，在人与人的互动过程中呈现出来，具有社会性，同时它与文本本身一样又具有虚构性。话语分析则是指对人们说（叙述）什么，如何说（叙述），以及所说（叙述）带来的社会后果的研究。新文化史就是把史料作为文本进行研究，揭示其中的话语结构和文化意义。新文化史的概念与方法，对于政治史的研究启发良多。

受西方当今新媒体时代下某些被精心设计的言辞、刻意包装与树立的形象、有意安排的观众等现象启发，新文化史把观念、形象、仪式等过去被视为从属所谓的"真正权力"的表述作为研究对象，使政治史的研究从过去的机构、话题、政策或者议会民主程序研究，转向了形象、外表、表述、媒介、宣传的研究，一些批评者把这种转变称为"从物质转向了形式，从忠实辩论转向了宣传，甚至从表述政治转向了歪曲表述政治"①。

尽管新文化史因对政治的忽略而受到批评，屈维廉称其为摒弃政治的历史，但是这种新的研究方法对史学研究的启发不容小觑。历史学家在研究近代早期英国政治史时，不能回避文化政治，不能把政治权力与观念、形象、仪式等权力表述割裂开来，正如文学评论家和艺术史学家所认为的，表述与歪曲的表述、神话与虚构这些与历史研究的物质东西是一样的，都是事实和真实，文化与政治、表述与权威之间存在密切关系。

（二）文化权威对于近代早期英国君主统治的重要意义

近代早期英国君主制具有明显的特殊性。相比同期的欧洲大陆国家，近代早期英国王权要有限得多，军队、司法、惩治机构等构成了权力部门，它们是统治者可执行其意志的有效手段，但是该时期的英国国王缺少强大的军队、庞大的官僚体系、警察等国家暴力机器，即使最底层的官僚也是选举出来的。那么国王依靠什么进行统治呢？有限王权导致君主制的有效统治不能仅仅依靠权力机构，而是依靠权威，赢得人民的共识、合作与服从。权力与权威属于不同的范畴，权力是授予性的、认可性的，而权威则是不证自明的，来自宗教和历史传统，西塞罗有一名言："权力属于人民，权威属于元老院。"权威是社会运行（制定）的一套符号和规则，是一种社会文化的构建与表达。在这里，权威不能简单地被视为最高主权实施个人意志的一种能力，而是统治者与人们之间的谈判、协商，人们在权力与权威构建中起着很重要的作用。

近代早期英国，统治者不能仅仅宣称拥有国王的权威，还要为这种权威进行合法性的论证，因而他们需要通过文字、图像和盛大庆典活动等

---

① Kevin Sharpe, *Selling the Tudor Monarchy: Authority and Image in Sixteenth-Century England*, Yale University Press, 2009, p.5.

权力表述，为拥有国王权威进行辩护与说服，"权力赋予强力以权威，强力让权力更加有效，权威又让权力更加可信"①，以此证明王权的合法性，影响人民对君主及其政府的认知，赢得人民的支持，稳定与巩固统治地位。英国学者凯文·夏普曾指出，大约从 1500—1700 年，君主统治的成功与否最终与他的权威表达密不可分。对统治者来说，王权表述成为重要的政治事务，整个近代早期英国的君主们都致力于王权表述，以期展示最正面的君主形象，树立与提高君主权威，以便赢得民众支持，稳定与巩固统治。

在英国，王权表述始于都铎王朝，原因有二。一是都铎君主比历史上任何时候都更需要大众支持。从玫瑰战争废墟上登上国王宝座的亨利七世，继承英国王位的合法性相对脆弱；亨利八世发动的宗教改革，造成基督教的分裂与严重的国内外冲突；伊丽莎白时期英国面对强大的天主教帝国西班牙的攻击。为确保王朝的安全和君主的权威，在一个多世纪的时间里都铎君主们需要从民众中汲取力量，需要说服英国民众国王统治的权利，保持王朝统治的稳定。而此时印刷品的广泛使用，为都铎王朝君主权威表述提供了条件。二是都铎王朝是英国从中世纪向近代世界转变的时代，与封建时代相比，欧洲近代社会权威的实施，更多依靠大众的支持，诉诸人民显得更为重要。对都铎君主们来说，封建君主制观念已经不能够满足统治需要了，在这种观念下国王依靠传统贵族的忠诚来保持政治的稳定，但玫瑰战争及其贵族之间的内战、宗教纷争，以及市场经济的崛起，传统的封建关系已经出现破裂。都铎君主们需要重新定义与适应变化的形势，争取臣民的服从，他们遂通过精心的表述行为，构建权力，当时"一些最伟大的诗人本身就是政治家，他们通过他们的作品

---

① ［法］米歇尔·德·塞尔托：《历史书写》，倪复生译，中国人民大学出版社 2012 年版，第 10 页。

努力影响公共事务"。①

自都铎王朝的亨利八世起，表述政治被提高到重要地位。宗教改革造成英国与罗马教权的决裂，亨利八世面临险恶形势，一方面，国际天主教势力组织入侵英国的威胁不断产生。另一方面，亨利八世宣布自己不仅是英格兰的君主，也是英格兰教会的首脑，这一新的王权理念，引起意识形态的分裂，在民众中造成了巨大的分歧，一部分人迅速接受，还有一些人持中立态度，还有一部分人强烈反对国王的王权至尊，把亨利八世看作是异端，并对效忠国王提出质疑，提出了忠诚国王还是忠诚个人信仰的疑问。这种形势下，亨利八世需要构建新的政治文化，把世俗权威与国王本人神圣化，为国王权威的合法性进行辩护，保障都铎王朝和英国国家的安全。而此时新的交流媒介兴起，它们共同推动了表述政治的崛起。亨利八世遂通过文字、图像和盛大仪式与活动表述自己，开始了王权表述艺术，致力于打造良好的君主形象，追求人气与诉诸大众，以期赢得人心与民众的认可。这种表述不是自上而下的施加权威，而是劝导民众接受"王权至尊"，宣扬罗马教廷对于英国社会稳定和繁荣的危害，这是亨利八世执政后期形象塑造的主要内容。在欧洲其他国家，宗教改革削弱了国王权力，而在英国天主教仪式被世俗化，被都铎君主们借用，作为国王崇拜与王权神秘化的仪式。自此，王权表述成为都铎王朝君主们的首要政治事务。

哈灵顿爵士曾经回忆统治晚期的伊丽莎白女王，"我们爱她（指女王），是因为她说过她爱我们，这其中充分彰显了女王的超人智慧"②。众所周知，无论在过去还是现在，伊丽莎白一世在英国人心目中都拥有很高的威望与人气，究其根源一个很重要的因素就是她善于并擅长表达，树立起一个爱民如子的女王形象，作为维护与加强君主权威的一种策略。哈灵顿爵

---

① David Norbrook, *Poetry in English Renaissance*, Oxford University Press,2002, p.1.
② Jeffrey S. Doty,"Selling the Tudor Monarchy: Authority and Image in Sixteenth-Century England", *Philological Quarterly*, No.1, Vol.88,2009.

士的这句话表明，王权表述以及在此基础上建构起的君主形象在塑造大众对君主认知过程中的重要作用。伊丽莎白女王时期英国的稳定与繁荣，与大众对君主的拥戴不无关系。同时，该事例也从侧面说明，权威是一种文化构建，它可以转变为权力，是一种带有情感成分的权力。

有效的王权表述是确立权力合法性的重要手段，是王权正常运转的必备宣传工具，象征性的符号体系、可视的文字艺术以及和王权的连续性相关的编年记录等，一起营建起了强大、神圣却又神秘的都铎王权形象。伴随着民族国家的形成、统一和国家管理机构的强化，作为社会运转轴心的王权也逐渐形成了一套相对稳固的表述模式，王权符号体系的表述模式日益明显。关于王权观念的历史表达方式是以一套具有象征意义的符号体系为基础的，其中既包括王冠、服饰、权杖等可视符号，也包括内政外交、文治武功、神圣品质、宗教庆典和丧葬仪式等具体历史信息的表述。随着历史的沉积，这种象征性的符号体系逐渐形成了一套固定的可视图案和模式化的叙述方式，开始编织出一套与众不同的意识形态，将领导权和权威注入各种复杂的象征和仪式当中去，这些意识形态成为强化王权权威的有利因素。

自都铎王朝起，英国王权表述的核心是君主形象，因为良好的君主形象是权威合法性的重要依据，是确立君主权威的重要途径。正如在现代世界，品牌的形象以及消费者对品牌的认可是商品推销的关键一样，近代早期英国王朝的形象以及人民对王朝的认可，是一个王朝政治权威、文化权威确立的关键，这就是近代早期英国流行的表述政治。对统治者来说，权力表述、公共关系如同商品销售，是保证成功的重要政治艺术。成功的统治者其秘诀就在于对政策的表述艺术，一种给臣民观众或者公民观众留下深刻印象的戏法，推销、兜售成为必要的政治技能。都铎王朝的成功，正是因为它认识到君主形象的构建与管理之重要，所以精心打造君主形象。都铎王朝的成功，在于作为一个家族，他们在权力宣传方面做得异常成功。都铎君主们深谙为政之道，知道如何才能给人民留下深刻印象，说服那些不太情愿的人民合作，不仅服从君主，而且还把君主视为神圣的。为实现该目的，他们把都铎君主作为一个商品品牌，采用现代营销策略进行打造与宣传，把大众视为消费者，把君主形象作为商品，按照大众价值观念、美学品位与精神需求等大众期待，打造君主形象，以期保证君主形象获得大众认可。伊丽莎白就是典型的例证，她能够对大众希望看到的君主形象进行及时回应，既成功地表现强大女王的形象，又表现出女性国王柔弱的一面，符合国王拥有政治的与肉体的两个身体的传统观念。同时，她利用基督教传统的圣母玛利亚崇拜来塑造自己的形象，结果把女性统治者在政治上的性别劣势转变为一种优势，把女王与王权神圣化，把自己塑造成圣母形象，成功地扭转了不利形势，女王形象成为了一种有效的统治策略，为后世君主树立了典范。到 16 世纪末，都铎君主制成为民族想象的中心，伊丽莎白女王被人民普遍视为神圣的国王。

可以说，都铎王朝是首个熟练掌握公共关系艺术的王朝，君主们通过演讲、著书立说、出宫巡行，以及借助硬币、印章与微型画上的肖像，构建了良好的君主形象，确立了国王权威，成为强大王朝的基础。

正如在当今时代，政治事务不再仅仅是关于大臣、选举和议会演讲等，政治领袖的形象及其传播也深刻影响着政治及其过程，同样近代早期英国君主形象与表述政治成为重要的政治策略，当时英国正值文艺复兴，君主们不惜花重金，聘请最好的画家为自己画像，表现王权的威严。同时文字、盛大仪式与仪仗队也被用来塑造君主形象，君主形象不仅具有美学意义，而且还具有更重要的政治与意识形态上的含义，它代表统治哲学与王权哲学。

三、研究思路与框架结构

近代早期英国特别是 17 世纪内战与革命时期，政治危机总是与君主（或政权）形象危机同时发生。基于这种关联现象，本书认为，17 世纪英国政权兴替、政治制度变革背后，除经济、政治、社会与宗教等因素外，最高统治者的形象与人们对最高统治者的认知也起着举足轻重的作用。如前所述，近代早期英国统治的实施，更多地不是依靠权力机构或者武力，而是大众对君主统治的服从。对封建政权来说，统治事务就是获得民众服从的艺术，服从则是通过权威而获得，权威则依靠统治者的形象，形象则是一种有意识的管理性事务。自都铎王朝开始，树立良好的君主（政权）形象就成为统治者的首要事务与重要的政治艺术，它承载着影响与说服大众的政治功能，是确立君主权威、确立统治合法化的重要依据。

（一）研究思路与方法

过去学界关于英国内战的研究虽然很多，但大多采用传统的史学理论与方法，研究的重点聚焦在经济、政治或者宗教领域，对于文化权力在政治过程中的影响重视不够。本书在吸收国内外学术成果的基础上，特别是新文化史的理论与方法，以 17 世纪英国国王（护国主）形象表述为视角，重视被传统政治史所忽略的资料，把君主形象作为文本，揭示君主形象在政治文化构建、公共意见操纵、话语权争夺中的作用，探讨 17 世纪英国君主形象与政权兴衰之间的关系。具体研究思路如下：

第一，17 世纪是英国历史上最为动荡与混乱的时代，也是英国君主权威最需要合法性的时代，权力表述与君主形象在政治稳定与政权成败方面起着十分重要的作用。众所周知，所有权威都需要建立在合法性的基础之上，特别是对于一个新王朝、新的统治形式来说。对那些在非正常情况下实施权力的英国统治者来说，比如 15 世纪英国与罗马教皇决裂、1649

年处死查理一世、1688 年光荣革命，合法化的需要与合法性的挑战就更加迫切与明显。这里的合法，指的是遵守法律、规则和政体传统，统治者需要诉诸这些法律、符号来支持其政体，所以合法化是一个文化过程，它可以通过政治主张等真实事实来进行，也可以通过确立一个虚构性事实比如神话来实施。

17 世纪初英国开启了一个新的王朝即斯图亚特王朝，国王与下院之间的权力之争随着新王朝的到来而逐渐显露出来，并且日趋白热化。面对着日益激烈的政治冲突，为确立君主的权威，斯图亚特王朝的君主们开始积极进行王权表述与君主形象的构建，塑造了各具特色的君主形象。这些形象塑造的成功与否，一定程度上影响着政权的兴衰与更迭。如同当今世界一样，近代早期英国君主形象的构建不是单向的，而是政权与人民双向互动的过程，它来自于与民众的意见交换，政权必须投射符合民众期待的君主形象，17 世纪英国不同历史阶段各个政权的君主制表述直接关系到人民对君主制的认知和情感。

第二，把建构与传播君主形象的媒介作为研究的重要文本。形象是权威实施的核心，国王的演讲、王室宣言和政府公告都可以被视为修辞表演，通过诉诸爱国主义、公共利益甚至激发民族的集体性焦虑，说服人民服从君主统治。同时，国王或者女王个人的作品如歌曲、诗文、祷告文、翻译或者圣经评注，也是塑造君主形象的重要媒介，是我们要解读的文本。此外，国王的肖像画、雕刻和木版画，印章、奖章和硬币，以及重大庆典与仪式如先王的葬礼、加冕礼、婚礼、进入议会的仪式、国王巡行等，这些都是展示国王形象的重要场合，关于重大仪式上君主的作品是解读君主形象的重要文本。传统、历史和记忆是政客们说服大众服从统治、确立君主权威的基本要素，因而是我们要研究的重要资料。

第三，分析君主形象塑造的成败得失与政权稳定与否之间的关系。良好君主形象必须同时具有神秘化与大众化两种特征。近代早期英国流行国王两个身体的说法，即国王的自然身体与政治身体，两个身体对应国王的两种人格：国王的自然人格与公共人格。前者为国王肉身，具私人性，会犯错，会朽坏，会偏私。后者代表了国王的公共政治职能，为全民福祉，具公共性，永续不朽。出于诉诸大众的需要，近代早期英国的君主在保持神秘性、神圣性形象的同时，还要构建与展示可亲的、大众化的形象，只有那些成功协调君主两个身体与两个人格的国王（特别是伊丽莎白与查理二世），才能获得度过危机甚至提高其权威的名声。与良好的君主形象有利于稳定统治相反，负面的君主形象则会加剧政治危机，加速政权的崩溃。君主形象作为一种宣传君主的表述艺术，把君主置于大众视野下，使其成为公众人物，不仅存在削弱君主权威神秘性的危险，而且还容易导致公共领域的活跃，出现关于政权的反面宣传与负面的君主形象的流行。因此，尽管 17 世纪英国的国王们希望监督与控制臣民们对国王政策与私人生活的讨论，但是上层的政治行为与国王生活日益暴露在众人瞩目下：报刊、新闻书、闲话传言的报道，以及民谣、版画和木刻画的宣传，在新媒体世界，国王们和护国主发现，使自己的言论与形象占据主导地位比以往任何时候都更为重要，同时也更为困难。在一个很多人正在致力于削弱政府权威与形象的文化中，人民对君主形象的反映各异，权力的公开表演存在着被观者所盗用或者批判的危险，公开宣传容易引起政治辩论与负面君主形象的流行与泛滥。比如詹姆士一世没有深入了解大众期待，不太重视王权的展示，对视觉形象的重要性重视不够，主要通过文字表述君主统治，最终未能赢得人民的好感与情感，导致统治时期与下院的激烈冲突。

第四，主要研究方法。一是文献分析。认真研读当时官方公告与布道、君主的演讲、精英的著述与艺术作品，以及流传于大众中的民歌民谣、口头新闻、传单、版画等文献资料，在注重文字资料价值的同时，充分挖掘庆典礼仪、绘画作品、舞剧表演等视觉资料的价值。二是多学科理论与方法的综合运用。君主形象作为一门政治艺术，是当时多种文本与多种媒体影响的结果，因而它的研究需要多学科的视角与跨学科的理论方法。三是理论分析与文本细读相结合。既注重理论的宏观指导性，同时又不预设某种理论框架。在理性思辨的同时，注重文本细读，力求对研究对象作出独到的把握与阐发。

（二）框架结构

第一部分，早期斯图亚特王朝。该部分首先对于都铎王朝君主形象及其影响进行分析，作为一种政治遗产，都铎君主形象与塑造策略对 17 世纪斯图亚特王朝政治影响深远。神圣的君主形象及其文化遗产。宗教改革、与罗马教皇决裂、英国与西班牙的战争，促使都铎王朝发起了大规模王权宣传运动，亨利八世与伊丽莎白女王打造了民族偶像式的神圣君主形象，掩盖了政治分歧，制造了民族统一、政治和谐的幻象，都铎王朝得以合法化，君主权力由此巩固与加强。形象打造自此成为英国君主最基本的统治艺术。

其次，该部分主要分析斯图亚特王朝的首位君主詹姆士一世过于世俗甚至腐败堕落的君主形象以及查理一世冷酷的暴君形象。詹姆士时期，卖官鬻爵、宫廷性丑闻的频发等毁损了宫廷声望，和平外交、宗教宽容政策、绝对主义的政治观点，以及视觉形象中神圣要素的缺失，君主形象经历了去神圣化，詹姆士本人与宫廷直接暴露在公共言论攻击下，君主威望一落千丈。查理一世高度关注表述艺术，但是在 17 世纪 30 年代，他也未能赢得人民的情感与认可，原因有二：一是他的宫廷文化呈现出神秘虚幻、孤芳自赏、亲天主教的倾向，给大众造成的是宫廷与国王远离大众，是一个外国的、教权的非英国的宫廷与君主。二是查理实行无议会统治，圈钱与强制借款，软弱外交，镇压清教，30 年代宫廷外出现了一个高高在上的暴君形象，加剧了政治国家的公开决裂。

第二部分，内战时期：1649 年对查理一世公审与处决，被查理变成了一场为自己辩护的公开表演与殉道仪式，君主形象与话语权争夺发生逆转。而共和国则没有建立起自己的文化权威，新政权革命形象构建失败。英吉利共和国建立后不久，保王党炮制《国王的圣像》，打造查理"殉道者"形象及其个人崇拜，旨在利用弑君事件，置共和国于非法地位。共和国政府没有革除弊政与腐败，尾闾议会屈从于军队，政权既没有清除传统君权文化符号的影响，也未能重建自己的政治文化。共和国话语权及其文化权力的缺失，塑造一个单纯依靠军队与暴力的军政权形象，政权合法性遭受质疑。

第三部分，护国主时期：克伦威尔形象的日益君主化。护国主统治结束了政治动荡，迎合了饱受内乱之苦、渴望和平的社会心理。但是解散尾闾议会，严格的书刊检查，限制新闻出版自由，镇压不同政见者，制造政治冤案，借用传统君权文化符号，塑造了专制君主形象，实际上重新认可了传统王权文化的合法性，为王朝复辟铺平了道路。

第四部分，王朝复辟时期：查理二世实用主义的两面性君主形象、詹姆士二世天主教领袖形象。王朝复辟后，《宽赦宣言》《多佛密约》、天主教阴谋案与排除法案危机，以及英国社会分裂的现实及其政治文化，促使查理二世塑造了既传统又革新、既神圣又世俗的形象，它是当时英国社会两面性与过渡性的反映，巩固了复辟政权。詹姆士二世公开天主教徒身份，七主教案、蒙默思案，迫害清教徒，亲法外交，王子继承权危机，宫廷文化艺术、美学鲜明的天主教色彩，辉格党的反国王宣传运动及其文化优势，塑造了詹姆士二世天主教暴君的公众形象，助长了教权阴谋论，加速了复辟政权的倾覆。

第五部分，晚期斯图亚特王朝：威廉三世的革命维护者形象与安妮女王实用主义的君主形象。首先分析威廉三世的君主形象。依靠军队与政变获取英国王位，连年的海外战争，老共和派、詹姆士党、乡村党对政权的攻击，威廉统治合法性遭遇质疑与挑战。作为反击，辉格党发动强大宣传攻势，塑造了威廉作为新教与自由守护者的形象，巩固了政权；威廉则更加依靠议会，有利于立宪君主制发展。威廉的君主形象是英国宫廷文化日益衰微、政党文化影响日甚的结果，是英国最高统治权由国王转向议会的体现，同时也加速了这一权力转移过程。其次，18世纪初斯图亚特王朝晚期的英国，是一个承前启后的时代。1702年继承英国王位的安妮女王，为维护光荣革命的成果，巩固政权，采取了务实的策略和态度，把女王称号既归于王室家族的出身与血统，也归于议会的任命，树立了一个斯图亚特家族合法王位继承人包装下的宪政君主形象。它既表达对光荣革命所确立的立宪君主制原则的接受，又突出其王位继承原则的正统性。这种看似矛盾的君主形象，维护了光荣革命所确立的宪政原则，同时又弥补了内战与宫廷政变对保守的英国人造成的情感创伤，使其获得了两大政党与大多数英国人的支持，在公众中拥有很高的声望，维护与巩固了政权。

第一章

早期斯图亚特王朝时期

　　在英国宗教改革开始后轰轰烈烈的破坏圣像运动中，圣母玛利亚的画像从教堂和修道院中被赶出去，伊丽莎白女王填补了破坏圣像运动后偶像崇拜留下的空白，在公共领域确立起伊丽莎白崇拜。"伊丽莎白的肖像最初出现在宫廷，继而走出宫廷，走向王国各地，成为人们膜拜的对象"[1]，宫廷操纵公共领域，把女王塑造成女神供人们膜拜，宣传统治阶级的价值，维护君主权威，巩固统治阶级内部的团结和民族团结。自 17 世纪始，一直到今天，关于伊丽莎白一世的表述几乎都是正面的、积极的。[2]

　　利用公共领域，塑造良好君主形象，争取民族支持，确立君主权威，这种统治策略与统治艺术是都铎王朝留给后世君主的重要遗产。然而 17 世纪初斯图亚特王朝早期的两任君主詹姆士和查理一世，不仅没能树立起适应形象发展需要、符合民族期待的公众形象，相反他们的公众形象走向了民族的反面。由于没有充分认识到公共领域内大众媒介的价值，或者对诉诸大众心存疑虑，两任国王都视国家事务为禁脔。1621 年 12 月 24 日，詹姆士政府颁布宣言，禁止"人们就国家事务，肆无忌惮地妄加评论，心怀恶意地发表言论"[3]，公开表达政治意见的渠道一度被关闭，不满者遭到压制，这样詹姆士在公共领域树立了专制、腐败、堕落的君主形象。到查

---

① Frances A. Yates,"Queen Elizabeth as Astraea", *Journal of the Warburg and Courtauld Institutes*, X,1947.

② See Susan Doran,Thomas Freeman, *The Myth of Elizabeth*, Red Globe Press,2003.

③ James F. Larkin and Paul Hughes, *Stuart Royal Proclamation*, Oxford,1973, p.495.

理统治时期，"实际困难和糟糕的公共风格，对君主统治来说，其影响是灾难性的"[1]。由于对诉诸公众手段的敌视，查理的王室日益远离大众，宫廷文化则完全脱离社会现实，退居到一个沉湎于幻想的封闭世界，在公众眼里查理成为一个高高在上、脱离人民、遥不可及、冷漠专制的君主形象，君主日益陷入孤立。对公共领域的敌视与严格的书刊检查制度，使人们的不满言论与情绪找不到合法的宣泄口，由此引发地下媒体以及反政府的舆论出现，"从乡村酒馆到圣保罗大教堂的过道，诽谤诗文在疯传传播"[2]，国王与宫廷成为舆论攻击的首要目标，与都铎王朝相比，斯图亚特王朝早期两位君主形象一落千丈，君主的权威遭到严重削弱。更为严重的是，负面的君主形象引发了某些政治精英与大众对宫廷与国王政府的猜忌，阴谋论产生并蔓延，宫廷被看作是西班牙和天主教势力的间谍[3]，人们认为，既然宫廷和政府充斥着西班牙天主教的间谍，那么避免英国灾难的唯一办法就是诉诸议会，这直接导致了政治危机的爆发。

第一节　伊丽莎白圣女王形象及其后世影响

自古至今，优秀的政治家非常注重自己的形象，政治家的形象就是公权力的符号，一旦形象被毁，政治家的政治生命就终止了。古今中外，没有一位政治家不注意自己的公众形象，反之，不注意自己的公众形象，必然对统治产生不利。亨利八世宗教改革引发激烈的宗教论战，都铎王朝

---

[1]　Robert Zaller, *The Discourse of Legitimacy in Early Modern England*, Stanford University Press, 2007, p.10.

[2]　Peter Lake and Steven Pincus, *The Politics of the Public Sphere in Early Modern England*, Manchester University Press, 2007, p.145.

[3]　Thomas Cogswell, "The Politics of Propaganda: Charles I and the Pepole in the 1620s", *Journal of British Studies*, 29, 1990.

有意培植一个攻击罗马天主教与宣扬新教的公共领域，作为服务英国君主统治的文化与舆论阵地，以及建构君主形象与确立君主权力合法化的重要工具。根据形势发展需要塑造符合民族期待的君主形象，成为亨利八世及其后世国王巩固与加强君主权威的决胜秘诀与重要策略。伊丽莎白女王把这一统治艺术发挥到极致，她利用英国人日益强烈的民族意识，成功把自己塑造成了民族精神的象征与民族利益的代表。

在前市场时代，君主的个人影响与人格魅力对于国家和社会的统治至关重要，君主的神圣化与对君主的奉承歌颂成为都铎王朝的风气。伊丽莎白宫廷重臣沃尔辛厄姆说：人们需要有高远的东西供自己敬仰崇拜，需要在人世间能触摸到。为了整合当时英国社会各阶层与各种思想，国王与王权必须具有威严与神圣性，女王伊丽莎白必须被赋予神性一面，就如同圣母玛利亚。在英国历史上，圣女开创的和平与富足的黄金时代传说久盛不衰，是世世代代英国人向往的理想境界。因此，通过文学、绘画、仪式等形式构建女王的圣女形象，到女王统治后期，圣母崇拜在英国逐渐被"童贞女王"——伊丽莎白女王崇拜所取代。女王被比作玫瑰、星星、月亮、凤凰、貂、珍珠，而这些以前一直是圣母玛利亚的象征，"伊丽莎白万岁"也取代了"玛利亚万岁"。

一、严峻的国内外形势与合法性之需要

伊丽莎白女王即位时，英国国内险象环生，国际处境危如累卵，玛丽的血腥统治留下了四分五裂的英国，正如温斯顿·丘吉尔所说："英国历代国王即位时的局面很少像伊丽莎白即位时这样危急。"[①] 偶像崇拜是人

---

① ［英］温斯顿·丘吉尔：《英语民族史》第 2 卷，薛力敏、林林译，南方出版社 2004 年版，第 84 页。

类社会的基本属性，是一种富有凝聚力的文化幻觉，此时的英国需要树立一个偶像来维系民族团结。同时，因母亲安妮·博林背负通奸罪而被处死，伊丽莎白的出身曾受到质疑，因而她继承王位的合法性基础不是那么牢固，加上她即位时年仅 25 岁，是一位缺少阅历与经验的未婚年轻女性。因此，伊丽莎白需要利用国王特权，通过各种途径与方式树立良好君主形象，确立女王王位继承的合法性，巩固与加强女王的权威与威信。这样在挖掘女王的个人魅力，以及在充分利用中世纪的骑士精神、文艺复兴时期的古典主义、历史上的宗教神话等各种资源的基础上，通过整合君主的神性与人性、精神与肉体、思想与热情的双重本质和多种形象后，一个多面的女王崇拜与女王神话被创造出来，女王被称作“人间圣母”。女王形象是多面的，它把《圣经》众多女神如审判官底波拉、所罗门王、大卫王、先知但以理的形象集于一身，多面的女王形象有利于把英国各阶级、各阶层的人们团结在一起，“没有哪个欧洲国家能够像英国那样集中宗教改革前的忠诚和热情于国王身上”，[①] 女王由此成为民族化身，开创了英国历史上的黄金时代。1558 年伊丽莎白继承王位，正值国内外天主教和新教势力斗争激烈之际，天主教势力极力颠覆英国新教，暗杀新教女王伊丽莎白的阴谋和叛乱频仍，苏格兰女王、天主教徒玛丽·斯图亚特流亡到英国后，形势更加严峻。玛丽来到英格兰后，天主教势力煽动贵族叛乱，策划暗杀伊丽莎白女王、释放玛丽并在外国天主教势力帮助下让她登上英国王位的阴谋：1569 年诺森伯兰郡和威斯特摩兰伯爵在天主教势力支持下领导北部叛乱，1570 年女王被罗马教皇开除出教门，1571 年天主教势力策划暗杀女王和宫廷重臣塞西尔，释放玛丽，拥戴诺福克公爵托马斯·霍华德和玛丽为英国国王和女王。佛罗伦萨银行家罗伯托·鲁道夫和西班牙大使

---

① Roy Strong, *The Cult of Elizebeth, Elizebethan Portraiture and Pagentry*, Thames and Hudson,1977, p.114.

格拉在教皇怂恿下，联合北部失宠的贵族于 1569 年发动了北部叛乱。女王继位后，为防止北部贵族坐大，提拔任用了一些小贵族作为统治基础，塞西尔是其典型代表。北部天主教老贵族不满塞西尔垄断宫廷权力，他们希望恢复贵族特权，教皇希望玛丽女王继承英格兰王位，使英国改宗天主教。在不满和绝望中，北部贵族在教皇势力怂恿下发动了叛乱，南下解救玛丽。但是伊丽莎白及时把玛丽从囚禁地转移，并且在林肯郡、莱斯特郡、沃里克郡加强重兵把守。在取胜无望后，叛乱者撤回到北部，随后向苏格兰撤退。女王及其政府很快镇压了叛乱，塞西尔在镇压叛乱中表现出色，在宫廷中的地位更加巩固。北部叛乱是一场真正的危机，但是最终王权胜利了，因为在当时的英格兰，地区政治正在让位于民族忠诚，都铎政权在北部更加强大。北部叛乱失败后，天主教势力继续策划玛丽继位的阴谋。1571 年，鲁道夫与阿尔瓦公爵、飞利浦二世以及教皇多次会晤，计划从国外派兵前往伦敦，然后诺福克公爵同伙进行接应、起兵叛乱，由玛丽和诺福克公爵共同统治英格兰和苏格兰，在英格兰恢复天主教。最终计划败露。

1572 年夏，随着圣巴塞洛缪大屠杀，英国新教政治精英的不满和担忧更加强烈。如果伊丽莎白女王被暗杀，就像莫里在苏格兰被暗杀，科利尼在法国遭暗杀一样，那么宗教战争也会席卷英格兰。16 世纪 70—80 年代，英格兰境内的天主教阴谋更加频繁。天主教徒思罗克莫顿与法国和西班牙密谋叛乱，最后败露，因西班牙大使参与其中，他被逐出英格兰。随后又发生了帕里阴谋暗杀女王事件。1583 年沃里克郡年轻乡绅、天主教徒约翰·萨默维尔，前往伦敦谋杀女王，公开叫嚣杀害女王，并扬言要把女王头颅悬挂旗杆上。形势要求英国必须加强民族统一与巩固王权。

其次，近代早期的英国，男尊女卑观念仍然根深蒂固，当时的文化片面强调男女性别的自然差异，排斥妇女参与政治，伊丽莎白作为女性继承王位，遭遇到不少攻击，关于女性是否可以统治国家的争论再度复兴，伊丽莎白作为女王，面临着统治合法化的紧迫问题。

性别歧视在欧洲社会由来已久，《圣经》、自然法与经典著作如亚里士多德的著作都持有女性劣等论，欧洲的人文主义者继承了这一观念，特别是亚里士多德关于女性的思想。他们认为女性缺少理性、判断和谨慎，因而缺少政治能力，伊拉斯谟人文主义者甚至认为，丈夫"是上帝派来做女人头脑的"①，甚至女性的道德品质，也只有在她们服从丈夫后才能得到保障。圣保罗禁止女性布道，成为用以否定女性从事精神事务管理的合法依据，以此类推，女性也被否认了在世俗领域里的权力，女性从本质上缺少政治才能的观点曾被人文主义者和宗教改革家作为政治分析的基础。人们普遍认为女性统治国家是恐怖与危险的②，他们对女性国王的统治深感不安，"掌握控制权的妇女颠倒了上帝创造的自然秩序"③。

与欧洲其他国家一样，在近代早期英国，妇女被认为天生智力不足、政治能力缺失，前女王玛丽一世统治的失败加强了人们的这种认识，担任国王被视为男性的专利。伦敦主教诺克斯指出，妇女掌握最高统治权"是对良好秩序、公平和正义的颠覆"④。从女王时期神学家、法学家、道德家、医生的流行作品中不难发现，他们从各领域、各角度论证女性劣等论。1563 年由女王钦定出版并在全王国各地教堂礼拜活动中被宣读的布道集，称"妇女是比较弱的生物……她们的情感、性情、心智都比较弱"⑤。当时普遍的观念是女性在身体、心理和情感上都存在劣势，女性在

---

① See Margo Todd, *Christian Humanism and the Puritan Social Order*, Cambrigde,1987.

② John Morrill (ed.), *The Oxford Lllustrated History of Tudor & Stuart Britain*, Oxford University Press, 1996, p.234.

③ A.N.Mclaren, *Political Culture in the Reign of Elizabeth I: Queen and Commonwealth 1558-1585*, Cambridge University Press, 2006, p.16.

④ A.N.Mclaren, *Political Culture in the Reign of Elizabeth I: Queen and Commonwealth 1558-1585*, Cambridge University Press,2006, p.53.

⑤ Alessandra Petrina and Laura Tosi eds., *Representations of Elizabeth I in Early Modern Culture*, Palgrave Macmillan UK, 2011, p.67.

政治与社会中必须处于从属地位，谴责女性统治的著作很多，并且言辞非常激烈。当时流行的小册子《吹响反对女性统治的第一声号角》，是苏格兰长老会领袖约翰·诺克斯所撰写，他主张应该剥夺女性国王们的荣誉与权威，她们的官员们都应该被判处死刑。甚至在为数不多的站出来维护女性国王的人比如约翰·艾尔默也歧视女性，认为"女人性格懦弱，意志薄弱，身体脆弱，缺少勇气，做事笨拙"①。艾尔默受命于女王政府，驳斥《吹响反对女性统治的第一声号角》的观点，撰文为女性国王进行辩护，但是他的辩护观点也是建立在神的意志的基础之上的，"上帝亲自荐选国王，作为代表前去统治……但最终国王没有男性继承人，那么议会不要认为在英格兰女性担任国王是一件危险的事情……因为女王实施的不是个人统治……她不能制定法律，法律是由尊贵的议会制定的"②。在这里，艾尔默并没有驳斥与否定女性劣等论与性别歧视。尽管当时出台了《反诽谤法》、《反煽动法》、《反谣言法》，批评女王有可能构成犯罪，但是在国家文件中发现，当时显贵政要与普通百姓对女王的批评比比皆是。

女王本人也清楚认识到社会性别歧视的现实，因而利用国王双身论淡化自己的女性性别，突出自己男性气质的政治身体与公共人格，维护自己统治的正当性与合理性。当时英国法学家提出了一个有趣的学说：国王有两个身体，一个是脆弱的、有朽的自然身躯，具有内在的缺陷与不完美性。另一个是神秘的、永生的政治躯体，它完全没有自然身体的那种缺陷。当时流行的观念认为："理想的国王应该使自然身体达成与政治身体的和谐，使自己的热情从属于理性。这样通过自己的示范，为政治国家提

---

① Alessandra Petrina and Laura Tosi eds., *Representations of Elizabeth I in Early Modern Culture*, Palgrave Macmillan UK, 2011, p.67.

② Alessandra Petrina and Laura Tosi eds., *Representations of Elizabeth I in Early Modern Culture*, Palgrave Macmillan UK, 2011, p.67.

供榜样，为治理国家开出良方。"① 女王在登基大典演讲中宣称，自己"依靠政治身体进行统治"②。女王经常用"王子"或者"国王"来称呼自己，而不用"公主"或者"女王"的称呼，努力避免因性别歧视可能引起的敏感话题。同时，女王强调与突出自己所具有的男性品格，维护女性国王的权威。一份祷告文件显示，女王承认女性在身体上存在一些性别劣势，但是她感谢上帝在选择与任命她为女王时，赋予她以男性品格，"感谢上帝给予我如此特别、珍贵的恩惠，使我一个本来像所有女性那样性格懦弱、羞怯、娇弱的女子，变得精力充沛、勇敢、强大"③。女王在另外一次祷告中曾骄傲地列举了自己身体与精神上的优势："我身体健康，四肢健全，思维睿智，与其他女性相比，处事审慎。虽然身为女性，但我学识过人，文采斐然，因而得到众人敬仰。"④ 女王有时甚至认为自己比一些男性国王更有优势。在给议会的请求她结婚的答复中，她警告议会说："尽管我是女性，但是我像我的父亲一样，拥有适合这个位置的足够勇气。"⑤"尽管我有女性娇弱的身体，但是我却拥有一个王国、一个英格兰国王的心胸与情怀。"⑥

鉴于如上的社会文化与性别观念，伊丽莎白女神形象成为女性国家

① K. Sharpe, "Private Conscience and Public Duty in the Writings of James VI and I", in J. Morrill, P. Slack and D. Woolf (eds.), *Public Duty and Private Conscience in Seventeenth-Century England*, Oxford, p.93.

② L. S. Marcus, J. Mueller and M. B. Rose eds.,*Elizabeth I: Collected Works*, Chicago, London: University of Chicago Press,2000, p.52.

③ L. S. Marcus, J. Mueller and M. B. Rose eds., *Elizabeth I: Collected Works*, Chicago, London: University of Chicago Press,2000, p.157.

④ L. S. Marcus, J. Mueller and M. B. Rose eds., *Elizabeth I: Collected Works*, Chicago, London: University of Chicago Press,2000, p.141.

⑤ L. S. Marcus, J. Mueller and M. B. Rose eds., *Elizabeth I: Collected Works*, Chicago, London: University of Chicago Press,2000, p.97.

⑥ L. S. Marcus, J. Mueller and M. B. Rose eds., *Elizabeth I: Collected Works*, Chicago, London: University of Chicago Press,2000, p.296.

统治者统治合法化的策略，为当时的政治所需。女王宫廷把女王神化为上帝派来"统治英格兰的底波拉"，女王被赋予了神性特征，神授王权是当时人民顺从女王的最强大工具，是当时文化背景下女性国家统治者合法化的策略，同时也是盲目爱国主义的体现。底波拉的传说在当时的英格兰广为流传，伊丽莎白就像旧约中的底波拉一样，被称作是上帝的侍女、以色列的母亲，"关于女王和人民之间亲密关系的宣传，构成了女王统治时期的显著特征"①。这样，女王的女神形象实现了宗教与王权的整合，缔造了一个强大的专制王权。

二、女王的经历被神化

神意论和神佑观就成了女王专制王权合法化的强大手段。"作为传奇叙事的历史是权力的操纵者"，女王早年历经磨难而幸存的经历，被赋予了神话色彩。女王在玛丽统治时期的磨难和坚忍品格，加强了她作为新教女神的威望。女王从亨利八世在位时就开始的屈辱和磨难，以及她克服千难万险最终登基为王的传奇经历，为其女神形象的塑造和神意论提供了极好素材和坚实基础。该时期，出现了一股神佑女王的文化，女王的经历被神意化。涌现出很多女王在上帝帮助下，面对死亡威胁所表现出的超凡勇气的故事，女王成功逃脱恶魔的传说不断出现在编年史和史书中，并且在每年的女王登基日上，牧师都要在一些布道中渲染女王在上帝庇佑下的传奇经历。不仅在宫廷贵族的文化中，而且在大众文化中女王的这种神佑传奇也被传颂。每年的女王登基日前几周，伦敦的街头艺人都会在吟唱女王的传奇故事。② 年复一年，教会和精英都在反复赞颂女王在逆境中的坚定

① Carole Levin, *The Reign of Elizabeth I*, Palgrave,2002, p.18.
② Susan Doran and Thomas S.Freeman (eds.), *The Myth of Elizabeth*, Palgrave Macmillan,2003, p.145.

信仰。1585 年，牛津大学神学家约翰·普赖姆把女王幸免于难的经历解释为上帝的庇佑，上帝让她成为"底波拉，播撒公平、正义，使光荣的英格兰成为基督教王国的宝石"[1]。1587 年，肯特郡庆祝女王登基日上，牧师艾萨克·寇弗说道："在我们这个时代，女王继位是上帝最伟大的杰作。"[2]牧师经常把女王比作旧约中的女神——朱迪思、以斯帖，特别是底波拉。在 1600—1602 年连续三年的女王登基日庆典上，牧师都把女王比作大卫、约书亚、赫齐卡亚：就像大卫杀死了戈利亚斯，女王征服了教皇；就像约书亚祈祷书为她赢得了以色列救星的称号，处女王（伊丽莎白）为英格兰赢得了和平与祥和；正如赫齐卡亚取代了崇拜偶像的哈斯的王位，女王迅速废除偶像崇拜和弥撒。女王的地位被抬高到旧约中的大卫、约书亚、希西家同等的地位。女王性别上的文化劣势因为神意化而得以弥补，她被解释为上帝派来保护英格兰的女神。

同时女王即位后的经历也被神意化，神佑论广为流传。虽然女王的宗教政策令新教徒不满和失望，但是女王具有一个重要特征：她是众多天主教阴谋和叛乱的攻击目标，并且在一系列暗杀和篡位的阴谋中幸存下来。这种传奇经历极大提高了她作为新教女神的威望，可以毫不夸张地说，正是教皇势力把女王提到新教偶像的地位，以教皇为核心的国内外天主教势力不仅没有推翻女王，反而加强了女王的威望和地位。

女王即位后，作为天主教势力受害者而死里逃生，被看作是神佑的有力证明。1562 年女王从严重的天花疾患中意外康复，被赞颂为神意的体现。[3] 在教皇、西班牙、耶稣会士、本国天主教徒、叛乱者策划的一个又一个的阴谋中，女王一再成功逃脱，这些事件都加强了她的传奇色彩，

---

[1]　Susan Doran and Thomas S.Freeman (eds.), *The Myth of Elizabeth*, Palgrave Macmillan,2003, p.145.

[2]　Susan Doran and Thomas S.Freeman (eds.), *The Myth of Elizabeth*, Palgrave Macmillan,2003, p.145.

[3]　Susan Doran and Thomas S.Freeman (eds.), *The Myth of Elizabeth*, Palgrave Macmillan,2003, p.151.

巩固了她的神佑地位。它们与伊丽莎白在玛丽时期表现出殉道者的非凡勇气一起，加强了女王作为反对异教徒勇士的名声。1569 年北部叛乱被平息后，出现了感谢上帝保护女王、成功挫败威斯特摩兰和诺森伯兰伯爵的潮流，在当时的文化中，女王成为真正的新教女王——朱迪丝和底波拉，从而大大加强了英国君主和新教之间的联系。女王即位后的每一次天主教阴谋和叛乱都会产生新一轮的神佑女王的布道和歌谣。1584 年罗克莫顿阴谋后，一歌谣把女王比作受到神佑的伊斯雷尔的三个孩子。两年后托马斯·戴伦埃挫败巴宾顿阴谋，这被人们解释成上帝保护英格兰、庇佑女王的神意行为。几乎每次危机的解除，都被牧师解释为神佑女王的结果。他们认为，如果没有上帝的帮助，天主教势力策划的阴谋就会得逞。甚至当时人们认为，女王的统治一直由上帝在庇佑。女王幸免于难，不管是对她肉体的攻击，还是颠覆其王位的政治阴谋，都被一一挫败，这些本身被看作是神圣不可侵犯的佐证。一些人甚至认为，女王被神圣的光环所笼罩，谋杀者根本不能伤害到她。

最后，英国君主的神圣不可侵犯被看作是英吉利民族上帝选民地位的证明，女王神佑论是爱国主义的体现。1601 年埃塞克斯叛乱前夕，一本祈祷书提到，女王多次逃脱暗杀阴谋，说明了这么一个事实：上帝爱这个王国（英格兰），"英格兰比所有我们邻近国家的居民都更多地得到上帝的眷顾"①。牧师在女王登基日的庆典活动中宣称，是上帝帮助女王挫败了敌人，保护了人民。在暗杀阴谋频仍的形势下，女王每一次成功逃脱死亡的能力都增强了爱国忠君的盲目自豪感。其中，英格兰军队于 1588 年打败西班牙无敌舰队更加强了女王神佑的观点。战斗胜利后，民族危难的崩溃感让位于民族自豪感，民谣、小册子、著作都把英格兰打败西班牙无敌舰队归于上帝的帮助，这次胜利被解释成上帝眷顾英国和女王的标志，

----

①   Susan Doran and Thomas S.Freeman (eds.), *The Myth of Elizabeth*, Palgrave Macmillan,2003, p.152.

"英国险胜敌人，这是上帝对女王的眷顾。女王是第二个太阳，她的光芒驱散了天主教愚昧和错误的阴霾"①。甚至有人把西班牙舰船被驱散乃至沉没，以及英国以弱胜强打败菲利浦二世的庞大舰队，比作是牧羊人大卫杀死的巨人。简言之，西班牙舰队被打败后，英格兰出现的布道、著作都把此与《圣经》故事做相应的类比，该事件被神意化了。在这次事件中，女王的性别不再是缺陷，而是财富，它凸显了西班牙无敌舰队被打败的超自然特征，在彰显上帝伟大的同时，也加强了女王神佑观。

女王及其政府也强调女王统治英格兰，是天意或曰上帝的旨意和安排，旨在加强女王的统治。女王和近臣深知神授君主观的宣传价值，在上院的第一次演讲中，她称自己是"上帝的创造物"②。1576 年议会结束时，她把英国正享受到的特殊礼遇，不是归于她的美德，而是万能的上帝，自己只不过是"上帝的侍女"③。在 1601 年著名的黄金演讲《为建立一个强大的英格兰而作出卓越的贡献》中，女王宣布，她是上帝的工具，"拯救臣民免于耻辱、羞辱、臭名，不受敌人的奴役、暴政和压迫"④。克里斯多佛·福斯德在 1569 年致女王的信中提到，如果女王要保持自己的世俗地位，就必须"为上帝工作，执行上帝意志"⑤，实现新教与专制王权的整合。

女王统治时期，新教热情、浓厚的爱国主义与反教权热情融合在一起，创造了女王底波拉的形象。同时，伊丽莎白的统治被解释成上帝对选民厚爱的体现，女王成为英吉利民族选民地位的符号。

---

① Susan Doran and Thomas S.Freeman (eds.), *The Myth of Elizabeth*, Palgrave Macmillan,2003, p.153.

② A.N.Mclaren, *Political Culture in the Reign of Elizabeth I: Queen and Commonwealth 1558—1585*, Cambridge University Press, 2006, p.31.

③ Susan Doran and Thomas S.Freeman (eds.), *The Myth of Elizabeth*, Palgrave Macmillan,2003, p.145.

④ T.E.Hartley (ed.), *Proceedings in the Parliaments of Elizabeth I, iii,1593—1603*, Leicester,1995, p.295.

⑤ A.N.Mclaren, *Political culture in the Reign of Elizabeth I: Queen and Commonwealth 1558—1585*, Cambridge University Press,2006, p.26.

三、女王肖像画中的女神形象

自文艺复兴以来，画家就十分强调君主的肖像画作为可见范例的作用，他们希望统治者的形象能够促使人们对统治原则的认可，从某种程度上可以说肖像画是艺术和权力的结合，是权力的表达。正如宗教画像能够激起人类的虔诚信仰，君主的肖像画应该激励观者的模仿和效仿。因此，欧洲各国便有意识地把君主肖像画作为重要的资源，强化君主的神圣。16世纪末，随着宗教改革、新大陆的发现、旧的宇宙论的破灭，各国君主希望自己扮演救世主的角色，因此，君主画像神圣化趋势愈演愈烈。英国对肖像画的兴趣主要受到法国影响，到英国宗教改革开始时逐渐增强，目的是强化基督教会崩溃后的王权，伊丽莎白女王继承了这种传统，女王肖像画成为统治的有力政治工具。

文艺复兴时期的画家关注的不是作为个体的人，而是作为理想国王身份体现的统治者，一个崇拜的对象。为此，画家努力完善君主的特征，使君主以一种尊严、高贵的姿态出现，即使这位统治者从本质上讲缺少那些风度、仪表，从而使其地位永远都不受质疑。伊丽莎白的画家关心的不是画出来的作品像不像女王，而是关心如何把女王塑造成"充满光荣"的形象，旨在唤起观者对女王及其政府所代表的原则的认同。16世纪80年代后画家都在强化女王神圣的观念，成功地塑造了女王的神圣形象，消除了她身上的人类特质，女王越来越具有中世纪皇帝的神圣特征，她被赞颂为第二个圣母，正如一些诗歌所赞颂的：

她是人间第一个、天堂第二个圣母。①

---

① Roy Strong, *The Cult of Elizebeth, Elizebethan Portraiture and Pagentry*, Thames and Hudson,1977, p.40.

基督、圣母、圣徒的画像从教堂中被清除出去，取而代之的是女王的神圣画像。女王肖像画的宗教本质被保存下来，成功填补了宗教改革后偶像崇拜留下的空白。伊丽莎白崇拜回归神秘的中世纪宗教传统，人们把镶有女王画像的饰品戴在身上作为护身符的热情高涨，女王被当作神来崇拜，人们赋予她各种美德，每个人都能在女王身上找到自己崇拜的东西，她被称作光荣女王、正义女神阿斯脱利亚、月神狄安娜，她成为黄金时代美德、和平与正义的象征。

女王统治时期国内外形势异常复杂，反宗教改革的感情还很强烈，天主教叫嚣推翻她，因此宫廷竭力把女王形象设定为爱好和平、坚贞纯洁的新教统治者，女王被神化为和平与正义女神。作于16世纪70年代的一幅画中，女王脚踩战神的剑、矛、盾等武器，和平女神和富足女神紧随其后，其中的寓意是女王统治时期的和平与富足。另外一幅画中，女王手持橄榄枝，脚踏正义之剑，胜利女神和富足女神则向她呈献用橄榄枝做成的王冠，在这里女王显然成为罗马神话中的和平女神。在另一幅画中，女王被描写成神圣的和平女神，女王跪着的垫子上是被折断了的剑，而祈祷书取代武器占据醒目的位置。折断的剑则意味着一种乐观态度：女王的宗教改革已经结束了破坏她父亲和她的兄弟姐妹们统治的那种不和谐。祈祷书下面折断的剑则意味着女王将致力于和平统治，而非武力统治。

童贞历来是基督教赞颂圣母的，伊丽莎白统治时期童贞成为政治共同体和谐、和平、富足、公正统治的必要条件。为了神圣化女王，宫廷画家利用古典神话歌颂女王的童贞。筛子是古罗马神话中维斯塔女神的标志或者象征，在遭到非处女的污蔑后，维斯塔滴水不漏地用筛子把水从台伯河端到神庙，以此证明自己的清白。从此，筛子便成为童贞的象征。宫廷画家笔下的女王左手就拿着筛子，象征女王的坚贞纯洁。另外，貂在欧洲一直是纯洁的象征，在一幅画中，女王的左手袖子上有只脖颈上戴着金项圈的貂，不仅暗示了英国的和平，同时这里的貂也寓意女王的童贞与纯洁。

到女王统治的中后期，随着国家政权的逐渐稳固，帝国思想在宫廷文化占有日益重要的地位，女王不断被称作黄金时代传说中的圣女阿斯脱利亚。这是英国梦想取代西班牙在新大陆建立帝国，攫取工业品倾销市场和原料产地的反映。

在一幅木刻画中，女王被贵族簇拥着驾驶基督教之船航行在大西洋上，岸边跪着布列吞人，沙滩上散落着一只骷髅；十颗星星、月亮、太阳同时出现在天空，这意味着上帝对女王事业的支持，以及建立帝国的良机。同时，天上还有一个写有代表上帝名字的四个希伯来字母的发光体，《圣经》七天使之一米迦勒手持盾和剑，在天空保护着女王一行。这幅画实际上是敦促女王建立一支强大的海军，履行实现布列吞人愿望的神圣义务，而地球上没有任何力量可以阻挠她；女王必须抓住机会，加强王权，成为基督教世界之船的领航人。皇冠、权杖和宝球向来就是皇权的象征，在一幅画中，女王身着国袍，头顶王冠，手握权杖和宝球，暗示着女王建立海权之上英帝国的使命。在另一幅画中，女王的左边是神圣罗马帝国皇帝戴过的王冠，右边是象征皇权的宝球，英王国在舰艇无数的大海上熠熠生辉，女王直接被置于帝国主张的框架中。

在打败无敌舰队后，英国海外扩张的愿望更加强烈，在画家的笔下，女王被神化为海神，又称月亮女神，女王的海神形象在绘画作品中占据主导地位，表达了英国人建立海上帝国的理想。女王头上佩戴着月形的宝石，这是广阔海洋上的女皇辛西娅的象征，《无敌舰队》画与以往不同的是，宝球被女王握在手中，就像罗马皇帝手握宝球一样，这不仅暗示着女王被提升到同神圣罗马帝国的皇帝一样的地位，同时表明建立帝国的野心得到了实现。在另一幅画中，女王脚踩牛津郡，头戴一球形珠宝饰品，在这里王权和英吉利岛融为一体，"女王"与"英格兰"实现了互换。在彩虹画中，女王左手握着彩虹，彩虹是和平的传统象征，源自《圣经》：上帝在洪水泛滥前曾用彩虹暗示诺亚。另外，女王身披金色斗篷，它用珍珠镶边，上面布满了眼睛和耳朵。斗篷象征着国内实现了和平与统一。女王的左袖上有一个盘绕的蛇，它口衔一个带有心形的红宝石的金链，蛇的头部上方是球体。蛇是智慧及工艺之神密涅瓦的传统象征，在这里隐喻女王的智慧。画中的眼睛与耳朵，则暗示着女王在群臣的鼎力辅佐下，博采众长、集思广益，然后把智慧付诸实践。

16 世纪 80 年代英国曾一度产生了女王有可能被谋杀的公众恐慌。政府起草誓约，要求所有的英国人发誓要保护女王，并摧毁针对女王的谋杀或者谋杀企图。1584 年，盖有政府印章的通知传遍了英国各地。此后，佩戴带有女王头像饰品的风尚流行起来，金质的、银质的、金属纪念章的流行反映了女王崇拜已经扩大到社会各阶层，在面临着英国与其他基督教世界决裂的情况下，英国人把女王像饰品作为护身符说明了女王作为一个强大的符号给英国人提供了精神上的安全感，这些饰品的流行把女王崇拜推进到一个史无前例的高度。

四、典礼仪式中的骑士英雄形象

伊丽莎白时期英国文化呈现多元主义特点，既有浓厚柏拉图色彩的黄金时代氛围，又有中世纪骑士游侠传统，而骑士精神的复兴是女王时期政治文化的突出特征，在肖像画中，女王脖子上的蓝色绶带就挂着骑士的庇护神圣乔治的嘉德徽章。[①] 骑士精神复兴旨在赋予生活以新的含义与崇高的氛围，骑士仪式是伊丽莎白统治时期英国宗教改革前保留下来的为数不多的宫廷娱乐的重要传统之一，女王作为嘉德勋位的首脑，已经成为都

---

① See Frances A.Yates, *Astraea*, Routledge & Kegan Paule,1993, p.109.

铎赞颂君主的工具和载体。同时，中世纪流行的骑士浪漫爱情故事风靡宫廷，女王成为英国贵族、骑士争相献身、效忠的最闪耀的崇拜目标。

伊丽莎白在有效挖掘骑士传统为自己的政治目的服务方面比亨利八世要强。随着统治的稳定，英国在国内和平、统一方面取得了重大进展，外部战争的威胁逐渐超过了内部叛乱的威胁，民族情绪相应提高，新骑士精神应运而生。

自 16 世纪中期起，骑士冒险故事被争相传阅，贵族和乡绅偶尔还会从事与骑士制度有关的军事练习，剑术、骑马、马上长枪比武仍然被看作是特别适合乡绅的运动。到 16 世纪后期，英国同西班牙的战争直接刺激了英国老一代乡绅和贵族的骑士理想，爱国主义和宗教热情结合在一起，使战争具有十字军东征的性质，为英国上层社会把自己想象成新教骑士提供了可能。同时，那些成长在伊丽莎白时期的年轻一代乡绅看到了呈现在他们面前的新世界：新大陆上的土地、人民、新的思想与充满机会的世界，这是一个很适宜释放浪漫情怀的世界。在充满渴望的氛围中，这些近代的骑士们在追求权力和财富的同时，也渴求荣誉，这种渴求在骑士游侠行为中找到了表达。这样，反对西班牙和探寻新航路产生的野心，在骑士术语下得到了表达，诉诸骑士传统不仅影响英国贵族一代人的思想和行为，而且还使那些贵族之外的英国人接受贵族价值，激励他们有时做出自我认为是贵族的行为来。骑士精神因满足了伊丽莎白时代贵族和乡绅表达个人的、民族的希望与担忧的需求，遂在英国宫廷文化中迅速占据主导地位，成为一大文化景观。

值得注意的是，女王统治时期英国的骑士精神同中世纪的骑士精神已经有了本质上的不同，骑士精神被国家有意识地利用和开发，成为以女王为中心的新骑士精神，骑士理想已经具有了新的含义。在英国乡绅和贵族看来，美德不再是骑士的个人决斗，或者个人完善，而在于公共服务；荣誉是对公共服务的回报，骑士传统被赋予了时代的含义。这是因为 16

世纪后半期，随着民族国家的崛起，君主和臣民都需要承担新的责任，这些责任在传统的骑士语言中很难得到表达，需要改造骑士精神的传统价值从而服务国家利益。这样，新骑士精神被赋予了新的维度，新骑士精神与人文主义的市民观念联系在一起，伊丽莎白时代的英国人把注意力更多集中在公共责任上，"而非传统骑士的个人价值"①。骑士理想和人文主义的整合，大大扩展了骑士的荣誉理想，公共义务感成为以后几个世纪中英国乡绅的主要符号。

嘉德勋位是中世纪骑士勋位中最古老的、最高的骑士等级，最早创立在爱德华三世时期，创立的目的旨在通过把大贵族联合在骑士兄弟友谊中，效忠统治者，保证他在法国的领土扩张，因此，嘉德勋位仪式是英国贵族效忠君主的重要仪式和象征。在一度衰落后，15 世纪末被都铎君主重新强化。

嘉德勋位仪式提供给伊丽莎白女王时代急需的某种东西——中世纪等级制原则的强化以及对骑士理想的认同。在都铎民族国家背景下，忠诚意味着超出简单的封建性忠诚，忠诚的对象不再是个人，而已经转变成民族国家。这样嘉德勋位被适时地改造，代表一种全新的东西。圣乔治在中世纪是嘉德勋位的庇护神，他的敌人是毒龙。现在他的敌人是教皇，嘉德勋爵们代表的则是"为打败圣乔治的敌人——教皇而联合在一起的虔诚的新教骑士"②。圣乔治日举行的嘉德勋爵游行仪式，成为重申民族性、新教理念下骑士理想的手段。这样，伊丽莎白宫廷削弱骑士精神中效忠教会的一面，把骑士忠诚集中到民族利益的象征——女王身上，利用骑士精神中的荣誉观念加强王权，女王成为骑士荣誉的源泉，因而在一定程度上嘉德勋位代表的是一种人为的崇拜与古风的更新。

---

① Arthur B. Ferguson, *The Chivalric Tradition*, Associated Presses Inc.,1986, p.123.

② Arthur B. Ferguson, *The Chivalric Tradition*, Associated Presses Inc.,1986, p.75.

伊丽莎白女王的骑士表演给予那些渴望与西班牙进行战争的英国贵族和乡绅一种绚丽多彩的表达，武士贵族传统的世俗符号被巧妙地演变成适应宫廷和战争的文化形式。马上比武大会仍然是骑士精神的展示，是骑士象征的最权威的工具和手段。同时，也给宫廷比较年轻的乡绅把自己戏剧化的一个机会。在一个通过外在的富丽堂皇来衡量威望和权力的时代，这种展示和表演具有相当的政治意义。因此宫廷大力开发嘉德骑士资源，与嘉德骑士仪式相关的节日和活动受到了宫廷的高度重视，骑士精神的复兴，露天表演的频繁，特别是马上比武和骑士游行，主宰了都铎宫廷的仪式生活，成为公共生活的一个重要特征。一年一度的女王登基日表演，巧妙地利用骑士表演的传统，树立女王作为新教圣女的神话，并且把骑士对女王的崇拜表演作为一种半宗教、常规化的节日形式，骑士表演对所有骑士开放，不再是排他性的高级骑士节日，女王被赞颂为民族传奇女英雄、新教事业和与西班牙争霸的象征，女王登基日实际上成为嘉德勋位崇拜的扩张和延伸，效忠女王及其所代表的国家取代了中世纪骑士狭隘的个人忠诚。

同时，伊丽莎白时代的英国人仍然痴迷于中世纪的英雄传奇①，骑士爱情传统迅速与新柏拉图理想结合，在上层贵族中流行开来，骑士爱情传统成为女王崇拜的最流行、最政治化的表达。此时服务于国家、宫廷中的贵族和乡绅，就像骑士冒险小说中骑士追求贵妇一样，在骑士浪漫爱情文化中表达对女王乃至对国家的忠诚。女王最大限度地利用骑士传统典雅的一面，在宫廷文化中，廷臣成为中世纪的骑士，她则是骑士献身的最纯洁的对象。女王不只一次地在庆典活动中非常投入地扮演危难中拯救人类的女骑士；在打败无敌舰队的前夜，她亲临蒂尔博里督战，实践了骑士

---

① See Roy Strong, *The Cult of Elizebeth, Elizebethan Portraiture and Pagentry*, Thames and Hudson, 1977, p.40.

理想。

在英国，骑士精神长期就与王权、王朝战争联系在一起，骑士王——亚瑟王、爱德华三世和亨利五世都被看作是民族英雄。每当英国即将爆发对外战争时，这些英雄的历史就会广为流传。骑士传统在文艺复兴时期的英国生活中仍然起着重要作用，女王宫廷成功地利用了骑士精神的世俗价值，把狂热的宗教热情集中到民族君主身上，塑造了女王崇拜，激励着当时英国人的理想和野心。女王崇拜不仅表达了贵族对君主和新教的热爱，还是前宗教改革时代的宗教仪式和神秘气氛的继承和延续，为那些在新教世界里没有地位的思想和感情提供了宣泄的出口，"骑士活动成为爱国主义和宗教宣传的合适工具"①。

无论从稳定统治还是对外扩张的角度看，统一的基督教世界分裂、教皇作为全欧洲的精神领袖地位被摧毁后所造成的政治、宗教压力，需要英国重新造就一个救世主，从而维持贵族的忠诚，寄托乡绅的理想，维护民族国家的团结。女王适时地担当了这一角色，女王崇拜整合了宫廷、骑士、新教信仰等宗教思想和民族主义思想，女王既是"《圣经》中的朱迪斯"，又是率领英雄的骑士，反对西班牙、镇压国内叛乱而献身的女英雄，正如丘吉尔所说，"臣民对她报以忠诚，几乎达到崇拜的程度"②，女王成为英国音乐、文学的主题，以及美德、高雅等贵族理想的象征。

　　和平与富足、正义与美德、爱与和谐的品质都在一个卓越的女性身上得到了体现。③

---

① Robert Malcolm Smuts, *The Culture of Absolutism at the Court of Charles I*, Princeton University, Ph. D.,1976, p.33.

② ［英］温斯顿·丘吉尔:《英语民族史》第 2 卷，薛力敏、林林译，南方出版社 2004 年版，第 84 页。

③ See Robert Malcolm Smuts, *The Culture of Absolutism at the Court of Charles I*, Princeton University, Ph. D., 1976, p.29.

在当时背景下产生的女王崇拜，既能够服务于宫廷理想，又能够服务于爱国主义宣传，巩固了君主统治，塑造了"光荣女王"的不朽形象，"她（伊丽莎白女王）是伟大成就的象征，培育了英格兰的一代英华"①，开创了英国历史上的辉煌时代。

毋庸置疑，女王崇拜是宫廷文化的一部分，是宫廷操纵的结果，但是无可否认，女王崇拜越出了宫廷，出现在一些大众媒介中，书籍、印刷品、单张宣传册，把女王的形象和肖像带到客栈、酒馆，以及"最下层的人家"②。女王形象的生产出自家庭手工业，其模板制作都由女王亲自监督，描写皇室家谱和热门事件比如王室结婚典礼等的大型海报，在当时非常流行③，女王在公共领域赢得全国人民的拥戴。

五、女王崇拜流行

伊丽莎白女王生活在英国民族国家形成的特殊时期，强烈的民族感情和民族自豪感塑造了女王的传奇形象，打造了英国历史上的神话时代，"伊丽莎白"一词体现着 16 世纪末贵族和乡绅的特殊价值观和英吉利民族的成就感，这一切对维护君主统治起着至关重要的作用，女王时代英国君主的权威因而达到了鼎盛。但是，女王的这种传奇形象对她的继任者来说可谓是一座难以逾越的巅峰，给 17 世纪初的英国君主统治造成了相当大的负面影响。

伊丽莎白女王统治时代反西班牙战争中的巨大胜利，极大满足了英

---

① ［英］温斯顿·丘吉尔：《英语民族史》第 2 卷，薛力敏、林林译，南方出版社 2004 年版，第 107 页。

② Robert Zaller, *The Discourse of Legitimacy in Early Modern England*, Stanford University Press, 2007, p.14.

③ See Robert Zaller, *The Discourse of Legitimacy in Early Modern England*, Stanford University Press, 2007, p.14.

吉利民族的情感需要。女王适时地把握了树立个人形象和君主崇拜的良机，利用个人魅力、女性君主的特殊身份和中世纪骑士精神的文化传统，辅之以反西班牙战争创造出来的强烈民族情感，成功塑造了作为民族利益和民族精神的神化形象，这对加强民族团结，同仇敌忾，维护君权十分有利。女王在世时，宫廷御用文人在致女王的颂词中，对女王的丰功伟绩极尽赞颂之能事，民间歌谣和宗教题材的作品同样也把女王当作护佑英国民族的神来称颂和膜拜。更为重要的是，女王死后，称颂女王的黄金神话不仅没有泯灭，反而有愈演愈烈之势，这不能不引起学者们的注意。通过研究不难发现，女王的传奇形象除了与当时特殊的国际和国内环境分不开之外，同时还与女王独特的塑造方式有很大关系。

在伊丽莎白女王之前，英国君主一般是君主及其宫廷通过对多种文化形态的赞助，达到树立君主形象之目的。欧洲各大国宫廷在 16 世纪出于建立宫廷文化霸权之目的，都采取了赞助文化的政策。比如伊丽莎白的父亲亨利八世曾斥以巨资，支持霍尔班建立了当时欧洲最时尚的宫廷剧院。但是，伊丽莎白却采取了有别于以往君王以及欧洲其他国家君主的文化赞助方式。其特点是：君主形象的塑造是靠女王成功地驾驭宫廷之外的社会力量来完成的，不存在一种由宫廷赞助和控制的宫廷文化，我们可以称之为去中央化的赞助方式。女王从未招募国外一流的艺术家和音乐家进宫，也没有建立大剧场。从亨利八世到早期斯图亚特王朝，女王对文化的赞助是最少的。[1] 塑造女王形象的是宫廷之外各种形式的文化形态。

国王巡行仪式和巡行队伍是塑造女王形象不可忽视的一种文化形态。在中世纪，气势恢宏的城堡、守卫城堡的扈从、迎风飘展的旗帜、纹章装饰的铠甲，都显示出王国名门望族的权势。作为全国最大的封建主，国王

---

[1]　Roy Strong, *The English Renaissance Miniature*, New York and London: Thames and Hudson,1983, p.69.

在这方面当然不甘落后，庞大的巡行队伍和壮观的巡行仪式一直是王室炫耀财富和表达权力的传统方式。特别是在宗教改革中，天主教遭到猛烈抨击后，宗教仪式的奢华转移到国王的巡行仪式中来，其目的是通过视觉艺术给人的刺激和震撼来加强人们的顺从。这样，巡行作为权力表达的一种习惯被伊丽莎白女王利用。正是巡行仪式的政治功能，女王利用一切机会出宫巡行，并借巡行仪式的恢宏气势来显示女王的高贵和无上权威。她把每年的嘉德勋位宴从温莎城堡迁到伦敦举行，并且要求嘉德勋位的获得者加入国王骑兵队的街头巡行队伍中去以壮大声势。女王从行宫温莎城堡前往伦敦的仪式十分隆重，通常队伍由 600 个传令官引领，朝臣、宫廷卫兵和宫廷侍从簇拥着女王，辎重马车缓缓前行，场面十分宏大。届时女王还会带领侍从在伦敦附近各郡巡游数月。[①]

贵族为了取得女王恩宠，往往以歌颂女王的盛大庆典作为忠心女王的表达，这对于女王形象的塑造具有不可低估的作用。国王出行或者出行归来，贵族或者镇长都要以隆重的礼仪表达对女王的敬意和爱戴，"镇长率领数百骑士恭迎女王……男女老幼则争相目睹女王风采"[②]。贵族则竞相献媚和邀宠，不惜斥巨资筹办娱乐活动来宣扬女王的伟大。比如 1591 年，赫特福德伯爵听说女王要巡行该郡时，竟雇佣了 280 名工人建造了一个池塘，池塘中央是象征英国的堡垒模型、象征英国海军的战舰模型和用树篱做成巨大的蜗牛代表英国的敌人。当女王一行到达时，战舰和堡垒上的加农炮对蜗牛（代表西班牙舰队）发动猛烈轰击，霎时间，浓烟滚滚中象征西班牙无敌舰队的蜗牛在猛烈炮火的攻击下烟消云散。[③] 尽管连日蒙蒙细

①　Lawrence Stone, *The Crisis of the Aristocracy*, Oxford University Press, pp.451-454.

②　R. Malcolm Smuts, *Court Culture and the Origins of a Royalist Tradition in Early Stuart England*, University of Pennsylvania Press,1987, p.52.

③　R. Malcolm Smuts, *Court Culture and the Origins of a Royalist Tradition in Early Stuart England*, University of Pennsylvania Press, 1987, p.52.

雨，但宫廷侍从和百姓兴致丝毫不减，庆典活动持续了三天。女王之所以对巡行活动乐此不疲，就是因为它背后蕴涵的是一种政治含义，体现的是臣民忠心女王的等级关系，它树立了女王作为王国庇护人的形象。

另外，伊丽莎白在宫廷外的言行举止塑造了良好的君主形象。尽管在宫中，女王有时会因愠怒而失态：

> 她的思维令人难以捉摸，态度和言语则往往显得生硬……生气的时候，她甚至打财政大臣的耳光，把拖鞋朝秘书的脸上甩去。[1]

但是，女王在宫外，却非常注意树立和维护自己的形象，她总是努力掩饰自己的情绪，在出巡等群众比较多的场合，她不失时机地伸出双臂，仿佛上帝拥抱天下所有子民一样，正如丘吉尔所说：

> 她本能地谙熟如何获得人民的拥戴……她向人民展示出她从来没有对任何人表示过的温情，臣民对她报以忠诚，几乎达到崇拜的程度。[2]

在公共场合，女王表现出的是对人民的爱护，她具有表达爱的天然能力，她善于用比较亲民、大众熟悉的方式表达自己对人民的感情，女王经常说，她需要人民的顺从。而人民会情愿给她需要的东西，"我们都爱她，因为她说过爱我们"[3]。伊丽莎白在伦敦巡行时，在簇拥的人民面前总能流露

---

[1]　［英］温斯顿·丘吉尔：《英语民族史》第 2 卷，薛力敏、林林译，南方出版社 2004 年版，第 107 页。

[2]　［英］温斯顿·丘吉尔：《英语民族史》第 2 卷，薛力敏、林林译，南方出版社 2004 年版，第 84 页。

[3]　Louis Adrian Montrose,"Eliza, Queene of Shepheardes, and the Pastoral of Power", *English Literary Renaissance*, No.2, Vol. 10,1980.

出爱的情绪，这种爱的表达是双向的，面对人民的祈祷和欢呼，女王用语言和手势进行回应，当 1588 年 12 月在威斯敏斯特大街上出行时，人们争相目睹女王的风采，伊丽莎白女王停下来与人们交谈[1]，这是女王与人民表达感情的场合。在公共场合，女王统治的合法性和神圣性被充分展现出来。

女王形象还通过大量的印刷文化进行塑造。在女王统治的最后 20 年中，有关她的诗歌、民谣以及大部头的著作开始广为流传。女王统治时期，激烈的国际冲突一度导致中世纪尚武好战、敢于冒险的骑士价值取向在英国的复兴，歌颂探险家和海军战士几乎成为不同层次的印刷文化形态的共同主题，"他们征服了海洋，博取他们自己也未曾想到的殊荣，英国由此声名远扬，女王也为万人敬仰"[2]。伴随这种价值取向的是，英国人海上帝国情结的形成，一些诗人和朝臣竞相颂扬海外扩张、建立帝国的理想，女王积极的海外扩张政策使得国人尚武、探险的价值和理想得到张扬，歌颂女王、海军和探险家的英勇事迹和海外冒险活动，女王成为代表海外扩张理想和价值的符号而被定格，其偶像地位通过这些文人的作品不断被强化。著名诗人埃德蒙·斯宾塞在他的道德寓言诗《仙女王》中，把伊丽莎白女王比作仙女王，"她把白色魔棒轻轻一挥，顿时海上巨浪翻滚"[3]，在这里女王被提高到了神性化的地位。另一著名诗人德雷顿则梦想，建立一个以英格兰为中心的帝国：

英格兰是帝国王冠上一颗最璀璨的明珠。[4]

---

[1]　Robert Zaller, *The Discourse of Legitimacy in Early Modern England*, Stanford University Press, 2007, p.17.

[2]　R. Malcolm Smuts, *Court Culture and the Origins of a Royalist Tradition in Early Stuart England*, University of Pennsylvania Press,1987, p.17.

[3]　Elkin K. Wilson, *England's Eliza*, Harvard University Press,1939, p.294.

[4]　R. Malcolm Smuts, *Court Culture and the Origins of a Royalist Tradition in Early Stuart England*, University of Pennsylvania Press,1987, p.44.

除了在世俗文化领域内，一些宗教题材的作品在各种宗教文化传统的基础上对女王的形象进行杂糅，塑造了女王作为上帝选民领袖的形象，强化了女王精神领袖的形象。在新教歌谣中，女王被称作《圣经》记载中拯救全族的犹太女英雄犹滴，福克斯称伊丽莎白女王是：

> 上帝的圣洁侍女、玛丽宗教迫害的殉道者，她继承了王位。神的启示、政治和宗教历史显示，这是童真女王的继位，她是王权与教权长期斗争的最终胜利者，是反抗罗马敌基督战争的领袖。这些都是女王继位庆祝日所表达的主题。①

在众多的新教作品中，他们把女王同历史上著名的康斯坦丁大帝相提并论。同时，这些宗教作品还用基督和敌基督之间进行决战的末世论来解释女王统治时期的重大历史事件，狂热的天主教女王玛丽·斯图亚特叛乱同法国的圣巴托洛缪大屠杀日，都被看作是上帝选民和撒旦宠臣之间的冲突；西班牙"无敌舰队"被英国海军挫败的事件，则被这些宗教作品看作是英国人作为上帝选民的佐证。

六、女王崇拜对斯图亚特王朝早期君主统治的影响

凭借着个人魅力、精明狡黠和纵横捭阖的能力，以及领导英国人打败自罗马帝国以来最强大帝国——西班牙的业绩，辅之创造性的宣传策略与手段，伊丽莎白女王的良好公众形象已经牢固地树立起来了，她成为维护新教与自由的斗士、英国的民族象征，是体现英吉利民族愿望、宗教价值

---

① Roy Strong, *The Cult of Elizebeth, Elizebethan Portraiture and Pagentry*, Thames and Hudson, 1977, p.127.

17 世纪英国政权形象与兴替研究

观和爱国主义情感等文化传统的重要符号。通过文化形式打造女王形象，这对维护君主权力有着其他方式所无法取代的作用，尤其是在近代早期的英国，当时英国国家机器相对来说比较虚弱，国家没有常备军、警察和高效的官僚队伍来执行最高统治者的意志，因此，政治国家的合作和人民的顺从在很大程度上要依靠文化和观念的认同而非暴力才能实现。女王形象的塑造和忠君的文化氛围，对加强君主权力是非常有利的，女王赢得了臣民的爱戴，并获得"贤明的女王"和"光荣的女王"的美誉，女王崇拜使英国君主的形象固化了，女王已经成为英国人评判英国君主（从个人举止、宫廷规范、内外政策等方面）参照的样板，斯图亚特王朝的君主们越是背离女王时期的政策，人们越加怀念被理想化的女王时代，17 世纪人们普遍认为，新王朝斯图亚特已经完全背离了伊丽莎白时代的传统与精神，下院反对派领袖艾略特、皮姆以及克伦威尔，都曾利用伊丽莎白来攻击斯图亚特君主，称后者违反了女王时代的传统与先例，破坏了宪政政体，威瑟、米尔顿和布拉德斯特里特则抨击王党派的美学，称其来自伊丽莎白时代的斯宾塞、西德尼和其他伊丽莎白时代的作家。但被神化与偶像化的女王品质是一种神话与幻象，是现实中的君主所无法拥有的。因此，17 世纪初的英国君主在伊丽莎白神化形象面前黯然失色，给他们的统治造成相当的负面影响。

1603 年伊丽莎白女王去世了，但女王作为一种特殊的价值和政策符号在斯图亚特王朝继续存在，女王崇拜更加流行，怀旧与抗拒是一对孪生概念，人们对斯图亚特王朝统治的不满，推动了对女王的个人崇拜，历史学家称这种现象为伊丽莎白情结。对女王的怀旧情结是对斯图亚特王朝与君主的一种批评与攻击，早期斯图亚特王朝的英国人，借古讽今，以怀念女王为名，实则抨击斯图亚特王朝君主及其政治实践。

首先，女王去世后，伊丽莎白崇拜不仅没有消失，反而更加盛行，有关女王的社会记忆成为当时英国人抨击詹姆士一世统治的政治工具。福柯曾指出："历史，就是权力的话语、义务的话语，通过它，权力使人

54

服从；它还是光辉的话语，通过它，权力蛊惑人，使人恐惧与固化。"①
从马基雅维里时代以来历史书写便一直受到政权的左右，换句话说，政
治规训着历史书写。从开国君主亨利七世起，利用民族的共同过去诸如
亚瑟王传奇重构历史、确立统治合法化已经成为都铎王朝的政治文化传
统。历史叙述与重构历史成为统治阶级政治宣传的重要方式，通过当时
时代与过去时代的对比，突出当代社会的优越。或者借助对过去随时间
流逝的感慨，表达一种怀旧情结，建立当时时代与过去时代的历史连续
性，从而唤醒民族认同。从这种意义上看，早期斯图亚特王朝的伊丽莎
白崇拜就是一种历史重构，人们通过理想化的女王及其时代的重构，把
伊丽莎白女王作为衬托，表达对早期斯图亚特王朝的不满与批评。好国
王与坏国王的二分法，主要是詹姆士统治末期出现的历史叙事的结果。②

"怀旧"最初是医学术语，即所谓的"思乡病"，是瑞士医生约翰内斯·霍
弗在 1688 年首次提出的，它指的是瑞士士兵在军队服役期间所罹患的一种
精神与生理疾病，霍弗在研究中也使用了一些来自非军人即平民的数据。通
过研究，他认为除军人外，每个人都有可能患上"思乡病"。后来"思乡病"
一词由最初的严格医学术语演变成带有半贬义的现代术语，指的是对过去时
光与过去记忆的怀念与感伤，特别是一个人生命阶段中的某段过去，也指对
想象中的过去的一种感伤，我们通常称之为"怀旧"。尽管"怀旧"一词首
次出现在 1688 年，都铎与斯图亚特王朝时期的英国该词还没有产生，但是这
种情绪与情感肯定是存在的。琳达·查恩斯断定，中世纪与近代早期的史
诗都显示，"怀旧"在中世纪的定义之前就已经存在了。对理想化过去的
怀念是欧洲文艺复兴的结果，是近代早期英国一种真实的、普遍存在的情
绪。"怀旧"作为一种疾病，其根源在于社会现实，近代早期的人们对过去

---

① ［法］福柯：《必须保卫社会》，钱翰译，上海人民出版社 1999 年版，第 62 页。
② See D. R. Woolf, "Two Elizabeths? James I and the Late Queen's Famous Memory", *Canadian Journal of History*, No.2, Vol.20, 1985.

的幻想促成了它的产生。"怀旧"来源于个人与集体对未知的过去的一种幻想，过去是当时时代的积极对比。在英国文艺复兴时代，对比是表达政治不满的手段。对过去的怀念与过去可以重现的思想结合在一起，构成近代早期"怀旧"的特征。"怀旧"把过去浪漫亿，是建立在理想化幻想基础上的虚假记忆，是对所谓的"美好世界"与"黄金时代"的过去重构。

女王去世后，关于她的记忆开始复活，这使她的继任者詹姆士很不安。詹姆士出生在苏格兰，对英格兰人来说，他不是真正的英国人，因而继承英格兰王位后，他担心人们把他与这位成功的前国王进行比较，因而不得不与有关女王的社会记忆进行斗争，压制前女王在当时时代的影响。詹姆士是苏格兰人，并且是一位不受欢迎的、被处决的苏格兰女王的儿子，这种情况造成詹姆士要清除女王的社会记忆变得异常困难。威廉·卡姆登在 1625 年出版的《编年史》关于伊丽莎白偶像化的表述影响深远，直至 20 世纪中期一直支配着人们对女王统治的评价。20 世纪中期，人们对伊丽莎白与詹姆士的描述与威廉·卡姆登在 17 世纪的描述几乎相同，在《编年史》中，伊丽莎白的美德与成功实际上是通过詹姆士的缺陷与疏漏的对比而彰显出来的，正如学者所说："卡姆登书写伊丽莎白的统治史只是一个幌子，其真实用意在于对詹姆士的统治进行评论与指责。"[1] 只要有人计划撰写伊丽莎白女王生活与统治的文章，詹姆士都会积极干预，努力影响与压制关于前女王的历史记忆，使前女王在文化记忆中消失、边缘化、被削弱，说明他担心前女王的影响力会对自己的形象造成威胁，足见女王在斯图亚特王朝时期的影响之深。由于担心女王的影响，詹姆士没有出席伊丽莎白的葬礼，对此威尼斯大臣乔瓦尼·斯卡拉梅利是这样报道的："人们都说，詹姆士既不希望看到女王活着，也不希望看到女王死了……伊丽莎白的肖像被遮挡起来了，取而代之的是玛丽·斯图亚特的肖

---

[1] C. Haigh, *The Reign of Elizabeth I*, London: Macmillan, 1984, p.9.

像。"① 詹姆士下令把伊丽莎白重新下葬，把女王从威斯敏斯特教堂墓地的中心位置迁出，女王墓地挪到教堂内一个相对偏僻的位置，而教堂墓地的中心位置留给詹姆士本人去世后所用。这从一个侧面反映了詹姆士对伊丽莎白影响力的担心。但是，正如某位学者所言，詹姆士"不管那么精心地谋划重新埋葬伊丽莎白，都不会把女王的影响埋葬掉"②。詹姆士时期人们开始带着怀旧情结怀念女王统治时代，主教古德曼曾说，尽管在女王末期"人们普遍厌倦了一个老妇人的统治，但是数年后当人们经历了苏格兰人的统治后……女王似乎又复活了。关于她的记忆骤增"③。詹姆士削弱前女王的影响力的努力，最终以失败告终，对伊丽莎白女王的怀旧情结成为一种强大的、颠覆性政治话语。

其次，查理一世统治时期女王崇拜更加盛行。17 世纪初二三十年代，人们喜欢用女王神话来解释社会与政治经历中无法解释的变化。对那些担心港口与要塞被攻破的沿海居民来说，女王就是英国海军的首领；对那些担心劳德宗教政策将导致罗马天主教复兴的新教徒来说，女王就是新教的保护人；对那些因为日益增长的税收而忧心忡忡的投资者来说，女王就是节俭的化身。有民间传说，女王生前保护了英格兰免受外敌的入侵，她去世后仍然继续保护着英格兰人，人们甚至认为，只要看到女王的画像，西班牙人就会胆战心惊。

与詹姆士不同，查理与王党派对待伊丽莎白崇拜的态度是积极的，他们企图利用女王崇拜为君主专制服务。政权鼓励女王神话的宣传，宫廷文化突出查理夫妇与伊丽莎白品质的共性，把他们宣扬为女王品质的继承者，强调

---

① C.Perry, *The Making of Jacobean Culture: James I and the Renegotiation of Elizabethan Literary Practice*, Cambridge: Cambridge University Press,1997, p.155.

② M. Dobson and N. J. Watson, *England's Elizabeth: an Afterlife in Fame and Fantasy*, Oxford: Oxford University Press,2002, p.47.

③ R. Ashton, *James I by His Contemporaries*, London: Hutchinson,1969, p.77.

查理与伊丽莎白二者之间的延续性。一个舞剧把王后亨利塔与伊丽莎白相提并论，前者是忠贞的妻子，后者是纯洁的童真女王。该时期宫廷舞剧的主题就是颂扬国王夫妇的忠贞爱情，伊丽莎白被称颂的品质现在都用来歌颂国王夫妇，宫廷舞剧极力宣扬查理夫妇是伊丽莎白女王的直接继承者，利用女王崇拜与女王情结，强调君主统治的连续性，确立政权的合法性。

值得注意的是，与王党派宣扬查理对伊丽莎白传统继承的观点不同，议会反对派经常用理想化的伊丽莎白记忆来攻击查理的专制。他们把女王宣扬成坚定的新教徒、法国与西班牙的死敌、荷兰反抗哈布斯堡王朝的积极支持者，以及普通法的拥护者、商业发展的支持者和宪政的维护者，创造了另一个女王神话。他们宣传女王对议会的尊重，强化女王有限君主的印象与认识，1642 年与 1648 年，女王取消王室专卖权的"黄金演讲"不断被重印，在演讲中女王向下院保证，她将把下院视为"女王的荣耀，女王依靠下院的拥戴而进行统治"①。实际上，女王签署这个文件是迫于下院的压力，取消王室专卖权的宣言，对女王来说是重大挫败的标志。但是在内战中"黄金演讲"却被议会反对派操纵与利用，他们把查理一世与理想化的女王作为对比，用女王对议会的尊重来衬托与攻击查理的专制统治。在马斯顿荒原战役中议会军打败王党派后，在纪念伊丽莎白即位日中，威廉·古奇讲道称颂女王的开明统治："感谢上帝的恩典，让我在女王的治下生活了 28 年。我感恩上帝，让我有幸出生在这么幸福的时代，并且享受了这么长的美好时光。"②

综上所述，17 世纪英国经历了宪政危机，对斯图亚特王朝的不满，促使人们把伊丽莎白作为反斯图亚特王朝情结的称颂目标，伊丽莎白被理

---

① John Watkins,"Old Bess in the Ruff: Remembering Elizabeth I,1625-1660", *English Literary Renaissance*, No.1,Vol.30,2000.

② John Watkins,"Old Bess in the Ruff: Remembering Elizabeth I,1625-1660", *English Literary Renaissance*, No.1,Vol.30,2000.

想化，女王被宣传成为抵御外敌、保卫英国的勇敢母亲，是向议会让步的顺从妻子。

最后，伊丽莎白女王时期，公共领域被宫廷操纵，而变得异常活跃，人们已经习惯通过公共领域，获得国家事务的有关信息，这是伊丽莎白女王留给 17 世纪英国人的遗产。但是不幸的是，斯图亚特王朝早期的两位君主，都没有充分利用公共领域来为自己的统治服务，甚至对公共领域以及诉诸大众怀有深深的敌视，担心它们颠覆君主统治，因而他们对公共领域进行压制。弗朗西斯·培根因担心议会外广泛流传的外交政策新闻，将对即将召开的新一届议会产生不利影响，因而建议政府颁布王室宣言，禁止人们谈论国家事务，禁谈国家事务的宣言对议会新闻的流传确实产生了压制性作用，威尼斯大使吉罗拉多·兰度就获得詹姆士议会开幕的演讲复本之困难，曾发出感叹：

> 我把国王在这次议会上的演讲资料的手抄本进行了翻译，并随信寄出。因为英国政府一反常态，禁止传播国王演讲，因此我费了九牛二虎之力才搞到它，在以前这种资料是可以被印刷的。[1]

由于禁止人民谈论国家事务，结果导致国王、宫廷与政治精英、大众之间的疏远和误解，民族凝聚力遭到削弱，容易引发共识危机。更重要的是，人民通过公共领域获取政治信息的渠道不畅通，结果为地下媒体的繁荣提供了市场，这是一个颠覆性公共空间，产生了深远的政治影响。

苏格兰国王詹姆士六世继承了英格兰王位，开始了斯图亚特王朝在英国的统治。在伊丽莎白女王传奇形象的观照下，詹姆士无论是在个人魅

---

[1] Chris Kyle, *Theater of State: Parliament and Political Culture in Early Stuart England*, Stanford University Press, 2012, p.85.

力、个人形象和宫廷规范方面，还是在内外政策方面，都顿时黯然失色。同时，绝对主义观念促使詹姆士对政治危机时期的公共领域采取敌视的态度，大众媒介维护君主统治的传统价值丧失了，甚至走向了反面，大众媒介成为贬损国王及其政策的重要手段，国王及其宫廷的形象一落千丈，人们通过歌颂女王的德行和丰功伟绩来鞭挞詹姆士宫廷和软弱的外交政策，都铎王朝树立起来的君权在詹姆士统治时期逐渐失去了神圣的光芒，君主统治面临着巨大挑战。

第二节　詹姆士一世腐败堕落的君主形象与 政治危机的频发

政治秀在近代早期英国政治生活中占有重要地位，君主形象则是政治秀的主要内容，它承载着一定的政治功能，关系到大众对君主以及政权的认知，是确立君主统治合法性的重要手段，良好的君主形象能够获得民众的忠诚与顺从。都铎王朝留给后世王朝与君主丰厚的符号资源，但没有被英国新王朝的第一任君主充分利用。国王詹姆士一世既没有传承都铎王朝的神圣君主形象，也没有创造出适应社会、政治形势与政治文化的新君主形象，他自造的君主形象因与政治文化、社会期待相脱离而没有得到广泛支持，同时"他造的"反面君主形象充斥公共领域，国王控制话语权的努力以失败告终，君主的神圣性与神秘性遭到严重腐蚀，直接导致统治末期政治危机的频发。

一、对新国王的过高期待

领袖形象在当代政治生活中的地位不言而喻，在近代早期欧洲社会，君主形象对于政治统治同样重要，17世纪英国国王詹姆士一世统治末期的政治危机与他的负面公众形象有十分密切的关系。公众形象不一定是真实情况的反映，但是却能影响大众认知，操纵公共意见，关系政权稳固。都铎王朝曾经塑造了至今仍熠熠生辉的明君形象，这些君主深深留在了英吉利民族的集体记忆中，诸如亨利八世和伊丽莎白一世。伊丽莎白统治时期，人们对君主形象的关注，远远超过了对其政策与行为的关注，女王被描写成所有英国人的"母亲"，女王形象出现在数以千计的版画、木刻画、纪念品印版和扑克牌中，被广为流传，到去世时，她是英吉利民族的象征与化身，成为民族偶像，"是人们崇敬与膜拜的准神秘对象"①。女王利用性别优势，塑造了一个既遥远又可及，既神圣又亲切的君主形象。都铎王朝开创了一种独特的统治风格，形象与表述成为都铎王朝君主统治的基础，它们对于君主统治稳定与成功的重要意义丝毫不亚于政治机构、政策与政治实践。

1603年3月24日，英格兰女王伊丽莎白一世去世，詹姆士·斯图亚特继承了英格兰王位，称英格兰的詹姆士一世。他的母亲是苏格兰前女王玛丽·斯图亚特，父亲是达恩利伯爵亨利·斯图亚特。詹姆士出生后五个月，其父死亡，1567年其母玛丽·斯图亚特被苏格兰贵族废黜并驱逐，流亡英格兰，年仅一岁零一个月的詹姆士加冕为苏格兰国王，称詹姆士六世。近代早期英国仍然是父权制社会，作为一国之主，詹姆士比前女王伊丽莎白女王占有明显的社会性别优势，一首诗写道："伊丽莎白一生都未能成为一名妻子，但上帝现在却赐予英国人一位丈夫和国王。"②家国类比观念流行，詹姆士承载着英国人过高的社会期待。自亨利八世去世后，除了爱德华六世短暂的统治之外，英国先后经历了玛丽与伊丽莎白两位女王

---

① Kevin Sharpe, *Images Wars: Promoting Kings and Commonwealths in England 1603—1660*, Yale University Press,2010, p.5.

② Kevin Sharpe, *Images Wars: Promoting Kings and Commonwealths in England 1603—1660*, Yale University Press,2010, p.16.

的长期统治，由于传统的社会性别歧视，尤其是在经历长达近 50 年的伊丽莎白女王统治后，英国人渴望重新由一位男性国王统治英国，詹姆士的继位则代表着男性国王统治在英国的回归，因而詹姆士即位之初受到英国人的普遍欢迎。约翰·芬顿说："必须承认，在伊丽莎白统治时代，我们从未享受过快乐时光，但是现在，感谢上帝让我们拥有了一位国王。"[1] 另一首诗反映了英国人对于男性继位为王的兴奋情绪，它说只要一提男性国王的名字，就能够使"我们再也不用害怕来犯的敌人了"[2]。一首题为《英格兰的恺撒》的诗作者说，男性国王的名字本身"就能够吓退叛乱者，叛乱……被扫平"[3]。另一首名为《英国欢迎你》的诗作者认为，作为国王詹姆士具有年龄优势，他介于少年与老年之间，可以说正值盛年，这个年龄本身代表着强大，能够给人安全感。一个归化英国的法国人感叹，在他的祖国法国宗教少数派与女性国王的统治导致了内战，相比而言"英国人是幸运与幸福的。因为他们的国王既不是妇女，也不是少年，而是充满力量的强大男性"[4]。圣保罗王室教堂牧师 W. 胡博克的伦敦塔前致辞从同样角度奉承詹姆士，他说新国王即位以来的英国与伊丽莎白女王治下的光荣时代没有什么不同，而"您（指詹姆士）的性别则远远优于女王性别之上，这为更伟大、更成功的行动提供了可能"[5]。

与终生未嫁的伊丽莎白不同，詹姆士有表面上看来幸福的婚姻。1589

---

[1] Kevin Sharpe, *Images Wars: Promoting Kings and Commonwealths in England 1603-1660*, Yale University Press,2010, p.15.

[2] Kevin Sharpe, *Images Wars: Promoting Kings and Commonwealths in England 1603-1660*, Yale University Press,2010, p.15.

[3] Kevin Sharpe, *Images Wars: Promoting Kings and Commonwealths in England 1603-1660*, Yale University Press,2010, p.15.

[4] Kevin Sharpe, *Images Wars: Promoting Kings and Commonwealths in England 1603-1660*, Yale University Press,2010, p.15.

[5] Kevin Sharpe, *Images Wars: Promoting Kings and Commonwealths in England 1603-1660*, Yale University Press,2010, p.15.

年他迎娶丹麦公主安妮到苏格兰做王后，被传为爱情佳话。他给王后写过很多深情的诗句，也被视为幸福男人与一家之长的标志。丈夫角色赋予詹姆士较大的政治统治优势，他可以把语言作为一种统治的强大力量，因为在家国类比观念下，詹姆士既是一个家庭里的一家之主，也是整个王国的丈夫与一家之主。更为有利的是，詹姆士是一位有男性王位继承人的父亲，他是自亨利八世之后的 100 余年，首个有男性王位继承人的英国国王，这种父亲身份在近代早期社会不容低估，拥有两位王子的詹姆士就任英国国王，这样就结束了困扰英国君主制与王国安全长达一个世纪之久的王位继承危机的难题。因此 1603 年芬顿说："现在我们可以自豪地宣布，从今往后我们再也不用担惊受怕了。因为我们现在有了国王，并且是一个有王子的国王。"[1] 甚至当时有人说："我国国君无后的时代终于一去不复返了。现任国王拥有一个合法妻子，这是我们过去时代从未有过的可喜变化。"[2] 众所周知，在历史上王位继承危机一直是引发欧洲各国贵族内战以及国际战争的重要因素，伊丽莎白女王终身未嫁，自然也就没有生育王位继承人，这是令英国人感到遗憾并且为王国安全而担忧的事情。而詹姆士拥有来自亨利七世的王室血统，有两个儿子和一个女儿，这样保证了英国王室家族的延续，在英国人看来，詹姆士继承英国王位，代表着稳定、良好的国家统治与民族希望。

二、新王朝的统治风格：君主形象与前朝相比形成巨大反差

话语权在维护近代早期英国君主权威中占有不可替代的作用，都铎

---

[1] Kevin Sharpe, *Images Wars: Promoting Kings and Commonwealths in England 1603-1660*, Yale University Press,2010, p.16.

[2] Kevin Sharpe, *Images Wars: Promoting Kings and Commonwealths in England 1603-1660*, Yale University Press,2010, p.16.

王朝君主权威的成功确立很大程度上依靠的不是单纯的有形压制，而是权力话语的建构。理查二世曾说："国王的权力在于他的言论的权威。"①都铎君主宣称王权高于任何声音与话语：出版必须经过国王批准；议会的辩论必须在国王界定的自由演讲范围内。君主们一再宣称，好的臣民就应该像近代早期英国父权社会的好妻子、好孩子一样，只能负责倾听，而不能被人们听到他们在发表意见。但是 17 世纪初随着印刷业的发展，君主的话语垄断权或者话语控制权受到了挑战，君主的权力因而也受到了挑战。首先，近代早期欧洲社会对古典作品的兴趣复兴，以及新教的崛起，语言在修辞学上的重要性增强。但是从理论上看修辞既可以作为传递事实的工具，也可以成为欺骗的形式。马基雅维利建议君主把语言作为不受道德约束，获得自我利益、野心、权力的工具，这种观点得到当时部分人的赞成。其次，宗教改革造成基督教的分裂，对《圣经》出现了不同的诠释。因为《圣经》也是关于统治的论述，对它的不同解释导致国家的共同话语分裂成权力的对立语言，16 世纪末荷兰、法国、苏格兰、英格兰的加尔文派把《圣经》变成颠覆性政治话语。面对着意识形态词汇的威胁，君主们努力在新形势下通过重申对《圣经》至高无上的解释权力，从而重新确立君主权威。詹姆士版《圣经》就是话语权争夺的产物，詹姆士通过改造、借用、重新批准证明国王权威合法性的话语与隐喻，把《圣经》作为维护君主权威的工具。国王的演讲、写作，对《圣经》的注解、对古典作品和诗歌的翻译，都是维护君主统治与权力的行为。詹姆士把写作与作品作为确立话语权和维护国王权威的主要形式，通过文章、私人信函、王宫公告、演讲，确立国王在政治观念领域的话语权地位，把国王权威延伸到王国各地。这样詹姆士不仅在

---

① Kevin Sharpe and Peter Lake, eds., *Culture and Politics in Early Stuart England*, Macmillan, 1994, p.118.

英国开启了一个新的王朝，而且开始了一种有别于都铎君主的新的统治风格。

（一）视觉修辞相对缺失

詹姆士把文字表述置于视觉修辞之上，作为君主形象构建的主要媒介，伊丽莎白女王时代视觉修辞在君主形象构建中的优先地位被取代了。君主形象构建策略与媒介变革的一个重要后果就是：富有论战色彩的直白观点表达取代了富有象征寓意的符号与画像以及公开场合下的君主表演，专制主义的观点、强硬的政治立场与政策措施取代了伊丽莎白女王的温和政策，君主的言行直接暴露在大众审视之下，容易引发激烈的政治论争与公共讨论，导致君主制与君主本人遭到猛烈抨击。伊丽莎白女王实行肖像政治，依靠一套象征系统，把自己塑造成整个民族的偶像与女神，她努力避免使自己陷入政治论争，竭力使自己置身于政治派别与派别争论之上，从而维持了相对的政治稳定与国内和平。詹姆士则不同，在近代早期欧洲各国君主中，詹姆士最巧于辞令，能言善辩，他擅长用写作进行论战，他的文论所涉猎的范围广泛，从诗歌、诗歌翻译、《圣经》注解、政治与社会的文章、神学作品、演讲等，无论在苏格兰还是在英格兰很多人都把詹姆士视为学者型国王，经常引用他的话。著书立说被詹姆士视为统治实践的核心，是他构建自我形象的重要工具。但最终他的作品没有能够加强君主权威，反而削弱了君主权威，詹姆士通过发表政治观点，把自己置于政治论战中，君主的神秘性遭到削弱，深刻影响着人们对君主的认知与君主的公众形象。

都铎王朝的一个重要遗产就是英国君主形象的神圣化与神秘化，其中君主肖像画与皇家庆典一起成为构建君主形象、炫耀君主权力与确立国王权威的重要方式。17世纪初斯图亚特王朝建立后，国王詹姆士的肖像画寥寥无几。虽然最近学界就詹姆士不擅长盛大仪式表演的说法表示质疑①，但有史料证明，与女王相比，他在位期间公开庆典活动明显减少。这些是英国君主开始从公共关系撤退的表现，对于国王神秘形象的构建显然是不利的。

首先，国王画像比起前朝明显减少。都铎君主形象的神秘感主要是依靠视觉修辞构建的，这是因为在文艺复兴时代，视觉修辞承载着重要的政治功能，君主的肖像作为视觉修辞的一种形式，其本身传递着一种价值观念、行动计划、具体政策，是权威文化的重要组成部分，是君主权力的象征符号。君主肖像画与皇家庆典、皇家仪式构成了一套王权象征系统，是当时构建国王形象的重要手段。

纵观古今中外的封建帝王，都非常看重自己的肖像画，当然他们看重的不是作品本身的艺术性，而是它们蕴含的政治含义与政治主题等政治社会功能。首先，肖像画的表述方式不同于文字，由于画家往往通过深度暗示、象征、隐喻、拟人、谐音等多种手法在作品中寓以复杂的政治意义，因而肖像画既可以是权力显现的一种形式，也可以是权力发生作用的一种形式，作为一种简洁易懂以及具有广泛影响力的象征性视觉语言，具有多维政治想象和价值期待，具有易于反复复制、频繁再现和广为传布的特点，对于君主制政治叙事具有重要价值。它反映了上层阶级的思想情趣或是政治意图，渗透出强烈的政治意味，或是表现君主权威、渲染太平，或是歌颂盛世、颂扬君主。学者普遍认为皇家与特定人群通过画作引导舆论、占据"话语"乃至文化制高点的努力，是皇家通过帝王肖像画引导社会舆论、提高帝王权威、反映君臣有序关系，乃至使该阶层在当时的文化中掌握话语权甚至文化制高点的手段，是一种象征性的政治符号，具有使事物合法化，起导向作用的特性，这就是所谓的肖像政治。对于政权而

---

① See Kevin Sharpe, *Images Wars: Promoting Kings and Commonwealths in England 1603-1660*, Yale University Press, 2010, p.89.

言，具有非同一般的社会政治功能。概言之，它既是意识形态生产和突出的重要方法，也是政治权力生产和再生产的重要资源。其次，君主肖像被寄寓着更为丰富的政治"想象"。作为政权与国家外在的、可视的政治象征，君主肖像能够将其最为隐秘的信仰和观念直观地加以呈现，是一种人格化、情感化和形象化的非语言政治叙事符号，能够发挥"不立文字，直指人心"的政治功效，因而在政治鼓动、思想渗透和理论教化等方面价值斐然，是君主获取政治认同和政治权威的依据所在。

伊丽莎白女王自小受到良好的人文主义教育，极具文采，口才极佳，但是她给当时以及后人们留下最深印象的则是她的肖像画。女王肖像是伊丽莎白君主形象构建的最重要媒介，女王被刻画成都铎王朝合法的王位继承人、古典女神、圣女与神圣偶像，女王画像出现在油画、纪念章、版画中，在国内外广泛传播，其肖像作为"缺席的在场者"成为人们膜拜的神圣对象，巩固了君主权力与权威。当时在府邸悬挂君主画像，成为贵族和谋取功名者炫耀家族权势与荣耀的室内装饰风尚，甚至下层社会对收藏女王头像的雕刻画和版画也表现出了浓厚兴趣，女王画像有广阔的市场需求。在日益崛起的商业社会，女王画像的日趋商品化、大众化，使她成功地控制着民族想象，处于民族想象的中心位置，这对于维护君权异常重要。到都铎王朝末期，君主肖像已经成为维护君权的基础。

近代早期英国，君主与王室成员的肖像画以视觉语言的形式，记载王室家族成员的音容，界定被画者的社会地位，贵族与乡绅家中陈列的君主与王室成员的肖像画，则是对国王、王室成员忠诚的表达。同时肖像还是欧洲王室家族之间关系与联盟的表达。欧洲王室之间有联姻的传统，肖像画被作为外交礼物在友好国家之间互赠，以此加强政治结盟。当两国商讨王室联姻时，国王肖像用以交换，被拒绝的求婚者的肖像或者被疏远的盟国的肖像也可以作为一国在国际政治世界重要地位的标志，成为该国艺术收藏品与珍贵的历史记载的一部分。詹姆士的王后安妮对视觉艺术抱有浓厚兴趣，在她的寝宫格林威治宫有一个巨大女王画廊。为显示安妮的家族及其强大的家族关系，安妮的哥哥克里斯蒂安四世的肖像放在画廊最重要的位置，安妮的姐妹萨克森公爵夫人海德维格的两张肖像，她的外甥克里斯蒂安选帝侯与外甥弗里德里希·乌尔里克、克里斯蒂安、不伦瑞克公爵的儿子们的肖像，她的姐妹拿骚伯爵夫人的肖像，她的表亲梅克伦堡公爵的肖像，都在画廊陈列。此外，画廊还陈列着苏格兰贵族家族成员达恩利勋爵、伦诺克斯伯爵、阿拉贝拉·斯图尔特女士、里士满公爵的肖像，亨利王子与斐迪南女儿结婚后将要结成姻亲关系的家族姻亲成员托斯卡纳与托斯卡纳公爵夫人、费迪南德一世和洛林的克里斯汀的肖像，以及前朝遗老、政要显贵们的肖像。该画廊是王公贵族们的肖像集合，是王室家族权威的表述，对家族成员具有重要的政治意义。

但是詹姆士本人对君主肖像不像前朝君主那样重视。与女王不同，詹姆士构建形象的最重要媒介不是君主的肖像画，而是文字与观点。詹姆士出生并长期统治与英格兰文化截然不同的苏格兰，苏格兰教会比英格兰国教更加激进，不像英格兰国教那样支持视觉艺术。16 世纪后半期贵族派别争夺对国王的控制权，苏格兰政局动荡，经济相对落后，王室财政困难，导致苏格兰艺术发展缓慢与落后，"苏格兰的画家少得可怜，仅有的几个画家都是外国人。由于报酬极少，以及需求有限，这些画家不可能取得很大成就"①。与同期的英格兰与欧洲大陆绘画水平相比，苏格兰的视觉艺术可谓是死水一潭。在入主英国前，詹姆士连张像样的画像都没有，而同期的英格兰，几乎所有的贵族府邸都悬挂伊丽莎白女王画像。在绘画艺术落后的苏格兰成长起来的詹姆士，喜欢用语言文字而非视觉的媒介显示君主权威与表达政治观点。在即位为英格兰国王前，詹姆士曾下令重新发表他的两篇文章《国王的天赋能力》与《自由君主制的真正法律》，但是

---

① D. Thomson, *Painting in Scotland,1570-1650,* Edinburgh,1975, p.10.

却没有纪念自己成为大不列颠国王与新王朝的建立而进行肖像画的创作。1604 年英国与西班牙签订和平条约，结束了两国之间的战争，英国完全有条件像欧洲大陆的君主和大贵族那样雇佣欧陆画家为自己画像，但詹姆士却没有这样做。因而当时有人怀疑，他甚至从未坐到画架前让人为其作画，这可能是他几乎没有几张像样肖像的原因，时人在收集与整理詹姆士寥寥无几的个人画像后不禁感叹：

> 竟然找不到一幅能给人留下深刻印象的陛下画像。[①]

入主英格兰后，詹姆士对视觉形象仍然不太关注，因而留下来的画像屈指可数。詹姆士主动坐到画架前让人描摹的场合只有两次：一是为实现两王国（英格兰与苏格兰）的联合计划，二是为促成王子与欧洲大国公主的联姻计划。但是这两次的君主画像未能明显展示王权的威严与君主统治的神圣，画中的詹姆士老态龙钟，以至于詹姆士的画像本来就寥寥无几，给人留下深刻印象的更是少之又少。

1621 年伊丽莎白的宫廷画家尼古拉斯·赫利尔德，曾为女王作画 30 年，留下许多经典画作，为构建女王形象立下汗马功劳，但在詹姆士统治时期，"他却无法像过去那样，为（君主）留下传世之作"[②]。虽然他也曾为詹姆士作过肖像画，但是水平却如同一般匠人，他几乎没有得到过詹姆士的资助，到 1613 年已是穷困潦倒。另一个著名的肖像画画家是艾萨克·奥利弗，他曾得到王后安妮的器重，亨利王子也对他恩宠有加，尽管奥利弗的作品质量上乘，但是他却从未为詹姆士画过一幅微型肖像画。以上资料说明，詹姆士没有认识到视觉艺术所蕴含的政治力量，因而对自

---

① Roy Strong, *Tudor and Jacobean Portraits*, 2 vols., HMSO,1969, I, p.178.

② Roy Strong, *The English Renaissance Miniature,* Thames & Hudson Ltd., 1983, p.123.

己的视觉形象没有给予足够重视。实际上，英格兰人对能够拥有一张新国王的肖像是渴望的，我们可以从詹姆士统治之初印有詹姆士肖像的版画大量出版，向公众出售的情况中得出这一结论。尽管民众渴望能够收藏君主个人画像，君主画像拥有广阔市场，但是詹姆士却不能满足这种公众期待与市场需求。

君主制的表述与君主的个人形象作为都铎王朝权威文化的重要部分，保持了君主与君权的神秘性，对于维护国王与人民之间的情感纽带和精神心理纽带十分重要。詹姆士个人肖像画的相对缺失，丧失了显示君主权威的文化符号资源与重要载体，无法为人们提供膜拜君主的机会，不仅不利于君主与人民之间情感纽带和精神心理纽带的维系，而且不利于君主神秘性的保持。

其次，宏大庆典仪式屈指可数，政治秀场锐减。国家庆典和盛大仪式等重大公共场合，是都铎君主的政治秀场，不仅构建君臣与君民之间的情感与精神纽带，同时也能够展示君主的神秘权力，是影响大众对君主认知的传统媒介。尽管学界最近对于詹姆士深居简出的冷漠风格以及宏大盛典仪式上的拙劣表现表示质疑，但是不可否认的是，与先王伊丽莎白相比，詹姆士时期的宏大庆典与仪式确实要少得多。

詹姆士继位英格兰王位，对全体英格兰人来说是个巨大安慰，按照都铎统治风格，作为一国之君，詹姆士自然而然成为公众关注与情感表达的对象。都铎时期，君民之间的互爱是展示君主形象、维护君主权威的基本要素，国王在宫廷仪仗队、入城仪式、王室盛大庆典上的现身，是君主最为重要的公开表演，詹姆士称之为"国家戏剧舞台"，用当时人的话来说：

> 没有什么比这些庄严、宏大的娱乐活动能更好地展示君主的崇高与伟大，以及臣民的义务、对君主的爱戴与赞美……巨大

花费与开支仅是表象，真正的画面是人民发自肺腑的对君主的
热爱。①

　　豪华壮观的庆典与仪式不仅宣扬了人民对君主的爱戴之情，也展示
了君主权威的神秘性。

　　但是詹姆士出现在公众视野中的宏大场合寥寥可数，主要是国王继
位后的入城仪式和加冕仪式，自 1606 年的第二次入城仪式后，詹姆士出
现在大型仪式上的次数几乎没有。

　　英国不同于同期的欧陆国家，君主缺少常备军、庞大的警察与官僚
系统，硬权力的相对缺少彰显了软权力的重要地位，亲切、温和、慷慨、
仁慈的君主形象对于拉近君主与臣民之间的距离，建立君臣之间的感情纽
带，维护统治显得尤为重要。但是，由于宏大仪式的相对缺失，詹姆士出
现在公众面前的机会少之又少，并且在为数不多的场合中，詹姆士表现出
的是欧洲大陆西班牙、法国等君主那种威严肃穆、不苟言笑、高高在上、
拒人于千里之外的冷漠国王形象，这与前朝伊丽莎白女王的亲民形象形成
鲜明对比。他没有像女王那样使用"爱"的语言，表达爱民的姿态，而是
表现不与民众沟通的漠然。

　　入城仪式，是表达君主象征性权力的古老场合，也是体现君臣、君
民之间情感的重要舞台。詹姆士的入城仪式，其设计风格是罗马帝国式
的，表达的是绝对主义的立场和观点，声称的是绝对主义王权，入城仪式
的主题是英雄神话和诺曼征服，在仪式接近尾声时，詹姆士神情冷漠地巡
行在伦敦大街。宏大场合的缺失与冷漠表现，拉大了詹姆士和臣民之间的
情感距离，削弱了仁君形象，引起了人民的不满，他们常常把国王对民众

---

① Kevin Sharpe, *Images Wars: Promoting Kings and Commonwealths in England 1603—1660*, Yale
University Press, 2010, p.101.

的态度同已故女王相比，一位威尼斯大使曾回忆道：

> 他（詹姆士）不像女王那样爱抚他的子民，也不能得到民众对女王那样的拥戴……女王深知如何面对街头人头攒动的臣民。但是，这位国王（詹姆士）却对他们丝毫没有兴趣，相反，他对民众投去的是鄙夷的目光，结果他得到的同样是不屑与怨恨。①

国家庆典与仪式等重要政治秀场的相对减少，使詹姆士相对失去了表达神秘君主权力与君民情感的机会，不利于神秘君主形象的构建，削弱了君主与人民之间的情感纽带与君主权威。

（二）利用文字表述宣扬王权神授，树立拥有绝对权威的神圣君主形象

詹姆士并非没有意识到君主形象对于维护君主权威与统治的重要性，在变化了的政治氛围和日益发展的公共领域，他一直努力树立自己的形象，确立国王的绝对权威，只不过构建策略不同于前朝。前朝的伊丽莎白主要通过盛典和画像艺术的视觉符号，表达自己和表现自己，《圣经》语言或者神话语言只是作为视觉展示的支撑。而詹姆士则偏重用文字语言而非视觉修辞来表达绝对王权观念，树立神圣不可侵犯的君主形象，确立国王的绝对权威。

造成这一现象的主要原因是近代早期苏格兰与英格兰政治文化完全不同。苏格兰的王权远远没有英格兰王权那么稳固，一方面，天主教和贵族们为争夺对教会和王权的控制权而进行斗争；另一方面，天主教教会主张教权至上，长老派主张长老会的权力高于国王，宣扬有限君主论。因

---

① R. Malcolm Smuts, *Court Culture and the Origins of a Royalist Tradition in Early Stuart England*, University of Pennsylvania Press, 1987, p.27.

此，作为苏格兰国王，詹姆士需要与各种政治主张进行口诛笔伐，宣扬君权神授，这就促成了他擅长辩论与卖弄学识的习惯，他曾自我吹嘘道："在苏格兰，我是靠笔杆子治理国家的。"① 他对自己的学识与辩论能力非常自信，坚信写作是维护国王权威的最好工具，认为自己完全可以依靠学识与能力，通过辩论性的语言文字表现自己、表达观点，就能够赢得人民信服，树立国王权威，因而"他把笔作为武器"②。詹姆士是当时欧洲知识与学识最为渊博的国王，他读过古典的治国作品，认为校长的角色与国王的角色最相近，对"印刷文字的价值有着狂热的信仰"③，他相信修辞本身的强大力量，认为君主的言论对维护君主权威至关重要，他曾说："上帝之所以把我安排到如此神圣又至尊的王位上，是因为我在这个尊贵位子上所说的话……其分量难以想象。"④ 詹姆士的作品及其观点是对挑战王权者的一种辩论性回应，对他来说写作本身就是一种确立话语权主导地位的统治行为。主教蒙塔古负责詹姆士作品的编纂，他说可能人们认为长矛与笔相比，是国王更适合的武器，实则不然。上帝所言成了《圣经》，摩西、大卫和所罗门用写作引导人们理解《圣经》，同样"我们已经用我们的眼睛与良知去理解陛下的作品……有些人已经皈依了上帝"。詹姆士作品集的卷首页插图说明写道："知识使国王（指詹姆士）成为最像上帝的人……上帝给我们派来了一个所罗门……通过作品他为人们提供了对神圣上帝的理解。"⑤ 詹姆士企图用文字与作品，控制话语领地。在议会中他也喜欢用高傲的措辞，颂扬君权至高无上，维护与表达绝对主义王权。詹姆士的形

---

① C. H. McIlwain, *The Political Works of James I.*, New York,1965, p.301.

② Kevin Sharpe, *Images Wars: Promoting Kings and Commonwealths in England 1603-1660*, Yale University Press,2010, p.18.

③ T.A. Birrell, *English Monarchs and Their Books*, London,1986, p.30.

④ C. H. McIlwain, *The Political Works of James I.*, New York,1965, p.169.

⑤ Kevin Sharpe and Peter Lake, eds., *Culture and Politics in Early Stuart England,* Macmillan,1994, p.124.

象构建策略与都铎王朝的差异，反映了 16、17 世纪英国君主权力合法化的确立方式已经由过去的公开表演转向观点诉求。

詹姆士努力树立拥有绝对权威的神圣君主形象。入主英国后，詹姆士经常把君权神授挂在嘴边，每当议会开幕，他都要重复这句话："君主为可见的上帝，上帝为不可见的君主。"① 启蒙思想家伏尔泰评论说："当他（指詹姆士）被承认为国王后，他就认为他的君权是神授的。凭这个理由，他以神圣的国王陛下自居。"② 詹姆士认为自己不仅需要确立神圣王权，而且还要论证其正当性与合法性，因此他把此前的作品进行再版，旨在向英格兰人重申王权神授的绝对主义王权主张。实际上在离开苏格兰之前，英格兰人就已经了解了他的作品与观点。在伦敦塔一篇献给詹姆士的致辞提到，"这些享誉神学领域的宝贵作品"都是国王所写。米德尔塞克斯镇长在致辞中说，英格兰人对国王（指詹姆士）充满了期待，不仅仅指新国王的行动，而且还包括"我们人手一册，至今都在被人们普遍引用的深邃思想充满期待③。一位诗人奉承詹姆士："伟大的陛下（指詹姆士）用笔来治理天下……他不用费一兵一卒，依靠笔将改变整个王国。"④ 早在苏格兰统治期间，詹姆士就发表了五篇政论性文章，宣扬王权至上，维护国王的权力。1598 年写作《国王的天赋能力》，名义上是写给儿子的一部王室家训，但实际上是对布坎南与诺克斯所倡导的契约论进行的回击。契约论曾为1567 年废黜詹姆士母亲、苏格兰前女王事件进行辩护。该书系统阐述与宣扬詹姆士的君主品质，"引导人们走向道德、忠诚的生活"⑤，宣扬他总

① 阎照祥：《英国政治思想史》，人民出版社 2010 年版，第 57 页。
② ［法］伏尔泰：《风俗论》，谢戊申等译，商务印书馆 1997 年版，第 334 页。
③ C. H. McIlwain, *The Political Works of James I.*, New York, 1965, p.9.
④ Kevin Sharpe, *Images Wars: Promoting Kings and Commonwealths in England 1603−1660*, Yale University Press, 2010, p.17.
⑤ Kevin Sharpe and Peter Lake, eds., *Culture and Politics in Early Stuart England*, Macmillan, 1994, p.123.

是"把《圣经》的朴素语言作为行动指南"[1]，树立詹姆士的良好君主形象，以至于它成了苏格兰宫廷贵族家庭教育的指导手册。1603 年詹姆士下令再版，新版是专门针对英格兰人的，是对英格兰人的一种宣言，正如詹姆士自己所言，新版是"为了让他们（指英格兰人）真正了解我的思想和统治理念"[2]，是詹姆士向英格兰人灌输其政治观念的开始。该书宣扬君权神授论，国王只对上帝负责是该书的重要主题，"国王就是人间的上帝"，它广泛引用《圣经》与古典作品证明自己的观点，其用意在于驳斥契约论，确立国王权力神圣不可侵犯性。该书可谓是一部政治圣经。

詹姆士 1598 年写成的《自由君主的真正法律》一书也于 1603 年在伦敦再版。该书是詹姆士为回应苏格兰契约论倡导者诺克斯、布坎南以及一些主张抵抗国王的"煽动性"教士而作。虽然该书是在苏格兰政治背景下写就的，但是詹姆士认为它同样适用于英格兰，因为虽然英格兰主张有限君主制的呼声不像苏格兰那么强烈，但是他对英国激进的加尔文派即清教徒持有敌意，他认为英格兰的清教徒蔑视法律和国王权威，罗伯特·布朗、约翰·潘利以及"疯狂、顽固的牧师及其信徒"挑战了权威，甚至鼓动叛乱。该书否定抵抗君主论，宣扬服从君主是臣民的义务，即使是坏君主，臣民也不应该反抗，因为君主是天然的父亲，为"促进子女的福祉不辞辛劳"[3]，人们应该服从他。他宣称，整部《圣经》都证明了民众对国王的服从符合上帝律法，他把《圣经》中的大卫和伊莱亚斯作为例证，"在《圣经》中，我们从未看到过哪个先知教唆人们反抗国王，这样的教唆者是多么的邪恶"[4]，为驳斥王在法下的主张，詹姆士认为"国王是这片土地

---

[1]　C. H. McIlwain, *The Political Works of James I.*, New York, 1965, p.13.

[2]　C. H. McIlwain, *The Political Works of James I.*, New York, 1965, p.55.

[3]　C. H. McIlwain, *The Political Works of James I.*, New York, 1965, p.61.

[4]　C. H. McIlwain, *The Political Works of James I.*, New York, 1965, p.53.

上的最高统治者",这不违背上帝的律法与宪政。尽管国王有义务按照上帝旨意作为仁慈的父亲进行统治,但是臣民不应该认为国王应该对他们负责。契约论是抵抗国王论的基础,对此詹姆士重新对"契约"一词进行了解释,"在国王与人民之间的契约中,上帝是唯一的法官"①。他进一步解释说,这不是说国王不受约束,相反如果他没有尽到自己应尽的义务,他将得到上帝最为严厉的处罚。②詹姆士把自己表述成有强烈义务感与责任感的基督教国王。

《国王的天赋能力》与《自由君主制的真正法律》是表达詹姆士政治观点的重要作品,旨在树立君主的绝对权威,早在詹姆士入主英格兰之前,就已经在英格兰广为流传。詹姆士的其他作品也都在维护王权,表达绝对主义王权观念。这些著述是在回击罗马天主教和苏格兰长老派对王权挑战的紧张形势下撰写的,因而其主题是宣扬神圣王权与王权至上,以及国王的权力与臣民的义务,詹姆士经常讲,国王的话就是法律。他在1610 年议会上宣称:

> 君主地位至高无上……他是上帝的代表……君主之所以被称作神,是因为他行使的是神圣的权力……就像上帝可以根据自己的好恶,创造或者毁灭事物一样……君主也有类似权力。③

他曾援引《自然法》说:

> 没有什么比皇帝的权力更高贵和更神圣的了,皇帝敕令具有

---

① C. H. McIlwain, *The Political Works of James I.*, New York, 1965, p.68.

② See C. H. McIlwain, *The Political Works of James I.*, New York, 1965, p.69.

③ Robert Zaller, *The Discourse of Legitimacy in Early Modern England*, Stanford University Press, 2007, p.29.

法律效力。[①]

　　除了著书立说外，王室公告也是詹姆士宣传其政治观点、树立绝对主义君主形象的重要媒介。近代早期英国王室公告是国王发布声明的一个载体，是国王对人民的直接表达方式，为君主及其政府宣布、解释、证明政策的合理性以便使君主权威获得社会支持提供了机会。1621 年詹姆士在给议会的王室公告中说，"公告的大部分，都是我逐字逐句口授的"[②]，可见詹姆士对他的观点、王室命令与王权的宣传重视程度之高。王室公告经过印刷与出版后将在集市张贴与宣读，因而即使不识字的人们也能够对王室公告的内容有所了解。詹姆士自继位伊始，就把王室公告作为塑造自己形象、宣传其思想观念与王权的工具，在 1614 年的王室公告中，詹姆士宣布："使国王真正具有威严和伟大的东西莫过于通过出台政策，利用国王的合法权力……寻找更好的解决问题的办法，从而击败所有的困难与恶意刁难，使国王的政策与行为能够取得一个理想与愉快的结果。"[③] 随着 17 世纪 20 年代政治危机的不断加深，王室公告日益带有威权主义的腔调，对于王室政策不再是解释与说服，而是指责与命令。1617 年王室宣言下令取消兰开夏郡清教官员关于禁止晚祷后民间娱乐活动的规定。第二年 5 月，该规定在全国范围内推行，并在每个基层郊区教堂进行宣读，不从国教者"如果不能遵守王室宣言的相关要求，请离开英格兰"[④]。该公

[①]　W. Notestein, F. H. Relf and H. Simpson eds., *Commons Debates 1621*, 7 vols., New Haven, 1935, IV, p.71.

[②]　J. F. Larkin and P. L. Hughes, *Stuart Royal Proclamations I: Royal Proclamations of King James, 1603-1625*, Oxford, 1973, No.145, p.327.

[③]　J. F. Larkin and P. L. Hughes, *Stuart Royal Proclamations I: Royal Proclamations of King James, 1603-1625*, Oxford, 1973, No.145, p.327.

[④]　Kevin Sharpe, *Images Wars: Promoting Kings and Commonwealths in England 1603-1660*, Yale University Press, 2010, p.42.

告直接打击清教徒，维护国教以及国王在教会中的绝对权威。1620 年王室公告否认自由演讲权，禁止言论自由，宣布批评政策的言论为非法。1621 年解散议会的王室宣言长达 63 页，它宣布国王拥有召开与解散议会的绝对不容置疑的权力，谴责下院冒犯了国王特权，国家事务只有国王才有权处理，谴责下院极端主义分子是"吹毛求疵的好事者"与"煽动者"[①]，该公告引发热烈的公共辩论，国王的言论与观点成为新闻与闲话市场的主要话题。

演讲也是詹姆士树立绝对主义君主形象的媒介。1605 年议会火药阴谋后，詹姆士的议会演讲以上帝代理人自居，他认为议会"只不过是由国王召集的大会议而已"[②]，只能在国王允许的问题上提出建议。同时议会的利益与国王与王国的利益紧密相连、无法分割，因而议会必须以此为核心采取相应行动，他说："议会不是秀口才的地方……也不是把早已精心谋划好的演讲拿来发表的地方。"[③]1618 年，一颗彗星的出现引起了人们的恐慌，以及对西班牙联姻谈判的批评性言论，詹姆士严厉斥责："揣测上帝的想法，不是臣民的权利；在那些犯有叛国罪者的身上，想象统治了理性，这些人最终会被揪出，被绳之以法。"[④]

假面舞剧也是詹姆士宫廷进行王权表述与宣传君主形象的主要工具。它称颂国王的神圣权力，宣扬柏拉图式君主，宣扬君主拥有改变自然界、化恶为善的神奇力量。假面舞剧在都铎王朝时代就成为称颂君主制、维护君主权威的艺术形式，到斯图亚特王朝詹姆士时代发展对君主的称颂达到了顶峰。它神化君主，宣扬君主是自然界神圣力量的化身，宣扬绝对主义

---

① McIlwain, *The Political Works of James I.,* New York,1965, pp.286−287.

② Kevin Sharpe, *Images Wars: Promoting Kings and Commonwealths in England 1603−1660,* Yale University Press,2010, p.44.

③ Kevin Sharpe and Peter Lake, eds., *Culture and Politics in Early Stuart England,* Macmillan,1994, p.129.

④ L. L. Peck ed., *The Mental World of the Jacobean Court,* Cambridge,1991, p.215.

意识形态。假面舞剧只在宫廷演出，宫廷贵族、外国大使是其观众，罗伊·斯特朗称假面舞剧是"国家的宗教礼拜活动"①，是对君主的一种膜拜仪式。

詹姆士时期神职人员是君主制与君主本人的坚定维护者，他们的布道极力宣扬国王神圣权力论。温彻斯特主教托马斯·比尔森在 1603 年 7 月 28 日加冕仪式上的布道说，君主是人间的上帝，他本身所具有的神圣性不容侵犯，他的最高统治权不容抵抗，他不应该受到武力反抗，也不应该受到言论与思想的冒犯，"作为上帝在人世间的代表，他们应该受到尊敬与服从"②。他进一步解释说，对国王的尊敬指的是"用心去爱戴他，用口为他祈祷，用身体去服从他"③，当国王需要时，人们应该把自己的土地、财富、身体与生命全部贡献出。比尔森布道的语言与腔调，表明国教会对詹姆士绝对主义专制思想的支持。

当时一些布道文本发表后被大量印刷，布道与教坛成为君主形象与王权表述的重要媒介，神职人员介入政治，他们宣扬国王在精神与世俗领域的绝对权威，教坛成为宣传王权神圣的重要舞台，一些布道甚至直接宣传与支持国王政府的政策。1604 年 5 月 13 日，圣大卫大教堂的主教在布道中奉承詹姆士是大卫、所罗门，基督教堂学院的主持牧师在汉普顿宫的布道中感谢詹姆士，把他称之为"我们的雅各，我们的所罗门"④。皇家教堂牧师理查德·梅瑞迪斯直接引用詹姆士《国

---

① Kevin Sharpe, *Images Wars: Promoting Kings and Commonwealths in England 1603-1660*, Yale University Press, 2010, p.53.

② Kevin Sharpe, *Images Wars: Promoting Kings and Commonwealths in England 1603-1660*, Yale University Press, 2010, p.53.

③ Kevin Sharpe, *Images Wars: Promoting Kings and Commonwealths in England 1603-1660*, Yale University Press, 2010, p.55.

④ Kevin Sharpe, *Images Wars: Promoting Kings and Commonwealths in England 1603-1660*, Yale University Press, 2010, p.55.

王的天赋能力》的箴言，宣称"国王是人间的上帝"①。他对信众说：
"上帝给我们派来了摩西、所罗门，以及博学教士与忠诚牧师的庇护
者。"② 皇家教堂的另一位牧师威廉·哈伯克要求所有教徒都要感恩上
帝，因为他庇护了英国国王与王室家族，给英国人带来了"世界上信
仰最虔诚的君主"。罗伯特·威尔金森博士在北安普顿的布道中称赞
国王"为了所有英国人的利益与福祉，积极推动两王国的联合事宜"③。
王家教堂牧师负责主持国家庆典与国家仪式，他把称颂王权作为中心
任务，把詹姆士置于崇拜的中心位置，在亨利王子被授予威尔士亲王
前一天晚上，威斯敏斯特教堂的布道盛赞英国君主最虔诚、最亲和、
最热忱。埃巴斯蒂安·贝内菲尔德在牛津的布道宣称，国王权力来自
上帝，詹姆士拯救了国家，他呼吁全体英国人为此都要感谢上帝。弗
朗西斯·霍利奥克在 1613 年出版的《顺从的训诫》中告诫人们不应
该质疑国王，"地方乡绅特别是地主们应该为国王做很多事情，而不
需要解释理由……我们只管履行好我们对国王的义务即可，要知道国
王们总是比我们睿智"④。牛津大学校长在伍德斯托克音乐节上讲道说：
"合法的、接受过洗礼的国王是神圣的，他的权威至高无上，他的人
身不可侵犯……法庭不能对其传唤，法律不能处罚他们，因为他们
是由上帝直接管理与控制的。"⑤1621 年 6 月 19 日，格洛斯特的主持

---

① Kevin Sharpe, *Images Wars: Promoting Kings and Commonwealths in England 1603−1660*, Yale University Press,2010, p.55.

② Kevin Sharpe, *Images Wars: Promoting Kings and Commonwealths in England 1603−1660*, Yale University Press,2010, p.55.

③ Kevin Sharpe, *Images Wars: Promoting Kings and Commonwealths in England 1603−1660*, Yale University Press,2010, p.55.

④ Kevin Sharpe, *Images Wars: Promoting Kings and Commonwealths in England 1603−1660*, Yale University Press,2010, p.55.

⑤ Kevin Sharpe, *Images Wars: Promoting Kings and Commonwealths in England 1603−1660*, Yale University Press,2010, p.55.

牧师威廉劳德呼吁教会与国家相互支持，为国王祈祷并感恩"我们的所罗门……和平捍卫者"①。王室教堂牧师克里斯托弗·汉普顿说："作为上帝之子，国王被赋予了最高权威。"② 国王不隶属于罗马教皇的权力，圣灵不允许任何人对国王进行诽谤。他呼吁人们履行效忠国王的义务，称赞詹姆士博学、仁慈、公正、虔诚，作为教会与人民的守护者应该受到所有人的尊敬。1622 年 11 月 5 日，在威斯敏斯特法官的布道中，罗伯特·威兰宣称国王是涅斯托尔、诺亚，是受到上帝庇佑的尊贵国王。1616 年在萨默赛特郡法庭的布道中，皮特梅斯特牧师威廉·斯克莱特说，"国王是上帝的代表……上帝通过国王实现对世界的统治"③，他提醒法官与陪审团对诽谤者要严惩，"希望恢复摩西律法，那些诽谤国王者……应该被判处死刑"④。牛津莫顿学院教师威廉·迪金森在讲道中说："英国国王是王国人民的父亲，是共和国的根基、栋梁……国王本人及其权力，是神圣不可侵犯的。"⑤ 在赫德福特的法庭会议上，威廉·彭伯顿讲道说，国王是上帝选派的，是维护大家共同利益的父亲，地方法官们对国王负有义务，国王詹姆士对上帝负责。格拉斯哥副主教塞缪尔·伯顿在法庭会议上说，既然君主是上帝的代表，那么"我们就不应该批评他，或者辱骂他"⑥。1619 年 6 月，威廉·迪金森牧师在雷丁四

① Kevin Sharpe, *Images Wars: Promoting Kings and Commonwealths in England 1603-1660*, Yale University Press,2010, p.55.

② Kevin Sharpe, *Images Wars: Promoting Kings and Commonwealths in England 1603-1660*, Yale University Press,2010, p.56.

③ Kevin Sharpe, *Images Wars: Promoting Kings and Commonwealths in England 1603-1660*, Yale University Press,2010, p.56.

④ Kevin Sharpe, *Images Wars: Promoting Kings and Commonwealths in England 1603-1660*, Yale University Press,2010, p.56.

⑤ Kevin Sharpe, *Images Wars: Promoting Kings and Commonwealths in England 1603-1660*, Yale University Press,2010, p.57.

⑥ Kevin Sharpe, *Images Wars: Promoting Kings and Commonwealths in England 1603-1660*, Yale University Press,2010, p.85.

季法庭的讲道中说："国王就像一座大厦的地基,其他人只是地基之上的框架而已。一些人相当于横梁,一些则是壁柱。"[①]

詹姆士的绝对主义言论与教会的王权神圣论大多是在与罗马教权、清教徒、下院激进议员激烈辩论的特殊条件下表达的,难免有些过激。但是这些言论在当时欧陆各国绝对主义甚嚣尘上的国际形势下,英国人从詹姆士王权至上的论调中,总是能引申出颠覆宪政、确立绝对主义统治的弦外之音,容易使人产生将要实行暴政的联想与揣测。同时以文字为载体的政治观点的直白表达,在印刷业正在崛起的时代,其言论与观点很容易被广泛传播,乃至被有意曲解,容易使君主本人直接卷入政治论战,因而詹姆士的英格兰与苏格兰合并计划被议会否定,国王与下院议会之间的口水战不断升级,论战于 1621 年达到高潮,詹姆士下令禁止议员讨论国家事务,挑战君权的言论被定为叛国罪,国王与议会之间的矛盾不断激化。在日益激烈的政治论战中,詹姆士成为公众批评与攻击的目标,君主的权威与君权的神秘性遭到削弱。

(三)负面君主形象的泛滥

1. 对宫廷与君主本人的抨击

詹姆士用语言文字与直白的政治观点树立绝对主义王权与绝对主义的君主形象,直接触发了敏感的政治理论问题,公共领域出现了抨击专制暴君与宫廷政治的文化热潮,詹姆士在宫廷外的形象日趋负面化。

伊丽莎白统治后期,古罗马历史学家塔西托及其历史分析模式受到英国人文主义者的推崇,他们借古讽今,抨击历史上的暴君、谴责佞臣、揭露宫廷腐败,影射当今政治,这种文化风气在一些贵族派别中流行开

[①]　Kevin Sharpe and Peter Lake, eds., *Culture and Politics in Early Stuart England*, Macmillan, 1994, p.26.

来。塔西托曾无情揭露被虚伪、谎言与奉承所掩盖的罗马帝国的腐败政治，在 16 世纪 80 年代，崇尚塔西托的风气由最初的贵族圈很快传播到宫廷，特别是埃塞克斯公爵派。该派在 1591 年将塔西托的作品翻译成英语。塔西托作品在伊丽莎白女王时代引入英国，一是它借用内战给罗马带来恐怖灾难的历史，称颂伊丽莎白时期英国的和平与稳定，"从这四本著作所描写的历史故事中，我们将会看到一个分裂的、衰落的帝国的悲惨灾难……假如你不喜欢战争，那么就感谢我们自己现在的和平生活吧；如果你痛恨罗马的专制，那么就爱戴、尊敬我们睿智、公正、出色的国王吧"①。二是塔西托的政治观点适用于任何宫廷。塔西托曾对宫廷阴谋、各派别削弱对手的策略进行描写、评论与揭露，因而成为伊丽莎白时代宫廷贵族的政治读物，并出现了塔西托式作品。但是，随着埃塞克斯公爵在宫廷的失宠，塔西托式作品的颠覆性日趋明显，它开始抨击君主专制、揭露宫廷腐败，因而埃塞克斯叛乱被镇压后，塔西托式作品受到政府打压。莎士比亚的《理查二世》在 16 世纪 90 年代中期写成，埃塞克斯叛乱前夕戏剧《理查二世》上演，被政府视为一种政治挑衅。受到塔西托与古典历史学家写作模式的影响，约翰·海沃德的《亨利四世》力图揭示政治事件与宠臣政治背后的原因，是英国首部历史分析模式的范本，海沃德把该书献给了埃塞克斯。该书认为，理查没有子女，不能镇压爱尔兰叛乱，征收强制借款导致怨声载道，最终王位被拥有强大军事声誉的叛乱贵族所取代。书中关于理查统治的描写令伊丽莎白很不满，大法官爱德华·库克认为，书中的历史故事是对当时政治的一种影射，海沃德为此曾两次以煽动罪而入狱，但此后诗人、剧作家和政客们继续将历史类比方法应用到宫廷政治的分析中。

斯图亚特王朝时期，塔西托及其作品在很多贵族中仍然具有很高的

---

① Thomas Birch, *The Life of Henry Prince of Wales,* London: printed for A. Millar, 1760, p.121.

政治指导意义，1610 年亨利王子曾说过这么一句话："我听说，大家都把塔西托描写为睿智的作家。"① 塔西托对罗马专制统治与宫廷腐败政治强烈不满，强调历史学对于后世的垂训教育意义，注重历史的经世致用，主张利用历史教训指导现实政治，古罗马皇帝们的历史与教训获得了当代意义，塔西托对政治追根究底的分析态度被广泛接受，塔西托式政治分析受到部分知识精英与政治精英的追捧。布鲁克是批判暴政的先锋人物，其作品《理查德三世的幽灵》影射詹姆士的宫廷政治，指出暴政已经成为宫廷的常态，议会与人民的传统自由正在受到侵犯。该著把布鲁克本人的议会演讲与其他议员的演讲，传播到律师学院和议员圈内，被称为政治激进主义的重要形式②，佞臣、暴政与腐败等政治论述在当时的知识精英社团中广为传播。托马斯·莫尔爵士的《理查德三世的历史》表达了人文主义暴政论，他认为野心、派别、议事机构崩溃存在一系列因果关系，"野心播下了暴政的种子，由此引发议政的失败与派别滋生"③。为抑制君主的暴政，莫尔呼吁提高下院限制王权的作用。出现了一些揭露宫廷腐败政治的言论与新闻。

在普通民众中流传较多的是诽谤与讽刺文，它们大多以手稿、印刷品形式出现，在私人和公共空间如圣保罗大教堂进行广泛传播，对大众进行政治教育，被称作"地下媒介"④。诽谤文是詹姆士时期攻击国王、宠臣、政要显贵们的主要媒介，是传播政治态度的重要工具。它被定性为政

---

① Harold Love, *Scribal Publication in Seventeenth-Century England*, Oxford Clarendon Press,1993, pp.9−19.

② T. F. Mayer,"Tournai and Tyranny: Imperial Kingship and Critical Humanism", *The Historical Journal*, No.2, Vol. 34,1991.

③ Kevin Sharpe and Peter Lake eds., *Cultural Politics in Early Stuart England*, Macmillan,1994, pp.285−310.

④ Kevin Sharpe and Peter Lake, eds., *Culture and Politics in Early Stuart England*, Macmillan,1994, p.291.

治非法，可追溯到理查三世，此后历任国王进行镇压。它以手稿形式在公共场所进行投放，然后被捡起、阅读、复制。17 世纪初伦敦市长威廉·瑞德曾向罗伯特·塞西尔汇报说，在皇家交易所的台阶上和老贝利街的大门上发现了诽谤文，另一篇则是在邮局附近发现的。1623 年威斯敏斯特教堂伊丽莎白女王雕像的手里，竟然发现了一封写给伊丽莎白女王的长篇诽谤文。① 一些诽谤文放在宫廷附近，1627 年 5 月一篇诽谤文别在了宫廷大门上。大多数诽谤文出现在伦敦主要的新闻中心，比如皇家交易所、圣保罗大教堂的广场与走廊，在这里被人们阅读与复制。

诽谤文的传播不仅限于伦敦，它们的复制品被职业的与业余的新闻人从伦敦传播到王国各地，地方乡绅由此得到许多有关宫廷与上层政治的新闻，使他们与伦敦保持着联系。萨福克的约翰·劳斯、德文郡的沃尔特·永、多塞特的威廉·怀特威以及柴郡的威廉·达文波特都通过新闻日记与新闻摘录获得了这些诽谤文。另外一些诽谤文则通过社交网络进行传播，在走亲访友的饭桌、非正式的阅读社团中人们都能够通过交流获得新闻与新闻评论。这样诽谤文在广泛的社会与地理空间流传，成为新闻的一部分。

从历史上看，诽谤文与煽动叛乱之间存在密切关系，大法官弗朗西斯·培根系统论述了诽谤文与叛乱之间的关系："诽谤文与放肆的言论不断地公开出现时，是针对国家的。与其相类似的假新闻，在社会各界疯狂传播，这对国家也是不利的。它们是麻烦来临的信号……是叛乱到来的前奏。"② 在一个充斥着名誉观的等级制社会，政治精英普遍关注侮辱名誉的话题，诽谤某人或者责难其名誉，这不利于社会关系与政治关系的稳定，诽谤国王大臣相当于诽谤国王本人，羞辱君主必然削弱等级制与君

---

① See Michael Kiernan (ed.), *Sir Francis Bacon: The Essayes or Counsels, Civill and Morall*, Cambridge, Mass.,1985, p.43.

② Kevin Sharpe, *Images Wars: Promoting Kings and Commonwealths in England 1603—1660*, Yale University Press,2010, p.129.

主制的关系纽带，因而詹姆士对诽谤文进行打压。1618 年三十年战争爆发后，攻击宫廷宠臣与反对国王的求和外交联系在一起，詹姆士本人受到的言论攻击更为明显，他的求和外交被批评为非男子气概的，是他与宠臣非正常的腐败关系的体现。在 1619 年沃里克法庭上，格罗斯特郡副主教塞缪尔·伯顿布道谴责那些反对国王政策的反动言论，维护神圣王权，他感叹道："你们看到了无耻的诽谤，下流的谩骂、尖刻的讽刺目前受到了唯一的尊崇，这些作品是不会在书商的手上待久的，它们很快就会被抢购一空。"① 同时他敦促国王们"对自己的信誉与名声要努力维护"②。随着白金汉在宫廷地位的日益崛起，攻击白金汉也由某些宫廷贵族派别蔓延到议会，影响到公共领域，产生了大量的讽刺与诽谤的文章，这促使詹姆士在 1621 年 12 月发布的王室公告中禁止人们谈论国家事务，1621 年国王的发言人宣布，禁止在酒馆谈论国家事务，因为这里是下层民众聚集的场所。③ 到 1622 年诽谤文不仅攻击詹姆士的外交政策，而且还嘲讽他"拥有过剩的激情"，实际上暗指国王与宠臣的同性关系。1622 年 11 月，罗伯特·威兰在布道即将结束时说："如果能够避开这些放肆的、猛烈精神的愤怒叫嚣，恐怕世界上没有什么东西比这更让国王高兴的事情了。但是现在国王在国内自己人们造成的危险与外地造成的危险一样可怕。"④ 沃尔特·柯尔在怀特霍尔宫的布道中谴责："那些宫廷批评者私下的诽谤与嘲讽，就像把毒药喷在国王们的脸上。"⑤ 法国大使蒂莉雷斯说："大胆的语言，攻击性图画，诽谤的小册子，那些预示内战即将到来的东西，现在比

---

①   Kevin Sharpe, *Images Wars: Promoting Kings and Commonwealths in England 1603-1660*, Yale University Press,2010, p.129.

②   Christopher Thompson, *The Debate on Freedom of Speech in the House of Commons in February 1621,* Orsett, Essex,1985, p.9.

③   See A. McRae, *Literature, Satire, and The Early Stuart State,* Cambridge,2004, p.109.

④   A. McRae, *Literature, Satire, and The Early Stuart State*, Cambridge,2004, p.109.

⑤   A. McRae, *Literature, Satire, and The Early Stuart State*, Cambridge,2004, p.109.

比皆是。"①17世纪20年代，大量的攻击国王宠臣维利尔斯和宫廷的诽谤文、小册子与新闻摘要，把宫廷性丑闻与国内外天主教势力、政治混乱联系在一起，揭露宫廷腐败的文章广为流传，甚至把攻击的矛头直接对准国王本人。詹姆士把有关西班牙联姻谈判的负面评论视为下层社会对国家事务的一种冒犯，他质疑人们谈论政治事务的能力，认为只有拥有神圣权力的国王才是政治事务处理的最佳人选。他称赞顺从与沉默的品质，"不要闲谈，放下手中的笔，做一个忠实的、顺从的人。"②针对抨击与嘲讽国王宠臣的言论，詹姆士坚持认为选择大臣是国王个人的事，"这些诽谤者企图左右国王，他们胆大包天，竟然企图迫使国王屈服……让父亲成为儿子的学生"③。

到詹姆士统治末期，新闻成为英国人政治文化的一部分，它不是歌颂权威，而是对国王进行公开批评，与国王争夺话语权，并且很快就占了上风。詹姆士宠臣毒死贵族的传闻早在真相揭开之前就开始传播，抨击、嘲讽宫廷与君主的言论与新闻开始泛滥，欧弗伯里事件引发的攻击性小册子把公众的注意力转向詹姆士的性倾向与私生活，改变了大众对国王的认识，他的宫廷被普遍描写为浪费、放纵、奢侈的地方。

总之，詹姆士入主英格兰后，介入政治意见和政治论战的纷争中，与伊丽莎白女王不同，后者在一些敏感政治问题上非常巧妙地进行回避，从而维护了君主与君主制的神圣感。而詹姆士的好辩个性，把自己的观点毫不掩饰地暴露在公众面前，接受公众审视。加之维护王权的神圣仪式和圣像符号的相对缺失，君主的神圣感与神秘感被严重削弱，置身于公共领域的詹姆士成为备受关注与争议的人物。对宫廷新闻的强烈兴趣是詹姆士

---

① Kevin Sharpe and Peter Lake, eds., *Culture and Politics in Early Stuart England*, Macmillan,1994, p.294.

② Kevin Sharpe and Peter Lake, eds., *Culture and Politics in Early Stuart England*, Macmillan,1994, p.294,

③ C.H.McIlwain, *The Political Works of James,* New York,1965, p.29.

时期的一个突出特征，除了宫廷服务人员出于保持在宫廷派系之间平衡而努力获取宫廷新闻之外，宫廷之外的民众对宫廷新闻也怀有浓厚兴趣。塔西托对宫廷政治的颠覆性分析模式，导致宫廷与詹姆士本人成为 17 世纪最初 20 年负面新闻的主要角色。詹姆士自己树立的神圣君主形象被公共话语中的负面君主形象所取代，他失去了公共领域的话语主导权。

（二）私生活被公开与君主的去神圣化

身体是都铎君主神圣形象的重要部分，是神圣王权的重要载体，是人民膜拜的有形目标。伊丽莎白女王利用性别优势，她的身体成为英国神圣不可侵犯与圣洁的民族符号（象征），而詹姆士的身体不仅没有加强君主权威，反而使君权遭到削弱。国王贵为天子，其身体本应是神圣、神秘的，但詹姆士与男性宠臣的性丑闻，以及随后的广泛传播，使君主身体被公开讨论甚至被娱乐、被消费，君主形象经历了去神秘化过程。这样，君主无法获得人民的忠诚、拥戴，更不用说个人崇拜了，到统治末期公共领域流行负面的君主形象，它很快淹没了詹姆士苦心经营的正面形象。

詹姆士曾力主君主应当以真实、非矫饰的形象示人。他认识到政治已经成为公共讨论的话题，深知由于受马基雅维利政治观点的影响，16、17 世纪的英国人，不再把政治看作是神圣的，相反他们认为政治就是狡诈的权谋。为改变人们对政治的认识，树立良好君主形象，詹姆士主张把良知、正直和公开作为统治原则，突出强调真实、非矫饰的君主而非马基雅维利式政客，对于政治统治的重要性。《王室的礼物》是他写给亨利王子的家训，它教导王子要做好国王，树立明君、仁君的形象，国王应该成为"人民的榜样，引导臣民走向仁爱，远离仇恨"[①]，而宫廷与宫廷扈从则

---

① Kevin Sharpe, *Images Wars: Promoting Kings and Commonwealths in England 1603–1660*, Yale University Press, 2010, p.114.

是展示君主形象的一面镜子，他因而主张，宫廷应该成为虔诚与忠诚的样板。

为宣扬自己的品德，赢得威望，继承英格兰王位后，"第二个所罗门王"是詹姆士力图塑造的另一个形象。所罗门王是《圣经》记载的神圣君王，在基督徒中一直占有较高地位，詹姆士认为所罗门王身上体现的价值符合自己的治国理念。首先，所罗门王以智慧著称，不仅博学多识，而且明察秋毫，依法治国，恩威并施，赢得臣民的热爱与赞美。所以，詹姆士在位时期，英格兰法纪严明，没有大的冤假错案，没有大规模迫害天主教徒。休·霍兰德在詹姆士葬礼上回顾其一生时说：

> 你会发现，没有哪个国王比他更温和、更公正的了……这里没有徇私枉法，法庭的大门对每一个人都是敞开的。①

其次，所罗门王实现了以色列王国的和平与统一，并且结交众邦，所以詹姆士把实现两王国联合、建立新帝国、实行和平外交作为己任。不幸的是，因私生活的被公开，詹姆士的身体被公开讨论与想象，君主身体经历了去神圣化的过程，所罗门王的形象从而遭到严重削弱。

詹姆士反对马基雅维利式政客，主张把公开作为统治原则，结果私生活特别是个人情感被公开，经过媒体的放大效应，他与宠臣的同性关系被肆意传播，君主的神圣性几乎荡然无存，统治末期树立了一个几乎完全是负面的君主形象。

伊丽莎白女王及其君主制的神圣主要依靠处女身体的神圣性而维持的，她的身体在文学艺术作品中成为英国坚贞与纯洁的神圣民族象征。而詹姆士则公开表达对男性宠臣的感情，他的身体遭遇到去神秘化、去神圣

---

① G. P. V. Akrigg, *Jacobean Pagenat or the Court or King James I*, Harvard University Press,1962, p.178.

化过程，因而其身体不仅没有加强反而削弱了王权，因为受基督教传统以及人文主义的影响，在当时英国人的思维中，同性关系总是与专制、腐败、软弱统治联系在一起的。

首先宠臣罗伯特·卡尔及其奥弗伯里丑闻事件，国王身体被低俗化。罗伯特·卡尔外形俊美、举止优雅，并且非常善解人意，深晓国王的喜怒哀乐。霍华德说：

> 这个年轻人身材挺拔，英俊帅气，宽阔肩膀，俊美的面庞，有一丝狡黠，同时又表现质朴。[1]

詹姆士在公开场合毫不避讳对卡尔的宠溺，他"靠在卡尔的肩头，轻捏他的脸颊，抚平他的衣服"[2]。卡尔从一个一文不名的苏格兰骑士之子，迅速成为一人之下、万人之上的权势人物，宫廷上下无人不知国王有一个年轻宠臣，宫廷权贵们争相攀附。安东尼·韦尔登说：

> 上帝啊，这些权贵们竞相去巴结他，他的府上每天都门庭若市，因担心他精力不济，国王特意限制了人们对他的拜访次数。[3]

1614 年，他升任王室内务大臣而权倾一时，甚至连詹姆士都承认：

> 没有谁（像卡尔）一样能够与我如此亲近。[4]

---

[1] G. P. V. Akrigg, *Jacobean Pagenat or the Court or King James I*, Harvard University Press, 1962, p.178.

[2] G. P. V. Akrigg, *Jacobean Pagenat or the Court or King James I*, Harvard University Press, 1962, p.178.

[3] Chamberlain, *The Letters of John Chamberlain I*, ed. N. E. McClure, 2 vols., Philadelphia, 1939, p.548.

[4] 1613 年，宫廷盛传埃塞克斯公爵与公爵夫人正在闹离婚，原因是国王宠臣卡尔插足公爵家庭。卡尔的男性情人奥弗伯里得知消息后，与卡尔发生争吵，后来他被监禁，最后死于伦敦塔。

卡尔恃宠而骄，卷入轰动朝野的奥弗伯里丑闻事件。[①] 该事件是近代早期英国最大的宫廷丑闻，卡尔依靠与国王的非法性关系成为政治暴发户，然后目无国王、毒杀情人，该事件造成的影响极其恶劣，公开了国王与卡尔之间的非道德关系。

随着事件真相的披露，以及媒体的推波助澜，有关宫廷与君主的色情文学与色情文化泛滥，这些色情故事甚至传到了詹姆士耳朵里。国王的身体被大众消费与娱乐，出现低俗化倾向，当时流传的一首民谣写到，"有些男人与男人之间的友谊，胜过丈夫对妻子的感情"[②]。1622 年一首诽谤诗则攻击国王对宠臣有着"狂野的激情"[③]，宠臣与詹姆士遭到无情嘲弄。詹姆士曾主张把宫廷作为道德高地，但是随着色情故事、非正常性关系、毒杀等越轨行为的广为传播，宫廷被公众普遍看作是挥霍无度、纵欲糜烂、离经叛道、罪孽渊薮，而非道德与政治美德的符号象征：

> 在宫廷，贿赂盛行，嫉妒与憎恨无处不在，为满足无穷的欲望与野心，人们之间尔虞我诈，钩心斗角，巴结逢迎……慵懒成性，虚伪做作。[④]

身为宫廷主人的国王，其形象遇到的贬损是可想而知的。同时，奥弗伯里事件颠覆了詹姆士在作品与宫廷颂词中塑造的正面想象。詹姆士曾撰文反对巫术，但是在事件调查中，他的宠臣被媒体揭露实施巫术；他曾

---

① Kevin Sharpe, *Images Wars: Promoting Kings and Commonwealths in England 1603-1660*, Yale University Press, 2010, p.127.

② K. Sharpe and P. Lake eds., *Culture and Politics in Early Stuart England*, Macmillan, 1994, p.299.

③ A. G. Dickens (ed.), *The Courts of Europe: Politics, Patronage, and Royalty 1400-1800*, London: Thames and Hudson, 1977, p.33.

④ Maija Jansson and William B. Bidwell eds., *Proceedings in Parliament 1626*, New Haven: Yale University Press, 1991, 3, pp.220-224.

教导儿子要坚贞纯洁，但人们看到的宫廷却是一个毫无廉耻、奢侈淫乱的兽穴。

近代早期英国，性与政治往往是类比的，同性行为被视为统治腐败与统治衰落的表征，奥弗伯里丑闻实际上公开了这样一个事实：国王与王后、国王与两王国之间和谐关系结束了，詹姆士作为整个民族的家长、丈夫的大家长形象受到了难以逆转的毁损。同时，由于对卡尔感情上的依赖，詹姆士免除了卡尔的死刑，结果削弱了他自造的公正无私的"所罗门王"的形象与威望。宠臣的存在，引起了人们对詹姆士政治价值观念与判断的质疑。

奥弗伯里案引起的喧嚣平息了，但是关于该事件的集体记忆却没有消失，它影响人们对国王新宠臣乔治·维尔利斯与国王和平政策的认知，人们把和平政策视作女人般软弱无能与胆怯。

其次，宠臣白金汉公爵使詹姆士及其外交政策遭遇讽刺与嘲弄的浪潮。卡尔垮台后，维尔利斯成为国王新宠，结果出现了更加消极的君主形象。与卡尔不同，维尔利斯精力旺盛，富有政治野心，他不满足于国王情感慰藉的角色，还积极参与决策制定，是和平外交策略的重要推动者。他从一个小乡绅之子，平步青云，被封为白金汉公爵，招致嫉妒，成为大众诽谤与憎恨的人物。下院议员约翰·埃利奥特爵士曾猛烈抨击白金汉，指责他挥霍无度，沉溺酒宴，他说：

> 其住所富丽堂皇，其性格放荡不羁。其奢靡的生活简直就是一部挥霍王室收入的编年史……除了罗马时代的宠臣赛扬努斯，再也无人能比了……他骄横专制、野心巨大……生活荒淫，无视劝告。[1]

---

① R. Malcolm Smuts, *Court Culture and the Origins of a Royalist Tradition in Early Stuart England*, University of Pennsylvania Press, 1987, p.77.

从白金汉公爵崛起一直到权势顶峰，针对他的诽谤诗与讽刺短文就一直疯狂流传。

宠臣的存在，使宫廷成为被攻击的对象。詹姆士统治时期，与宫廷丑闻有关的新闻日益泛滥，关于上层社会的流言和非议屡禁不止，宫廷显贵成为一些反宫廷著作的主角，以及新闻与政治评论的主要对象。因为在 17 世纪，大众常常是透过达官贵人的行为来理解国家事务的。讽刺诗作为一种政治评论形式，以现实主义的批判和深刻的社会洞悉而著称，在 17 世纪初逐渐成为一种文化时尚，宫廷及其达官贵人经常成为它们的讽刺对象。一些揭露宫廷的官场阴暗面的匿名手稿也广为流传，抨击宫廷权力交易以及宫廷道德沦丧，一位匿名作者指出："廷臣熟谙宫廷晋升的秘诀，他们甚至必须在君主面前把自己真实的面孔掩藏起来。"[1]甚至宫廷有一定影响的人物也揭露官场腐败，感叹宫廷险恶："宫廷虽然可以提供晋升的机遇，但同时遍布陷阱，在这里那些谋求名利者整日如履薄冰。"[2]

因为类比关系，性丑闻与和平外交被联系在一起，詹姆士的外交被赋予了女性色彩，被批评为软弱的、非男人的。[3]随着 17 世纪 20 年代外交政策成为热议话题，白金汉与国王的关系遭到各种形式媒体攻击，国王的身体被肆意嘲讽，君主的神圣性难以保持。格洛斯特教会副主教塞缪尔·伯顿在写给沃里克郡四季法庭的信中称：

颂词不是用来歌颂我们所生活的这个时代的。你会看到，讽

---

[1]　R. Malcolm Smuts, *Court Culture and the Origins of a Royalist Tradition in Early Stuart England*, University of Pennsylvania Press,1987, p.28.

[2]　R. Malcolm Smuts, *Court Culture and the Origins of a Royalist Tradition in Early Stuart England*, University of Pennsylvania Press,1987, p.28.

[3]　See A. McRae, *Literature, Satire, and The Early Stuart State,* Cambridge,2004, pp.79-80.

刺文和邪恶的讽刺短文，以及粗俗下流的谩骂和无情的讽刺在当前受到追捧。①

柏根曾委婉指出，君主应该珍惜自己的名声，这样才能获得臣民的尊重与顺从。王室教堂神父沃尔特·柯尔谴责针对宫廷的抨击是煽动性的，称宫廷抨击者"正向国王喷射毒药"②。一些教会人士清醒地认识到，对詹姆士宫廷的抨击是如此激烈，英国面临着如同外敌入侵的危险。法国大使更是直言不讳，他说：

　　大胆的语言，冒犯性图画，诽谤性小册子，这里到处都是内战即将爆发的征兆。③

在 17 世纪 20 年代，一些小册子、新闻摘编、针对白金汉公爵和宫廷的大量诽谤短文，复兴了宫廷非正常两性关系的主题，它们攻击宫廷乱伦、宠臣得势是国内外的教权势力增长与政治混乱的根源，讽刺短文"攻击国王身体……并疯狂流传，公开败坏国王名声，削弱君主权威"④，通讯和报纸则利用随处可见的印刷品，把反国王的新闻传播到城乡，致使新闻成为普通英国人政治文化的一部分，同时新闻的独立性明显增强，它不再对权威进行一味的赞美，导致人民对君主权威的顺从复杂化了。威廉·利在伊丽莎白公主结婚纪念日的庆典上感叹：

---

① Kevin Sharpe, *Images Wars: Promoting Kings and Commonwealths in England 1603−1660*, Yale University Press,2010, p.129

② Kevin Sharpe, *Images Wars: Promoting Kings and Commonwealths in England 1603−1660*, Yale University Press,2010, p.130.

③ Michael B. Young, *Kings James and the History of Homosexuality*, New York University Press,2000, p.62.

④ A. McRae, *Literature, Satire, and The Early Stuart State,* Cambridge,2004, pp.77−82.

以前国王们受到尊重，享有威严，但现在世界发生了变化。①

国王与宠臣的关系，以及同性行为故事的流传，国王身体的去神圣化，导致了君主与君主权力的去神圣化。詹姆士缺少了神圣外衣的保护，使其直接暴露在公众的攻击下，詹姆士最喜欢的表达媒介是语言文字，现在被国王反对派所利用，塑造了一个几乎全部是负面的国王形象。

小　结

宗教改革后都铎王朝发动起一场声势浩大的反罗马教权的政治宣传运动，政治秀已经成为都铎王朝统治的基础，在这场运动中君主经历了重新神圣化的过程，如同英国国教保留了很多天主教仪式残余，都铎君主制也是依靠宗教仪式和宗教庆典维护的神圣君主制。充满神秘色彩的君主个人肖像，以及浓厚宗教色彩的盛大庆典、君主巡行、宫廷日常仪式等，成为都铎王朝展示神圣君主形象的重要手段，君主形象已经成为都铎王朝统治不可或缺的重要部分。特别是伊丽莎白女王善用神圣形象与和谐的修辞来掩盖分歧，形象总是被置于行动之上，敏感问题上的敷衍与搪塞，掩盖了分歧与矛盾，制造了团结、统一的假象与幻觉，维护了政治稳定。而新王朝的国王詹姆士一世，虽然认识到君主形象对于统治的重要性，但是他不太注重视觉形象，而是偏重通过语言文字构建形象，因而行动置于形象之上，在敏感的政治问题上，他通过发布王室公告、著书立说、慷慨陈词，直接用实际行动卷入政治论战，君主与君权的神秘性遭到削弱。同

---

① Kevin Sharpe, *Images Wars: Promoting Kings and Commonwealths in England 1603–1660*, Yale University Press, 2010, p.126.

时，私生活被曝光，君主身体被大众化与娱乐化，成为君主批评者的政治文本，被赋予了意识形态色彩，后者利用各种形式的媒介，操纵了公共意见，君主形象经历了去神圣化过程，詹姆士"自造的"好国王形象被公共领域流传的负面形象所淹没。

作为一国之君，詹姆士的负面形象不可避免地影响到公众特别是乡绅与某些贵族及其派别对国王本人及其政策的认识，削弱了英国人与君主之间传统的情感纽带，导致了政治两极化与国王反对派力量的增长。在詹姆士统治后期，在议会内国王与下院的冲突日趋激烈，政治危机频繁发生。

第三节　查理一世统治初期暴君形象与深刻的政治危机

查理对诉诸大众持有一种根深蒂固的偏见，他认为诉诸大众是阴险狡诈的政客实现个人阴谋的工具，阴谋论对查理的政治理解有着重要影响。早在查理即位前，英国就存在成熟的大众阴谋论，它认为政客们可以诉诸和操纵大众，以达到个人目的。该理论是建立在这种观念之上，那就是各个党派和煽动叛乱者利用大众的非理性、毁灭性的鲁莽冲动，制造无序或者煽动叛乱，以期推翻君主制，废除等级制和所有权力观念，最终攫取政权。由于对诉诸大众存在认知上的偏见，所以查理把政治支持的希望寄托在宫廷贵族身上，大力进行宫廷文化改革，树立、维护国王和宫廷的形象与威望，为绝对主义统治辩护，但其影响仅限于一小撮宫廷贵族。

一、宫廷的日益封闭与冷漠的专制君主形象

实际上，诉诸大众是西方自古以来政治思想的传统主题。诉诸大众，

特别是蛊惑民心者利用民主的毁灭性力量，这一直是古希腊和古罗马历史学家所关注的问题。都铎王朝时期，这些古典学者的作品不断提醒政治理论家诉诸大众的危险[1]，因而政治家对诉诸大众异常敏感。托马斯·埃利奥特在其作品中声称，为达到个人野心，后伯里克利时代雅典蛊惑民心者利用非理性、躁动的人民，正直的公民遭到流放，结果是暴君统治与无政府主义接踵而至，补救的唯一出路就是实行明君统治。[2] 他的观点反映了弥漫在都铎宣传和政治思想中对民主的普遍担忧。16 世纪八九十年代的政治危机，把诉诸大众的担忧带到了当代人的意识前沿，人们认为诉诸大众，是对等级制和君主制的严重威胁。詹姆士统治初期，16 世纪八九十年代的思维习惯仍然存在，并且得到国王本人的支持。他在写给亨利王子的训诫小册子《王室礼物》中，认为煽动民众的渊薮可以追溯到苏格兰的宗教改革，"许多事情是在骚乱和叛乱中做出的"[3]，认为类似苏格兰的民众威胁在英国主要是清教教士，议会中的下院议员就是这样一些蛊惑人心者。到 1620 年前，诉诸大众已经成为阴谋论的基础，可以用来解释任何挑战君主权力的行为。阴谋论把世界分为积极特征和消极特征，把某些趋势标签为良好统治的颠覆，是君主制受到威胁的渊薮，诉诸大众与教权统治等同起来，对此镇压被看作是合理的。

　　詹姆士统治时期的大众阴谋论，对查理的政治思想产生了直接影响，为查理理解混乱和叛乱起源提供了范式，对诉诸大众的担忧在查理思维中占有很重要地位，成为 17 世纪 30 年代宫廷文化的特征。宫廷假面舞剧中，反面人物作为国王的美德与智慧的对立面，以煽动性的清教徒、大众叛乱领袖或者蛊惑大众的煽动者的形式出现。大众阴谋论塑造了查理就政治秩

---

①　See J. P. Sommerville, *Royalists and Patriots, Politics and Ideology in England 1603-1640*, 2nd edn,1999, pp.61-62.

②　See Thomas Elyot, *The Boke Named the Governor*, Everyman edn,1962, pp.7-8.

③　J. P. Sommerville (ed.), *King James VI and I: Political Writings*, Cambridge,1994, pp.1-61.

序、英国宪政安排问题上的根本态度。查理对大众威胁特别敏感，在统治之初已经有所见证。查理把诉诸公众看作是一种基本力量，人类存在的一种自然特征，它激起了暴力的、不稳定的热情，助长混乱。作为神圣君主，正视与压制这种力量是君主的义务和命运，这也正是查理在宫廷假面舞剧中扮演的角色之一。对诉诸大众的偏见是查理意识形态的一个方面。

正是对诉诸大众持有深刻偏见以及根深蒂固的阴谋论，使其不能利用大众媒介作为获得支持的手段，严重影响了他的公共形象以及大众对他的认识。查理及其宫廷逐渐与大众政治疏远乃至隔离，贵族文化日益退居宫廷，宫廷文化与大众文化日益疏远，女王时期的开放性、民族性、包容性文化丧失，出现了与查理的冷漠风格相适应的小集团文化，创造一个国内流放的怪胎。① 查理及其宫廷贵族沉浸在追求圣洁之爱或者柏拉图式爱情的幻想之中，这种虚幻的文化崇拜，把统治者与人民隔离开来，对其统治造成极其巨大的负面影响。剧作家布罗姆在《害相思病的宫廷》中曾经警告国王和臣民之间日益扩大的嫌隙，他说：

> 不安分的下院议员，怀着满腔的愤懑，国王这么多年苦心经营和平，给他们带来了富足。但是他们却像骄纵的野马，要掀翻自己的主人，与之交战。可怜的国王！他用美德换来的是邪恶，他们以怨报德。造成这种现象的根源在于，国王长期使用止泻药。②

很显然，布鲁姆提到的"止泻药"是指回避现实的宫廷文化，他认为这种脱离现实、沉湎和平盛世的幻想，引起政治精英对查理统治的不满。

由于阴谋论的思维模式，查理认为一些人恶意利用公众，企图推翻

---

① See Mark Kishlansky,"Charles I: A Caes of Mistaken Identity", *Past & Present*,189(2005).

② Graham Parry, *The Golden Age Restor'd: the Culture of the Stuart Court 1603-1642*, Manchester University Press,1981, p.205.

君主制，因此他对诉诸大众的集团或个人、公共领域持敌对的态度。查理政府和被统治者之间的交流不畅，导致公共领域被关闭。同时，查理继承了詹姆士的政治观念，那就是国家事务属于国家机密，大众无权讨论，国王更没有告知的义务。因此，尽管查理有很多途径可以影响和塑造大众对对其政策的认识，并且有证据表明，查理知道如何最大限度地使用这些手段，但是，由于受到詹姆士留下的文化传统和政治观念的影响，查理关闭了公共领域。

查理即位之初，大众比较关注的国家层面上的事件就是英法关系，这是公众的关注焦点。拉罗舍尔城是胡格诺教徒在法国最为坚固的要塞，宗教战争时期，天主教联盟的军队数次进攻都未能攻破此城。在胡格诺教徒看来，拉罗舍尔城是他们宗教信仰坚不可摧的象征，英格兰政府决定增援拉罗舍尔的胡格诺教徒，一支庞大的英格兰舰队驶向拉罗舍尔，舰队的指挥官正是白金汉公爵维利尔斯。

黎塞留最害怕的就是英格兰舰队向拉罗舍尔城提供给养，如果得到英格兰的物质支持，这座城市将会变得坚不可摧。不过很快法国人就发现，这支英格兰舰队没有直接驶向拉罗舍尔，而是去攻打距离拉罗舍尔很近的雷岛。英格兰军队的指挥官白金汉公爵对胡格诺教徒并没有什么好感，他并不是前来救援拉罗舍尔的。白金汉公爵的目的是占领雷岛，把它作为英军的落脚点，然后里应外合击败法军。这个想法听上去非常美好，不过它从一个侧面证明了白金汉公爵完全不谙军事。英格兰人擅长海战，却不善陆战，而且攻打雷岛，实际上将自己的后背留给了法国人。在白金汉公爵的错误指挥下，英格兰水手们在雷岛上遭到了法军的迎头痛击，与此同时法国海军在蒙莫朗西公爵的率领下打了一次漂亮的奇袭，英格兰军队损失惨重，被迫暂时撤回国内。

但是由于公共领域的关闭，以及官方报道的不实，人们很少能获得英法关系进展的真实情况。由于英法在中世纪长期的战争和冲突，所以英国远征法国拉罗舍尔后，出现了中世纪英法战争历史文化的复兴。1627年，有关中世纪英国国王以及他们与法国长期冲突的编年史被重新出版，一首歌谣甚至幻想，白金汉公爵远征法国至少可以与历史上百年战争中的英王爱德华三世和亨利五世相媲美，公爵将会满载金银，胜利归来。与以往的战争相比，英国军队远征法国是全方位的媒体事件，《新闻纪要》原来被禁止报道任何有关英国事务，现在却被用来服务政府。从白金汉的总部源源不断地流出《新闻纪要》，方便人们了解前线亲人的情况和公爵的情况。但是这些官方报道完全是油腔滑调，以至于前方的军官被迫以手稿形式把非官方的故事传回后方。官方的报道让人们产生过高的期望，一些观察家开始为"远征给国王带来的巨大利益而欢呼……"[1]官方报道，没有提供关于英国军队在法国反对西班牙的信息，只有一篇报道提到，法国吹嘘西班牙给予的承诺。但是这则新闻除了吓坏国人外，没有提供任何关于法西联盟反对英国的真实消息。官方的这些报道没有解释英国支持法国的理由，没有解答人们的疑问，那就是为什么抛弃帕拉丁而讨好法国。当时波克主张向公众说明远征法国的动机，但是最终枢密院没有同意，这是政府对人们态度日益强硬的征兆。一个反西班牙的重要国家侵犯另一个反西班牙国家的新闻使得查理的盟友感到愤慨，英国的盟国要求给予一个解释。驻威尼斯和都灵的大使要求获得进一步的信息，"说明我们的国家，以及我国与法国的关系进展"[2]。

　　同样在海牙，关于英法即将发生的冲突也困扰着各国首脑。库克经过查理的同意后，撰写了一个报告，详细解释了查理的行动，在丹麦人、荷兰人、萨瓦人、威尼斯人、土耳其人中广泛流传。与外国人更为了解拉

---

① Thomas Cogswell,"The Politics of Propaganda:Charles I and the People in the 1620s", *Journal of British Studies*, No.3, Vol. 29,1990.

② Thomas Cogswell,"The Politics of Propaganda:Charles I and the People in the 1620s", *Journal of British Studies*, No.3, Vol. 29,1990.

罗舍尔远征的原因相比较，英国人却无法获得这方面的信息。

因此，我们就不难理解 17 世纪 20 年代国内危机的根源，查理统治时期，英国人的政治意识正在增强，他们希望获得政治新闻。但是由于对诉诸大众的偏见，尽管查理及其政府知道如何向人民解释，但是他们却有意封闭政治信息。

人民只能根据事件去判断所有的事情。实际上，早在三十年战争爆发之初，大众对波希米亚危机的新闻非常渴望，詹姆士最初的反应是利用教坛，狂热赞颂和平和保守国家机密的必要。随着 1624 年詹姆士的英西协议的破产，这种强硬政策寿终正寝。查理和白金汉建立起一个相对公开的公共关系运动，联合政治国家和议会支持战争。这种政策随着 1626 年议会的解散而告吹，自 1626 年起查理政府对公众的态度开始强硬。但是，英国人已经习惯获取更加公开的信息，他们渴望获得英国与法国友好的理由。因此，当枢密院决定改变政治游戏规则时，人们被迫使用自己丰富的想象去解开远征法国的疑问，其后果是可想而知的。当人们无法从官方获得信息时，他们开始想象王室的风流韵事和王室的无能，保护胡格诺和摧毁法西联盟让位于对王室风流韵事的猜测。一个英国人写道：

> 白金汉远征法国的唯一动机是因为他无法通过正常渠道与法国安娜王后幽会，所以只有假借率领远征军的名义，达到与安娜幽会的个人目的。[①]

坊间流传，白金汉公爵率军前来其实是为了一个女人——法国王后安娜。这位大帅哥此时正迷恋安娜王后，他知道王后与红衣主教黎塞留关系

---

① Thomas Cogswell,"The Politics of Propaganda:Charles I and the People in the 1620s", *Journal of British Studies*, No.3, Vol. 29,1990.

不睦，所以白金汉公爵这次是冲着黎塞留前来的，他的目的是在战场上击败黎塞留，在王后安娜面前展示自己的威风，然后自己作为英格兰的和谈代表，这样就有机会见到法国王后了。

政府不愿意向人民解释，导致了人民对政府的信任危机，这种现象在议会中非常明显，大多数议员怀念以往和谐政治的美好。因此，查理恢复了教会对出版物与牧师布道的严格控制，教坛再次成为政府担忧而非利用的东西。① 当教士被钳制言论时，《新闻纪要》于 1632 年首先遭到压制，查理日益退居到封闭的宫廷文化中，创造了冷淡的、疏远的国王形象。

二、远离民众、孤芳自赏的君主形象

17 世纪初英国宫廷文化开始了重要的转折，到詹姆士统治时期，伊丽莎白宫廷的再封建骑士化趋势被遏制，昔日的马上比武活动、浪漫的骑士文化，被更加温文尔雅、更加文明的贵族文化形式所取代，战争主题被和平主题所取代，尚武的骑士价值观念让位于古典美德，诸如中庸、审慎、沉着、镇定。到查理统治时期，英国宫廷文化向现代国际都市文明的长期转变宣告结束。宫廷文化日益脱离民众，成为排他的、内向性的贵族文化，这种转变是查理希望通过柏拉图式的"爱"而非战争，通过和平的方式而非暴力的方式，解决国内外危机，建立绝对主义统治的一种反映。

（一）对和平、静谧的田园生活之向往

1603 年都铎王朝最后一位君主伊丽莎白女王病逝，斯图亚特王朝开

---

①   Esther Cope, *Politics without Parliament*, London: Routledge,1987, pp.60-66.

始了在英国的统治。随着王朝的更迭，英国宫廷的政治文化也开始了转变。受哈布斯堡王朝和波旁王朝的影响，一种异常灿烂的绝对主义文化在宫廷产生，英国宫廷的绘画、雕塑在整个欧洲位列前茅，赞颂国王卓越品质、赞美国王忠贞爱情的音乐、舞剧、诗歌辉煌璀璨，宫廷仪式威武、壮观，彰显王权之威严。

随着对外战争的结束，伊丽莎白女王时期尚武的骑士价值观念在宫廷政治文化中受到抑制，而与和平时代相适应的、秩序与和谐等古典社会崇尚的价值观念则大行其道。与战争相关的品质诸如骁勇、善战，不再被宫廷看作是美德，相反与和平相关的那些品质被褒扬，新古典主义风行，在宫廷舞剧中，查理成为理性、正义、和谐等理想品质的化身，查理是"爱人和父亲"[1]，和平主义充斥着宫廷，查理被称颂为"和平使者与缔造者"[2]。这是宫廷面对政治动荡，渴望维护君主制，恢复等级制、父权社会价值观的一种反映。

查理即位后不久，就从几乎波及全欧洲的战争中撤出，正式放弃了被当时大多数人视为一个国王最光荣的行动——战争，"17世纪20年代，英国人对欧洲战争有着浓厚而广泛的兴趣，以及参与欧洲战争的高度热情"[3]。17世纪是欧洲崇尚荣誉的时代，为荣誉而战的君主受到人民的崇拜，查理撤出战争，使得英国王权的声誉和威望在国内外都大受影响。威尼斯外交官在17世纪30年代初说，

法国大使每次同我聊天没有别的，都是关于英国军事上的这

---

[1]　Thomas N. Corns ed., *The Royal Image: Representations of Charles I*, Cambridge University Press, p.19.

[2]　Robert Malcolm Smuts, *The Culture of Absolutism at the Court of Charles I,* Princeton University, Ph. D., 1976, p.392

[3]　Thomas N. Corns ed., *The Royal Image, Representations of Charles I*, Cambridge University Press, p.12.

些笑柄……他对英国的弱点了解得太清楚了。①

另外一位威尼斯大使说，西班牙和荷兰的国王用语言和行动表达对英国国王的蔑视。瑞典大臣公然在英国宫廷斥责查理在国际事务中的羸弱、懈怠。英国清教徒的不满情绪就更自不待言了，因为在英国，战争向来是贵族的职业，勇气、军事素质受到普遍的尊敬；战争总是与朴素和道德联系在一起，而和平总是与颓废、奢侈、邪恶联系在一起。这种观点在17世纪20年代清教徒的小册子中俯拾皆是。

为了摆脱国内外舆论中的尴尬处境，宫廷大力发展和宣扬和平主义文化。作为当时欧洲最大的艺术收藏家，查理深刻认识到艺术的力量，"他利用画家的艺术创造力"，② 宣扬和平的价值，维护君主制观念。因为17世纪是一个非常关注和迷恋政治的想象性本质的时代，文化艺术成为获取权力的一个途径；作为观念和行为的先驱，文化艺术所能做的，不仅仅是产生油画和诗歌，它还能够建立和改变统治，从而建立理想的统治形式。正是基于这一出发点，宫廷艺术家利用不用的艺术形式，褒扬和平，贬抑战争，

"享受和平比驰骋疆场更光荣，徜徉在歌舞升平的宫廷比收拾战争蹂躏的家园更令人自豪。"③

战争的血腥和惨烈不断出现在宫廷艺术中，军事光荣和英雄主义被

---

① Robert Malcolm Smuts, *The Culture of Absolutism at the Court of Charles I*, Princeton University, Ph. D., 1976, p.402.

② Erin Grifeyed., *Henrietta Maria: Piety, Politics and Patronage,* Ashgate,2008, p.140.

③ Robert Malcolm Smuts, *The Culture of Absolutism at the Court of Charles I*, Princeton University, Ph. D., 1976, p.404.

削弱，与战争的恐怖形成鲜明对照的是一系列英国人享有和平与宁静、安详与富足生活的快乐。

这样，查理的和平外交便同一种非常发达的道德符号紧密联系在一起，和平作为国王的美德而备受赞颂，并且被赋予高度系统的哲学意义。宫廷宣扬，冲突源自对热情没有进行控制，而和平则是控制热情的结果；君主统治的快乐来自合适的政治热情的控制与有序化，诸如婚姻激情和宗教热情；宇宙是通过神圣的爱联系在一起的，同样，政治共同体是通过王室的爱联合在一起的；在被王室战争和宗教战争、血腥的叛乱分裂的世界中，英国的和平是查理对人民的爱的最高体现；所有的冲突都可以通过抽象的品质来解决：和谐、审慎、和平，最重要的是通过爱与英雄美德的结合而产生的和谐。宫廷艺术描绘了一个睿智、优雅的国王统治着充满感激的、顺从的人民的国度，在这里冲突和流血永远被镇压。

与和平相关的纯朴、静谧的田园生活遂成为查理宫廷文化的主题。同时，面对着腐败、堕落的指责，查理宫廷需要解决和平、富裕的宫廷生活引起的道德问题，表达贵族的价值观念，树立上流社会新的文明标准。这样，在斯多葛主义哲学的基础上，宫廷发展起乡村崇拜，坚持不懈、节制、蔑视诽谤成为宫廷经常赞颂的美德；不畏流言，把自己置于大众舆论之上，畏惧流言蜚语者被看作是社会习俗和偏见的奴隶，人应该过理性、快乐的生活。这实际上是宫廷贵族价值观的表达：追求自我控制、自我满足，在诱惑、痛苦、烦恼、诽谤面前保持从容、淡定、正直。对田园生活的赞颂，源于对宫廷奢侈、贿赂、世故的憎恶。查理命令治理宫廷腐败现象，展现乡村生活的节制、禁欲的品质，宫廷以"古典文明的继承者"自诩，珍视优雅、雅致，欣赏只有富裕的、城市社会产生的艺术、文学、音乐。查理试图重建上层阶级传统的农村生活模式，除一小撮廷臣留在宫廷，其他贵族应该返回故乡，履行父权社会慷慨、救济、施舍的职责与美德，维护社会等级制度。

作为英国传统宫廷文化主题的黄金时代传说，在摈弃其神话符号以及突出古典主题后被整合进宫廷文化中，成功地适应了和平主义文化，并且成为它的重要组成部分。查理一世在欧洲战争正酣之时，结束了对外战争，使英国置身于国际战争之外，享受和平，因而此时的英国被宫廷文人赞颂为黄金时代的复兴、伊甸园的重现，"查理一世统治就是回归人类伊始的那种神赐秩序"①；作为人类久失的伊甸园，黄金时代在查理的宫廷文化中成为国王仁慈统治下道德、精神纯洁的象征；淳朴和静谧的黄金时代的乡村代表着一个没有奢侈、堕落、邪恶的净土，是真正文明的沃土，表达了查理统治时期英国生活的快乐；在这里人们能够控制自己和周围的环境，创造并享受着原始的美德、平静和快乐。

与此同时，快乐的乡村生活成为查理和王后玛利亚纯朴、优雅、自然、淡定的乡村美德的象征。在查理的和平外交政策受到质疑与谴责的处境下，与和平相关的美德则备受宫廷文人的赞颂。在宫廷画家范戴克的油画作品中，查理身后是广阔而平静的草地，表达了画家对查理统治下英国和平宁静、欢乐祥和生活的赞颂。正像古代著名的指挥家在画中经常驰骋疆场，而查理却常常置身于平静的森林或草地前。同样，这时期英国的罗马式建筑和宫廷舞剧中的服装都表达了同样的主题：查理已经复兴了罗马帝国的文明与和平。在宫廷艺术家贾鲁的笔下，查理统治时期的乡村处处是温顺的动物、行猎公园与鱼塘等，是闲适与富足的人间乐园。在斯图亚特文学中，宫廷诗人经常通过花园的描写表达和平主义思想，花园在这里成为人类施加给周围环境的合理秩序的象征与符号。宫廷诗人贾鲁通过把英国与同期的处在战争或者动荡中的欧洲其他国家进行对比，大肆渲染战

---

① Robert Malcolm Smuts, *The Culture of Absolutism at the Court of Charles I*, Princeton University, Ph. D., 1976, p.438.

争的血腥与残酷，并对此进行猛烈抨击，直率地表达了对英国宫廷快乐生活的赞颂；他还把柏拉图爱的主题整合在颂扬王后玛利亚的美德中。在一部宫廷舞剧中，纽斯女神为逃避世界的野蛮、残暴，来到英国这个乐园，英国显然成为文明的典范，"堪比古代希腊"。

与詹姆士宫廷形成鲜明对比的是，查理开创了优雅和婚姻的典雅、节制的宫廷文化，它崇尚和谐与秩序，主张对欲望和热情的合理控制，实际上鼓吹君主政体崇拜。国王被看作是政治理性和美德的象征，是上帝在人间的代表，王后被描述为柏拉图爱情的典型：她激起男人灵魂中的神圣火花，促使他去寻找美、和谐和上帝；查理的君主统治和英国文明的历史演变被视为寻找秩序、和谐和合理的过程，君主制国家和宫廷的新古典文化则是历史演变的必然结果，和平主义就是宫廷文化的自然发展。

（二）对柏拉图式爱情之歌颂

查理宫廷和平主义文化的显著特征就是把君主的美德、仁慈与忠贞不渝的爱情联系在一起，太平的国家形象在查理统治的词汇中是至关重要的，"而这种形象来自强大的、全局性的国王婚姻的象征主义"[1]，查理和王后的爱情被视为英国国内和平的象征和符号。

对王室婚姻的赞颂是建立在柏拉图爱情理论之上的，实际上，早在文艺复兴时期，新柏拉图的诗人、艺术家和哲学家就主张，爱是宇宙的源泉、和谐的原则，是刺激人类探寻真理的精神动力，"是人类取得与上帝同在的工具"[2]，柏拉图思想实际上支持王权神授观念。人是微观宇宙，其

---

[1]　Thomas N. Corns (ed.), *The Royal Image,Representations of Charles I,* Cambridge University Press, p.27.

[2]　Robert Malcolm Smuts, *The Culture of Absolutism at the Court of Charles I,* Princeton University, Ph. D., 1976, p.330.

功能与宇宙结构极为相似，因而正如宇宙的爱赋予自然以生命一样，人间的爱能够激起和提升人的精神；它也能够激发人的感官意识，刺激理性认识、宗教认识，然后理性深入真理的本质。这些新柏拉图学者还主张，爱与理性是相互补充的：它们共同产生了感知的循环运动，理性约束、制约着思想，而爱则刺激思想的活力。

到查理统治时期，柏拉图爱的哲学与宫廷政治文化紧密结合在一起，成为宫廷文化的哲学基础。查理认为"爱是高贵行为之母"①，宫廷宣扬，世界之初的原始混乱终究会卷土重来，而爱会施公正到世界之初的原始混乱。从以上可以看出，查理宫廷倡导的这种所谓的"爱"，具有了《圣经》那种先验的功能：爱创造、统治着世界。"爱优于法律和普通道德"的概念非常巧妙地补充了斯图亚特王朝的君主制理论，"爱"成为宗教信仰、文明、秩序、审慎、智慧的源泉。

查理一世与王后玛利亚的忠贞爱情成为宫廷和平文化的主题之一。在宫廷舞剧中，君主的美德特别是对婚姻的忠诚，被认为对人类、对神和自然都具有普遍影响，国王具有把自然秩序和道德秩序带回到自然界的能力。在一部舞剧中，国王和王后驯服了自然界中无法无天的力量，把春天带回人间；另一舞剧中，国王和王后的爱情榜样使宙斯放弃了不检点行为，改革奥林匹斯山；在宫廷诗人的笔下，君主是平息混乱、带来秩序、把荒野变为花园的人类。国王与王后不仅能够影响自然界、神界，而且还能够控制那些导致冲突的热情。在一舞剧中，一群放荡、荒谬的男人向威尼斯的妓女求欢，借以衬托查理的忠贞爱情，赞颂他对王后和侍女的道德教育。宫廷舞剧的结局总是回归到和平主题上，品德高尚的君主把和平带到快乐的岛屿；舞剧中的反面形象被放逐，作为查理统治化身的和谐、和

---

① Robert Malcolm Smuts, *The Culture of Absolutism at the Court of Charles I*, Princeton University, Ph. D., 1976, p.339.

睦、富足、和平的神化人物登上古典的城市柱身。

王后作为美丽的爱情的源头，不断出现在宫廷油画、诗歌、舞剧中，王后在宫廷文化生活中占有中心地位。对柏拉图来说，美就是和谐、合理、神圣的同义词，与美的东西结合就是寻找超越物质世界的东西。在宫廷的艺术中，王后玛利亚被赋予了美与爱的理想品质，她的爱与美具有了超越于伦理概念和历史概念之上的含义，作为纯净的情爱热情的典范，在对国王忠贞不渝的同时，她把温暖与热情播撒给整个宫廷，让所有见到她的人都有了超越肉欲的思想，从而净化人类的感情，赐予世间以和谐。王后不仅使得人类变得文明了，而且带来了黄金时代的重生，从某种意义上王后的爱反映了上帝的本质与宇宙的和谐。查理宫廷的王后崇拜与文艺复兴时期的柏拉图主义联系在一起，王后玛利亚的爱与美，代表着深奥的抽象主张和意味深长的神秘主义，同时也与查理宫廷文化的日益内敛以及随之而来的宫廷生活日趋神秘有很大关系。

在欧洲，查理不是第一个宣布对婚姻忠诚的人，爱情主题在欧洲文化中一直占有非常突出的地位。但是，在以往君主的文化宣传中，国王的爱情是从属性的主题，国王的婚姻一向被看作是传宗接代和王朝联盟的工具和手段。因而称赞者偶尔会提及国王对王后的感情，但这常常被看作是次要美德，远不如勇气、智慧、仁慈、心胸宽大这些品质重要。相比而言，在查理宫廷中，查理的爱情与忠诚在宫廷文化体系中占有中心性地位。在宫廷舞剧中，不断地提到国王因爱情而产生的英雄热情和英勇美德，这成为描写君主以及赞颂国王典范婚姻的共同模式，国王的爱情就像"圣油……从头流到裙子上，陛下高贵的欢乐影响了所有人，甚至连那些最冷酷无情的人也受到感化"①。

---

① Robert Malcolm Smuts, *The Culture of Absolutism at the Court of Charles I*, Princeton University, Ph. D.,1976, p.288.

国王忠贞不渝的爱情成为查理公众形象的最吸引人的特征之一，查理被赞颂为具有高尚美德，在如此众多的诱惑面前，保持忠贞不渝的爱确实令人们钦佩和尊重。更有甚者，查理和玛利亚经常成双成对地表演宫廷舞剧，颂扬国王和王后的婚姻是被爱维系的英雄美德与圣洁之美的结合，是英国太平与快乐的源泉。

国王与王后的和谐婚姻被提升到与英国政治共同体、宇宙和谐进行类比，从而具有了高度的政治意义。查理和王后婚姻上的快乐在于在合适的限度内的情色欲望，同样，君主统治的快乐也来自政治热情的合适有序化，诸如尚武的热情和宗教热情；宇宙是通过神圣的爱联系在一起的，同样，政治共同体是通过王室的爱联合在一起的。并且，在一个被王朝战争和宗教战争、血腥的叛乱而分裂的世界中，英国的和平生活则是查理对臣民的爱的最高表现。所有的冲突都可以通过抽象的品质而解决：和睦、审慎、和平。在新柏拉图哲学中，政治领域中的爱，似乎代表着人类寻找合理的、有序的、正义的政府，简言之，一个美好的政体。一个真正的君主政体是建立在爱，而不是恐惧之上。政治之爱似乎是指引人类走向王权政体的文明过程的一个自然结果。政治之爱代表着忠诚、感激、正义和崇敬：代表着引导臣民顺从国王，以及国王英明、仁慈地统治臣民的所有情感。一个完美的君主政体就是上述情感被广为流传，以至于武力统治变得没有必要。这是查理宫廷舞剧所表达的政府模式。王后玛利亚的激起爱的美和她与查理的爱情就是完美君主政体的符号、象征。在一个剧本中强调，当人类认识到感激和正义的本质时，君主制产生了，一个正确的君主制是建立在爱而不是恐惧之上，政治领域的爱似乎是引导人类走向王权政体的这种文明过程的自然结果。

在宫廷舞剧中，查理的非凡的美德与玛利亚的神圣的美之间的关系就是以这种方式构思出来的。国王的英勇代表着纪律和力量，王后作为激起爱与美的化身，则使得这种严肃的纪律变得完美了，她激起更加积极的品质：热情、愉悦、温柔和顺从。宫廷文化宣扬：

    上帝为了弥补人类的弱点，创造了美丽的女人。[1]

    美丽女性是道德美德和与上帝联系的象征，她的倾慕者为了赢得其芳心，可能自我约束、完善自我和学会优雅。王后集中了所有女性美德于一身，与国王身上的男性品质相互包容，这在当时的政治和宗教背景下是异常重要的。国王和王后一起代表着君主统治的动、静两个方面：一种能够通过武力施加正义的政体，或者能够激起不用武力就能获得的那种忠诚的政体。

    在宫廷文化中，查理对妻子忠贞不渝的爱情既是一种私人美德，又是一种政治美德，国王的权威、理性与王后纯净的美结合在一起，宫廷颂扬国王和王后的爱情，"圣洁的美与英雄美德的结合荡涤着王国的贪欲"[2]，实际上在为绝对主义统治辩护，"国家被看作是一个家庭来理解，国王就是父亲和丈夫"[3]。政治上的爱代表着忠诚、感激、正义、崇敬，代表着促使臣民顺从他们的国王，以及国王英明、仁慈地统治臣民的那些情感，而这些情感是社会和谐的根源。这样的情感是如此显著，以至于对于一个完美的君主政体来说，高压统治则没有必要实施了，这是查理宫廷舞剧的模式。王后玛利亚的那种引起爱恋的美，以及她与查理田园诗般的婚姻是完美君主政体的象征。

    斯图亚特宫廷试图摒弃中世纪的政治、道德秩序，以及都铎英国的

---

[1]　Erica Veevers, *Images of Love and Religion, Queen Henrietta Maria and Court Entertainments*, Cambridge University Press,1898, p.17.

[2]　Graham Parry, *The Culture of the Stuart Court 1603—1642*, Manchester University Press,1985, p.192.

[3]　Thomas N. Corns (ed.), *The Royal Image, Representations of Charles I*, Cambridge University Press, p.29.

政治和文化世界，进入一个理性、自然和基督教主宰的时代，创造一个更加文明的新政体。因而，查理即位后继续发展宫廷的和平主义文化，贬抑中世纪骑士精神中尚武、任侠的一面，褒扬其慷慨、谦逊、彬彬有礼、举止端庄的一面，从而维护他的绝对主义统治。为此，他异常关注自己与宫廷的形象，雇佣英国和欧洲大陆的艺术家来实现他的文化政策，"小至钱币、印章上的国王头像，大至宫廷舞剧"[1]。塑造温文尔雅、道德高尚、宽厚仁慈的古典君王形象，宣扬君主统治下英国和谐、快乐的太平景象。这样宫廷发展起一套审美哲学、独特的道德观念和宗教态度，都铎传统被逐渐放弃，欧洲天主教宫廷的思想和风格被整合进来。查理宫廷由此成为"欧洲最文明的宫廷之一"[2]，一个展示上流社会高雅品位的地方。

但由于这种艺术带有明显的意大利、西班牙和哈布斯堡宫廷风格，表达的思想也是非英国的，因此英国宫廷文化逐渐与一小撮强大的宫廷贵族的价值观念、品位、理想联系在一起，因而只能被国王身边的少数贵族所欣赏。与伊丽莎白女王的"童贞女王"，为民族利益终身未嫁的公共形象形成鲜明对照的是，查理宫廷柏拉图式爱情弥漫，由此成为爱情伊甸园，因而"被批评过于内敛、充满女人气，忽视公共义务"[3]。无论同英国先王相比，还是与同时代的欧洲其他君主相比，查理宫廷文化的社会基础要狭隘得多，君主的威严正退向宫廷大门内，查理宫廷文化变革因而从某种程度上削弱了君主统治。

---

[1] Thomas N. Corns (ed.), *The Royal Image, Representations of Charles I,* Cambridge University Press, p.177.

[2] Richard Ollard, *The Images of King, Charles I and Charles II*, Hodder and Stoughton,1979, p.39.

[3] Erica Veevers, *Images of Love and Religion, Queen Henrietta Maria and Court Entertainments*, Cambridge University Press,1989, p.73.

三、地下媒体网络的繁荣

詹姆士继位后，禁止人们谈论国家事务。他认为，任何外交或者军事行为，都是国家机密，臣民不能进行讨论，国家事务禁止他人染指。同时，他宣称国王没有解释外交政策的义务，更无须征得公众同意，他曾对议会议员宣称：

> 我派兵 2 万，还是 1 万；是选择海路，还是陆路；是东方还是西方……这都属于国王处理的事务范围。①

因而尽管人们对欧陆战争存在普遍兴趣，只要和平解决欧洲冲突的希望存在，詹姆士就竭力维护这一原则。他之所以解散议会，就是因为他绝不允许议会染指国家事务。随后，当他固执地追求与西班牙的和平时，许多评论家质疑他的动机，甚至他的宗教信仰，詹姆士加强教会控制，减少布道的数量和范围。同样，由于新闻传播的地下网络是以伦敦为核心，因此他通过驱赶乡绅以上等级者回到自己的庄园，借以摧毁地下新闻网络。以往被认为是合法的东西，现在被政府看作是具有政治灾难性的东西。詹姆士拒绝解释其行为的结果是，人们自己去想象国家事务的进展情况，并且由于政府政策的争议性本质，他们毫不费力地产生了自己的解释：由于西班牙人已经迷惑了国王，所以国王容忍天主教徒，在三十年战争中使英国保持中立；甚至有人想象，詹姆士本人将最终接受罗马天主教。詹姆士关于国家机密的强硬态度，为政治国家的分裂打开了缺口。

由于无法从官方和公共领域中获得政治新闻，人们开始转向地下网

---

① Thomas Cogswell,"The Politics of Propaganda:Charles I and the People in the 1620s", *Journal of British Studies,* No.3, Vol. 29,1990.

络，从而对查理政府的政策作出较为毁灭性的解释，政治出现两极化。三十年战争的爆发，把人民的注意力集中在国内外事件上，刺激了地下新闻传播体制的快速发展。对地下新闻网络，政府几乎全面失控，在这种相对自由中，作者们可以交换更具争议性的冲突语言。地下网络中流传一种更加尖锐的、不和谐的评论，充斥着高度两极化的修辞。大众对公共事务的浓厚兴趣，地下媒体相对自治、自由，人们渴望收集那些非官方的新闻，乡村与宫廷之间出现深刻政治分裂。反哈布斯堡派不遗余力地进行政治宣传，印刷商在 17 世纪 20 年代中期出售报刊给人们，当时人们面对的是对查理外交政策更具破坏性的解释。在白金汉启程远征法国时，带到伦敦的最新的哈布斯堡情况的对开本，2 镑就可以买到。

到查理统治时期，媒体更加世俗化，它们畅所欲言地表达对西班牙的恐惧和忧虑情绪，在圣保罗大教堂，威廉·汉普顿严厉斥责西班牙和西班牙人：

> 如果他们征服了英国，那么他们不仅屠杀英国居民……而且还会发明一些稀奇古怪的方式折磨英国人。①

同时，伦敦剧院没有对政府的备战进行任何支持，一些作家还编写了影射白金汉的一系列历史剧。格洛布剧院上演莎士比亚的剧作《亨利八世》，其中处决白金汉公爵的情节，使得宠臣白金汉在剧作尚在上演之时狼狈地中途逃出。时人嘲讽道，白金汉公爵应该留下来继续观看，"大主教沃尔西垮台了，他就是现实版的（白金汉）公爵"②。

为了满足公众对新闻的需要，一种新的职业作家诞生了——诗朋酒

---

① Thomas Cogswell,"The Politics of Propaganda:Charles I and the People in the 1620s", *Journal of British Studies*, No.3, Vol. 29,1990.

② P. Edwards and Colin Gibson eds., *The Plays and Poems of Philip Massinger*, Oxford,1976,3:95.

友，他们撰写犀利的文章，嘲讽、抨击高官显宦及政府政策，讽刺诗作为一种文体再度复兴，成为公共领域重要的文化形式。

诽谤诗文的目的是引发人们对某个人的嘲讽，或者博取人们对某个人或者某件事的同情或者愤懑情绪。培根曾说，阅读讽刺诗文可以使读者对某人或者君主产生蔑视，甚至引发叛乱活动。约翰·怀特认为，阅读或者聆听诽谤诗可以引发人们对某人的嘲笑与蔑视，甚至引发对政权的轻蔑，最终将推翻一切政权。他说在一个国家，没有什么比政治家失去名声更为危险的了，在古希腊即使像苏格拉底这样的圣贤，都因为遭到戏剧的嘲笑而毁灭。托马斯·亚当斯认为，诽谤诗文可以毁灭一个人的名声，名声就像玻璃一样脆弱，一旦被毁灭，是很难修复的，毁灭名声对一个人将产生直接的精神影响，同时他认为，聆听诽谤诗可以引发罪恶活动。由于人们对诽谤诗文的高度兴趣，因而这些诽谤诗文被一些文学作品和新闻日记收录和转载。约翰·张伯伦说，一个好的新闻收集者应该把有关爱德华·库克垮台的警句收集起来。约翰·霍利斯认为，关于库克倒台的拉丁文可能是一些诗人的胡言乱语，但是他仍然请求他的朋友邦德先生，不要收集和传播那些专门嘲笑自己的诗文。彼得·曼伍德对皮克林抨击惠特吉夫特的文章感到震惊，但是他还是到处收集他的这些文章，并且收藏起来。随着 17 世纪 20 年代政治危机的不断出现，新闻编辑者把收集到的诽谤诗文与新闻和议会新闻编辑在一起。

早在女王统治后期，讽刺诗就出现了，政府对这些讽刺诗进行焚烧，并且禁止人们写作。但是到 16 世纪 90 年代，随着深刻的经济问题和西班牙战争导致的经济状况的更加恶化，文学氛围随之恶化，诗人不再能够容忍伊丽莎白黄金时代与和平时代的修辞，而是转向对现实中穷人的描写。这种尖锐的腔调，提高了后来人使用诗文进行嘲讽的能力。伊丽莎白女王后期，公众对讽刺诗和诽谤诗非常渴望，这种热情吸引了大小诗人，其中不乏沽名钓誉者。这种讽刺诗广受欢迎，比那些御用诗，拥有更广的读者和听众，包括无数的不满者，"他们只对讽刺诗和诽谤诗感兴趣"①。诽谤诗作者激怒了财政大臣巴克赫尔斯特，1599 年他下令对诽谤诗作者施以死刑。

但该法令也无法阻止讽刺诗的涌现。随着政府对这些讽刺诗的镇压，手抄本讽刺诗广泛传播。通过手写，可以避免与印刷商发生联系，通过匿名，当时的诗人可以嘲弄那些大人物。萨福克的教区牧师约翰·劳斯是研究斯图亚特王朝早期新闻文化不可或缺的人物，当时一篇攻击国王詹姆士亲西班牙和同性恋的文章广为流传，令劳斯深感忧虑，同时他对当时盛行的攻击白金汉公爵的诽谤诗文也深感不安，但是他继续转录这些诽谤诗文。手写讽刺诗的传播经历了革命，大学生和律师会馆的学生是撰写讽刺文的老手行家，他们以此嘲弄学者和机构。同样，宫廷显贵有时也用讽刺诗人表达对对手的蔑视。诗人可以在酒馆中给朋友散发复本，如果他想获得更多读者，他可以在图书交易地方向普通人散发，他不用进入书店，而是进入教堂，涌进那些在教堂走廊中急切需要政治新闻的人们中即可。获取最近新闻的热情，促使一些人在公共场合宣读最新讽刺诗，在教堂或者教堂墓地，这些讽刺诗被人们朗诵，喜欢传播新闻者则立刻把这些消息转达给其他地方的朋友。

伴随着地下诗的发展，新的文人——诗朋酒友在圣保罗大教堂高谈阔论，人们一眼便能够识别出他们，放浪形骸的外表是其生活方式的表达。在宫廷文人和民谣诗人之外的地方，一杯酒就能够燃起他们的创作热情，酒精不仅仅是奢侈品，大量的白酒和啤酒是他们多产的原因，他们的作品倾向于挖苦，喝醉的头脑使其忘记了鞭打和重罚。由于这些诗文大多是诽谤性质的，并且针对的都是大人物，或者是针对某个热点事件，所以拥有

---

① Thomas Cogswell, "Underground Verse and the Transformation of Early Stuart Political Culture", *Huntington Library Quarterly*, No.3, 1997.

众多的读者，不仅常常被政治派别所利用，同时也为新闻收集者所热捧。这些诗人因而可以由此而得到一定的报酬，随着市场对政论性文章的需求，讽刺诗文成为商品。到詹姆士统治时期，一些重要的事件都伴随着评论性诗文的出现，重要危机则肯定有一系列诗文加以评论。

为了使这种讽刺诗被更多的人所接受，很多讽刺诗配以音乐，从一个市场被吟唱到另一个集市，"一个穷困的乡下姑娘在涂黄油的时候就可以听到这些诗"①。

因此，当一个乡绅想羞辱当地牧师时，最简便的办法就是写一首挖苦诗，这是吟唱者就可以做到的事情，当时人们把这种讽刺诗几乎用到所有事情上，人们喜欢用诗文表达任何同情。这种讽刺诗拥有热心的读者，而那些知名的诗人却没有了读者，以至于那些大诗人常常对此进行抱怨。

酒友诗文的讽刺性本质，引起人们的极大关注，拥有众多热心读者。大多数讽刺短诗，就其本质而言，是狂热的党派性质的，因而白金汉甚至君主及其王室都是酒友诗人攻击的对象。地下手稿使得当代人可以进行一种稳定的、常常是暴力的政治辩论。这些政论的听众，常常跨越了阶级和地域界限，因而尽管政府在审查印刷文化方面很成功，但地下市场取得了印刷媒介的效果，因为逮捕匿名诗人比查处印刷商要困难得多，地下手稿市场持续扩大，地下媒体最终进入大众视野。由于地下媒体的作用，17世纪初的政治危机为下层人民提供了政治教育的机会，他们离参与政治只差一小步了。

由于查理对诉诸公共领域策略的偏见和敌视，他对宫廷之外的公共意见采用了强硬路线，禁止人们谈论国家事务和政府政策，甚至在17世纪20年代末期解散了议会，这种政治风格对查理的统治产生了重大消极

---

① 　Thomas Cogswell,"Underground Verse and the Transformation of Early Stuart Political Culture", *Huntington Library Quarterly,* No.3,1997.

影响。实际上，查理及其大臣有很多方式影响和塑造大众对其政策的认知，并且查理早期统治的证据清楚地表明，他知道如何最大限度地利用这些手段。但是，查理政府并没有就其政策向公众作出解释，公众的疑问没有得到解答，这是由于查理政府对人民态度强硬使然。

爱国阵线是查理和白金汉在 1623 年组织的支持军事干预欧陆的组织，它体现的就是公开的公共关系风格，在很大程度上是白金汉准备解释和维护自己行为的工具。实际上，转向更加积极的外交政策，政府更加依赖议会补助金，要求查理抛弃詹姆士那种强硬的国家机密的绝对主义主张。1624 年，爱德华·库克简洁地解释了这种选择：

> 王国一旦开战，如果国王不需要议会补助金，他可以无所顾忌，为所欲为；但是，如果他需要议会帮助，那么他必须听取建议。①

查理即位后的最初十年是政治危机的十年，君主和人民的关系日益恶化，面对 1628 年重大政治危机发生，查理随后实行了威权主义的君主统治。他恢复了教会对出版物和布道的严格控制，教坛再次成为政府担忧的东西，而非利用的对象。牧师再次被限制言论，《新闻纪要》先是被限制，然后于 1632 年被禁止。查理退守到日益封闭的宫廷文化中，成为一个"遥远的人物，在不能与人民交流方面是史无前例的"②。自此，地下报刊经常传播两极化的世界观，在大众媒介中，查理的形象经历了去神秘化、非神圣化的过程，有关的小册子和民谣等图画和文本是普通人可以接触到，并且可以购买得起的，一些檄文，仅有一两页的报纸，四开本、八

---

① Thomas Cogswell,"The Politics of Propaganda:Charles I and the People in the 1620s", *Journal of British Studies*, No.3, Vol. 29,1990.

② Thomas Cogswell,"The Politics of Propaganda: Charles I and the People in the 1620s", *Journal of British Studies*, No.3, Vol. 29,1990.

开本、十二开本的文章，也只不过一两个便士便可买到，这些文本在全国范围内传播，进入很多中等阶层的视野，一些口头流传的民谣和诽谤文也非常流行。尽管这种具有短时效性质的大众媒介，收藏价值不大，但是其中的信息价值是不可低估的。约翰·塞尔登如此评价这些大众媒介的价值，他说：

> 尽管有些人瞧不起这些诽谤文，但是你可以通过它们，知道政治风向。就像你拿起一根稻草，把它抛向空中，可以判断风往哪个方向吹。但是如果你拿起一块石头，扔向天空，你是无法判断出风向的。一些新闻虽然相对可靠和确凿，但却不能像民谣和诽谤文那样很好地体现这个时代的形势。①

查理对诉诸大众的担忧，符合 16 世纪的统治智慧。在 16 世纪八九十年代，这种智慧把当代人对长老派主义和关于"国家"一词的政治讨论可能产生的担忧，带到了意识形态的前沿，通过古典政治理论的阴谋论表达出来。从 17 世纪最初十年起，诉诸大众似乎成为王权的对立面，是良好统治的反动，它追求的是个人利益，查理曾说：

> 议会培养了一群蛊惑民心的煽动者，他们正在诉诸大众支持。②

查理敌视诉诸公众的手段，导致地下媒体的繁荣，诽谤诗文、诽谤诗文的作者和读者的广泛存在，一个原始的公共领域渐具雏形，这些诽谤

---

① Thomas N. Corns, *The Royal Image:Representations of Charles I*, Cambridge University Press,1999, p.49.

② Joad Raymond,"Describing Popularity in Early Modern England", *Huntington Library Quarterly*, No.1,2004.

诗人嘲弄宫廷权贵，抨击政府的政策，很多诽谤诗文被收录在新闻文摘里，或者被编辑在文集中。诽谤诗的阅读，促进了异质口头文化的发展，诽谤诗文成为下层人民攻击政治人物的武器，是大众政治化的一个工具，其政治影响是不可低估的。经过反宫廷的地下媒体的宣传，宫廷在公共领域被看作是罪恶、腐败、自私自利的渊薮，查理的公共形象遭到毁损，用激进律师库克的话说，查理代表的是他集中了英国历史上任何一个君主单独都不可能具备的阴险狡诈、背信弃义、虚伪等品质。他正在谋划一个邪恶的计划，这是英国历史的可耻转变。①

在激进派看来，查理企图颠覆英国根本法、废除议会、取缔人民的自由与权利，在英国建立专制统治，查理脱离大众、阴险狡诈的政治风格就是为实现这些阴谋而玩弄权术的体现。

攻击宫廷的言论出现在郡四季法庭的布道以及教士的海报中，共识危机引发人民的普遍担忧和猜疑以及查理统治基础的日益狭隘，并且引发英国人的集体焦虑：他们担心罗马教权统治卷土重来，无议会统治、践踏法律的欧陆式君主专制将在英国确立，这种集体性焦虑加剧了政治危机。

四、公共领域对查理的抨击

由于查理外交策略的失误，以及欧洲战场上的失利，1625 年后，公共领域出现了对斯图亚特王朝外交政策的公开而猛烈的批评。

如前所述，查理和白金汉曾经一度诉诸大众意见和公共领域，成功扮演了爱国者领袖形象，特别是白金汉公爵，他把自己塑造成伊丽莎白女王时期的重臣埃塞克斯伯爵。在 1624 年议会上，白金汉成功扮演了新教

---

① See John Cook, *King Charles's Case*, London,1649, p.39.

事业的捍卫者，赢得议会下院的普遍称赞，公共领域一度为其所操纵。为挽救在詹姆士统治时期作为国王宠臣的恶名，白金汉允许人们公开讨论国家事务，支持书刊发行，鼓励教士布道，精心安排罗拉谢尔远征，效仿埃塞克斯伯爵，扮演好战新教英雄的角色。[①] 但是，查理统治初期，外交政策的一系列失败，包括曼斯菲尔德远征失利、借调舰船给法王镇压胡格诺教徒、远征雷岛和加的斯的失利，使其一度好转的公共形象，大受折损。[②]

由于白金汉是查理统治时期，外交策略的主要谋划者和外交政策的实施者，因而外交事务失败的责任，以及谴责的矛头指向了白金汉，抨击程度之强烈，以至于改变了查理对公共意见的认识。

白金汉从一个小乡绅爬升到宫廷重臣，长期垄断宫廷权力，引起很多贵族的不满和嫉妒，从西班牙宫廷归来后，他对宫廷亲西班牙派的背叛，使他在宫廷内部树敌颇多，特别是好战新教徒对他尤其痛恨。因而 1625 年后，出现了大量抨击公爵道德行为和作为军事指挥官的能力的言论。

很多新闻日记记载，人们谴责白金汉的邪恶和腐败，把年轻的查理国王引入歧途，是狗头军师。西蒙德·迪尤斯日记记载，加的斯远征军满载"损失和羞辱"而归。但是他没有把失败的责任归咎到查理身上，他认为远征罗拉谢尔，国王的动机是"真诚而高尚的……是为了拯救法国的教会，避免其走向毁灭"。他把失败的责任归咎到白金汉身上，认为白金汉为"赢得法国女人的芳心"[③]，策划和组织了远征。其他的日记主人也谴责白金汉，把本应该用于对外战争的钱，挥霍在饮酒作乐、举办盛宴和假面

---

① See Richard Cust, Peter Lake, Thomas Cogswell, *Politics, Religion and Popularity in Early Stuart Britain*. Cambridge University Press, 2002, pp.211−234.

② See Jason White, *Militant Protestanism and British Identity*, Pickering & Chatto, 2009, p.59.

③ Jason White, *Militan tProtestanism and British Identity 1603-1642*, Pickering & Chatto, 2009, p.60.

舞剧上。① 很多讽刺文都表达了类似的情绪，谴责白金汉挥霍无度、奢侈靡烂的行为，其中一位作者感叹，白金汉如此沉溺于饮酒作乐，不是一个合格的军事指挥官，"打击西班牙，征服法国，需要的是战士的行军作战，而非廷臣的舞蹈"②。

一些讽刺文指责白金汉毒害詹姆士，攻击他曾经勾结巫师谋害国王，他被谴责为"西班牙人的内奸"③。流传在爱丁堡的日记中的一则传闻，指责白金汉与西班牙宫廷一起，蓄意破坏远征。当时，有很多作品表达了道德恐慌，清教律师威廉·普林撰文，谴责那些女人气的发型与酗酒。④ 道德恐慌，是对缘起于白金汉身上体现出的道德堕落感的体现，人们把这种社会道德堕落，解释为 17 世纪 20 年代军事失败和政治动荡的渊薮。

不仅品行受到质疑和攻击，白金汉的军事策略也受到指责。白金汉为赢得人心，把自己扮演成埃塞克斯，与法国交战。很多人质疑与法交战策略是否正确，他们认为这转移了收复帕拉丁和打击西班牙的目标和任务。约翰·劳斯记载，他们教区的人都反对对法战争，认为在与西班牙交战的同时，再对法战争，会把真正需要解决的问题——收复帕拉丁淹没掉。在日记中，他表达了自己的质疑：

　　为什么在这个关头，我们抛弃帕拉丁，转而与法国交战呢？⑤

---

① See F. Fairholt ed., *Early English Poetry, Ballads and Popular Literature of the Middle Ages*. London,1851, p.15.

② F. Fairholt (ed.), *Early English Poetry, Ballads and Popular Literature of the Middle Ages*, London,1851, p.24.

③ Jason White, *Militant Protestantism and British Identity 1603−1642*, Pickering & Chatto,2009, p.60.

④ See Jason White, *Militant Protestantism and British Identity 1603−1642*, Pickering & Chatto,2009, p.60.

⑤ T. Cogswell,"The Politics of Propaganda: Charles I and the People in the 1620s", *Journal of British Studies*,29:3, July 1990.

对法战争的责任推卸到白金汉身上，外借舰船给法国胡格诺教徒的责任，也被归咎到白金汉身上。

1628 年白金汉被约翰·费尔顿刺杀的消息一经传出，举国欢庆。约翰·费尔顿被称赞为民间英雄，完成了议会不能完成的事业。一首讽刺文赞颂费尔顿的行为是绝望时代所需要的孤注一掷的行为，白金汉的死，是对英国军事失败的谢罪。当时风行一时的传言，白金汉被刺时，临终遗言亵渎神明。人们普遍认为，白金汉临终时仍然过着可耻的、放荡的、不虔诚的生活。有文章称，白金汉临终遗言，与另一个知名人物形成了鲜明对照，旨在强调他不敬上帝的一面。1626 年斯科特在乌特勒支被一个患有精神病的英国兵刺杀。1628 年一篇文章称，斯科特在遇害时对凶手说："我不认识你，但是上帝会原谅你，我也原谅你。"当斯科特在手术台上被告知生命即将结束时，他说："我准备服务上帝，死后照样献身上帝。"① 迪尤斯报道说，与之形成鲜明对照的是，白金汉在遭到致命袭击的瞬间，大喊："上帝啊，恶棍杀了我。"其他记载说，他对凶手先是诅咒，然后大喊流血了。当时的文章认为，二人遇害时的遗言形成鲜明对比，白金汉用亵渎上帝的言行迎接死亡，而斯科特则用虔诚与宽恕迎接死亡。在当时的公共领域，白金汉成为腐败和堕落的强大象征。

17 世纪 20 年代后期，在西班牙战争和法国战争上的公开辩论，实际上就是关于战争是新教徒事业还是王朝事业之间的分歧。20 年代初期，白金汉和查理曾诉诸公共意见，在公共领域把白金汉塑造成当代埃塞克斯伯爵，给予新教事业以空头许诺，但同时又在教义上否认与欧陆新教之间的联系，从而否认好战新教徒的国际新教主义。所谓的新教事业，只不过是查理和白金汉维护王朝利益的工具而已。因而，这种诉诸公共意见的策

---

① 　Jason White, *Militant Protestanism and British Identity 1603–1642*, Pickering & Chatto, 2009, p.61.

略最终失败了。白金汉未能成功地扮演当代埃塞克斯伯爵，相反却成为新教事业忠实拥护者所痛恨的对象。在好战新教徒的思维模式中，白金汉和阿米尼教成为查理统治初期军事失败的渊薮。

当时一篇文章指出，当年埃塞克斯远征罗拉谢尔，"让法国人看到的是强大的英国，而非衰落的英国"①。

白金汉公爵无法像前朝的埃塞克斯伯爵那样取得赫赫战功，使英国威震欧洲，大英的荣耀已不复存在。好战的新教徒的大英帝国理想在查理统治初期破灭了，这种失落与失望异常强烈，正如西蒙兹·迪尤斯在日记中写的：

> 那些所有美好的开端，到头来化为乌有。②

小 结

查理一世具有强烈的隐居意识，以及超脱与冷漠的性格倾向，这影响了他在公众眼中的形象。随着人们政治兴趣的增强，新闻业的崛起与快速发展，以及政治分歧的增多，宫廷之外的商业印刷文化呈现出明显的反宫廷倾向，查理的君主形象经历了去神圣化与去神秘化，暴君和暴政逐渐成为国王与宫廷的公众形象。这种冷漠的暴君形象不仅削弱了君主与民众的情感联系，而且还容易滋生阴谋论。因此在 17 世纪 20 年代查理一世统治初期，当英国在欧陆战场上不断遭遇军事失利，国内外天主教势力与影响不断增强时，对君主专制统治的担忧促使反对派议员与

---

① Jason White, *Militant Protestanism and British Identity 1603-1642*, Pickering & Chatto, 2009, p.63.

② Jason White, *Militant Protestanism and British Identity 1603-1642*, Pickering & Chatto, 2009, p.63.

国王爆发激烈的政治冲突，政治危机更加严重，查理一世企图通过无议会统治来挽救政治危机。

第四节　个人统治时期查理一世形象的
再神秘化与不满的郁积

　　形象能够增加君主的个人魅力，巩固君主权威。查理吸取了詹姆士形象宣传策略的教训，效仿女王伊丽莎白一世，注重君主视觉形象的构建，采取了视觉优先于语言文字的形象构建策略，英国君主形象重新回归神秘化与神圣化。但是查理的神秘君主形象严重脱离社会现实，与大众政治文化、大众期待不相吻合，因而就它在17世纪30年代的短期影响来看，这种形象构建是不成功的。

　　在新柏拉图哲学与巴洛克艺术的影响下，1629年解散议会、实行个人统治后，查理政权把查理塑造成一个充满神秘色彩的理想、神圣的太平盛世之王形象。但面对17世纪30年代日益激烈的政治分裂，这种君主形象显然严重脱离现实，无法被分裂的政治文化所接受，查理难以获得全民族的忠诚，相反成为"英国历史上最不愿与人民交流、遥不可及的冷漠君主"[1]。君主形象的非现实性，以及宣传策略的失误，注定了它在17世纪30年代的失败，而国王反对派则借助印刷文字，在宣传攻势上更胜一筹，构建与传播反面的君主形象，形成一股强大的君权去神秘化力量，极大削弱了君主权威与君主统治的社会基础。但从长期影响来看，查理的自造形象又是成功的，在后来的内战、共和国与王朝复辟时期有着广阔市场，神

---

[1]　Thomas Cogswell,"The Politics of Propaganda: Charles I and the People in the 1620s", *Journal of British Studies*, No.3, Vol. 29,1990.

秘君主与殉道者形象作为一种文化权力，为斯图亚特王朝复辟提供了强大基础。

一、君主形象的再神秘化与神圣化

近代早期，理性对待权威的态度尚未确立，君主形象对于政权稳定至关重要。英国大规模的王权宣传运动始于宗教改革后的都铎王朝，自此君主政权的成败在很大程度上取决于君主形象与政权表述艺术的成败，统治就要宣传，君主形象对于政权掌握话语权极为关键。需要指出的是，成功的君主形象实际上是君主与大众之间进行的一场复杂对话与协商，没有哪个国王可以在真空中构建形象，为了说服人民，君主形象必须对人民的期待、担忧与希望进行回应，必须传递符合大众期待的政治与社会信息，这样才能在与反对派的话语权争夺中立于不败之地。1629 年个人统治开始后，查理效仿都铎君主，塑造神秘君主形象。

查理统治艺术的最大特点就是在 20 余年被忽略后，君主形象重新回归神秘化。查理对自己形象的关注程度，鲜有英国君主能与之相媲美，他的很多油画像出自当时一流画家梵·戴克之手，并且一直流传至今，成为 17 世纪 30 年代英国宫廷神话体系的核心部分，但最后查理却落得政治失败、内战、军事失利的下场。查理政权失败的原因历来是学界争论的话题，保王党与共和派、辉格党与托利党、自由主义学派、马克思主义学派、修正学派、后修正学派等史学流派，曾在不同时代社会思潮与政党政治的影响下，对该问题进行过经典阐述。[①] 但笔者认为，查理政权失败的一个重要原因在于 17 世纪 30 年代君主形象表述艺术的失败。

---

① 关于该问题的学术争论，参见刘淑青：《论英国革命成因研究的史学演变》，载《安徽史学》2006 年第 5 期。

（一）视觉形象被置于政治宣传的优先地位，君主形象再神秘化

出于与罗马教皇斗争的需要，都铎王朝于宗教改革后发起了声势浩大的神圣王权宣传运动，君主形象经历了神秘化过程，君权神圣观念得到强化，同时由于宣传本身是诉诸大众与公共意见的过程，君主与人民的情感纽带在这一过程中得以构建，这是都铎君主统治的秘诀。斯图亚特王朝建立后，詹姆士一世采取语言文字表述优先于视觉形象的政治宣传策略，君主与君权的神秘色彩遭到淡化，同时激烈的政治论战导致君主形象开始了去神秘化过程。查理一世继位后特别在个人统治的 17 世纪 30 年代，专注君主视觉形象的构建，君主形象重新回归神秘化。

由于与国王反对派特别是下院议员有过激烈的观点交锋，这种不愉快的经历使查理于 17 世纪 30 年代基本放弃了语言文字宣传，转而主要依靠视觉修辞与视觉媒介，构建神秘君主形象。这种策略造成的后果与影响可谓是利弊参半，神秘形象有助于维护君主与君权的神圣性，获得民众的政治忠诚，尤其是从长时段来看，神秘君主形象以及后来的殉道者形象，使查理长期存在于英国人的民族记忆中，有利于斯图亚特王朝的复辟；但是就它在当时的影响而言，这种形象策略是不成功的，在印刷品泛滥以及新闻业崛起的时代，文字宣传相比视觉媒体有着不可取代的优势，它价格低廉并且传播速度快，查理政权没有充分利用这一优势。在查理专注神秘视觉形象与放弃文字宣传的同时，反对派却发起反政权的文字宣传攻势，塑造负面的君主形象，对查理政权的合法性造成巨大冲击。

查理对视觉形象的真正兴趣始于西班牙之行，他被西班牙君主统治模式及其宫廷艺术所折服。西班牙埃尔克力亚尔宫远离公众视野，保持了西班牙君主与君权的神秘感，是哈布斯堡王朝威严、秩序、和平的象征。继承王位后查理摈弃詹姆士统治风格，效仿哈布斯堡王朝，回归都铎王朝宣传模式：用视觉的、仪式性的媒介，而非语言文字，构建与宣传君主形

象。之所以这样做是因为，查理认为詹姆士说和写得太多①，直白的政治观点表达引发激烈的政治论战，削弱了君主与君权的神秘感，因而在统治的绝大多数时间，查理选择沉默，放弃文字语言宣传，希望借以平息政治论战。为维护君主权威，查理依靠视觉艺术，构建神圣君主形象。继位伊始就计划收购英国历代国王的油画和雕塑，并聘请欧陆油画大师梵·戴克为御用画家；支持宫廷假面舞剧，经常亲自登台表演，耐心进行排练，实属英国历史上较为罕见的现象。

（二）神秘君主形象的构建与宣传

欧洲视觉艺术具有内在的宗教神秘元素，查理充分利用这一优势，构建具有超自然智慧与美德的神秘君主形象。与先王们不同，他十分欣赏欧洲大陆画家，痴迷其绘画风格，所以从西班牙返回英国时，他购买了很多油画，"满载着绝世名画而归，成为他最重要的艺术藏品"②，自此查理收藏名画的热情一发而不可收，随后用重金从意大利曼图亚购买了贡扎加的油画。欧陆知名画家罗宾和梵·戴克先后来到英国，特别是后者掀起一场肖像艺术革命，把欧洲新的艺术风格与政治风格带到英国，弥补了之前英国宫廷御用画家的不足，用油画来表达查理的政治哲学观点。自此查理的兴趣也从原来的油画收藏，转向为自己和王室成员画像。他效仿哈布斯堡王朝，让画家为王子和公主、王室其他成员与先王作画：爱德华六世、亨利八世、亨利八世的第一任妻子西班牙凯瑟琳公主、亨利八世的第二任妻子安妮·博林，英国国王、女王、王室成员的油画像悬挂在王室各宫，这些画作的安放由查理亲自决定，足见王室肖像画的政治价值，它

---

① See D. Howarth, *Images of Rule: Art and Politics in the English Renaissance, 1485-1649*, University of California Press, 1997, p.142.

② J. Brotton, *The Sale of the Late King's Goods: Charles and His Art Collection*, Macmillan Press, 2006, p.103.

们宣扬斯图亚特王朝和查理政权的合法性，因此有学者称查理是"活的民族徽章。"①

骑马肖像画是塑造查理超自然能力的神圣君主形象的重要手段。查理充分认识到肖像画美学的政治功能，大力挖掘其政治价值，把视觉形象作为政治文本，宣扬自己的政治伦理与社会价值观，"信仰与美德成为查理的最强大武器"②。而御用画家梵·戴克欣赏并通过油画准确表达查理的价值观念，艺术家与国王建立起密切关系，梵·戴克成为17世纪30年代君主形象构建的代表。

骑马像在欧洲是赞颂君主的惯用艺术手法，具有传统的权力美学价值，骑马在欧洲文化中象征着权力、征服与和平，在梵·戴克的骑马肖像画中，查理成为英勇的爱人、优雅的英雄、爱民的君主，塑造了一个王国和平守护神的形象。更为重要的是，骑马肖像画有超越美学的政治意义，是查理伦理与政治价值观念的表达，面对日益激烈的政治分歧，为压制不同政见，柏拉图理性战胜热情的哲学观得到查理的欣赏。在17世纪，有关骑马的论述实际上都是有关政治与伦理价值的文本，探讨的是理性与热情的关系，宣扬理性、克制的贵族品德，同时骑术是政治才能的类比，因而骑马文本旨在维护君主权威，塑造神圣君主形象。尼古拉斯·摩根曾指出，人类注定是能够统治其他动物的，骑马术就是对欲望、天然的野性进行控制与约束。就像其他技能一样，骑马是通过理性实现的，低级的动物一般都有顺从倾向，最伟大的君主都是最优秀的骑手，驭马术能够展示君主的理性与品质，"每一件完美的事物，都在于它是通过理性来完成的，因而好的骑手都不会屈从于热情与躁动，理性

---

① D. Howarth, *Images of Rule: Art and Politics in the English Renaissance,1485−1649*, University of California Press,1997, p.192.

② D. Howarth, *Images of Rule: Art and Politics in the English Renaissance,1485−1649*, University of California Press,1997, p.199.

能够使他避免错误"①。托马斯·德·格雷则从道德角度概括了好骑手的品质，他认为优秀骑手必定具有理性战胜热情的高贵品格，"他的生活绝对不能淫荡或者堕落……他必须节制……能够压制激情，因为他知道如何去征服、战胜自己"②，美德与热情的关系被他视为骑手与马匹的关系，"不能自律者就像一匹脱缰的野马"。在当时的骑马文本中，优秀的骑手是好君主的类比与象征，而理性、有美德的君主能够使人民学会自律与服从。当时西班牙人阿尔曼萨·德·门杜萨曾这样描写骑术表演中的查理，"他的马，完全不用马嚼子"③，他认为查理用理性美德，压制住了马的天然野性，其用意在于借用骑术，达到称颂其政治才能与政治伦理的目的。亨利·沃顿在回顾查理的生活时说，"查理能够驾驭那些无人能够驾驭的最优秀的马……以及无人能驯服的最烈性的马"④。在西班牙和英国的颂词中，查理都被表述成最优秀的骑手与最有德行的国王，足见在当时的文本中骑术与政治之间的类比关系。

由于骑术与政治之间的类比，帝王骑马像因而成为文艺复兴时期欧洲人最熟悉的视觉符号与政治文本，成为当时欧洲君主追求的一种艺术时尚。骑马像起源于罗马时代马可·奥勒留的铜像，自提香的《查理五世骑马像》起，骑马术与君主权力被联系在一起，因为骑马是控制热情的象征符号，而控制热情则被视为基本的贵族美德。在帝王骑马像风尚的影响下，梵·戴克为查理作了《马背上的查理像》，在画中马在查理面前是驯

---

① Kevin Sharpe, *Reading Authority and Representing Rule in Early Modern England,* London, Bloomsbury Academic, 2013, p.134.

② Kevin Sharpe, *Reading Authority and Representing Rule in Early Modern England,* London, Bloomsbury Academic, 2013, p.134.

③ Kevin Sharpe, *Reading Authority and Representing Rule in Early Modern England,* London, Bloomsbury Academic, 2013, p.135.

④ Kevin Sharpe, *Reading Authority and Representing Rule in Early Modern England,* London, Bloomsbury Academic, 2013, p.134.

服的，自然的野性得到控制，旨在宣扬查理理性、隐忍的贵族品格，以及国王的自然权力，尽管画作中查理骑马佩剑，但背景风光却是平静、祥和的，田野和天空静谧而安详。画中树木则代表王朝世系，旨在宣扬斯图亚特王朝统治的合法与久远，称颂查理统治下的和平盛世。查理成为英国君主肖像画的开创者，骑马像首次成为英国的君权符号。[①] 查理骑马像不仅劝导民众效仿国王，尊崇理性、秩序、美德，加强自我约束，服从等级制度，而且又为查理歌功颂德，塑造善良的征服者与胜利的和平使者的君主形象。

婚姻家庭像塑造拥有神秘精神力量的仁君形象。家庭与婚姻也是查理画像的主要题材，亚里士多德曾指出，家庭是国家的起源与缩影，文学和政治作品也倾向把国王视为父亲，婚姻家庭是表达父权权威的传统符号。爱、婚姻、家庭成为查理形象表达的核心，它们宣扬新斯多葛主义的自我克制，以及新柏拉图主义的爱的哲学与柏拉图式爱情崇拜。如前所述，近代早期英国人家国类比的思维习惯，赋予家庭、婚姻话语以政治寓意，特别是国王与王后的柏拉图式爱情成为国王与人民之间神秘精神交流的象征。由于婚姻家庭是查理肖像画的主要题材，查理的君主形象是与王后亨利塔捆绑在一起构建的。

与先王伊丽莎白和詹姆士不同，查理有美满的婚姻，因而他用婚姻作为象征符号构建君主形象，开创了近代早期英国君主肖像画的先河。在查理早期的肖像画中，他与王后双手紧握，标志着他们的珠联璧合，画中的花环象征胜利，圣母玛利亚的橄榄枝则用来表示和谐、智慧、和平，亨利塔被比作圣母玛利亚。

首先，以国王为核心的王室家庭肖像画像，实际上借助婚姻与家庭

---

① Susan J. Barnes, Nora De Poorter, Oliver Millar, Horst Vey, *Van Dyck: A Complete Catalogue of the Paintings*, Yale University Press，2004，p.420.

话语，构建神秘的仁君形象。由于家国类比的思维习惯，王室婚姻既是私人的，也是公共的，有着非同寻常的政治象征意义，从丈夫和父亲的家庭角色可以引申出——民族的丈夫与父亲身份——国王的角色与权力，婚姻与家庭话语在当时是政治话语，夫妻关系、父母与子女关系中的自然顺从，成为君主统治合法性的基础，君主权威源自他在婚姻家庭中的自然身份与角色。1629—1640 年，王后亨利塔·玛丽接连诞下五个子女，王室子女象征着血统、王朝、神圣统治的继承与延续，这为构建查理一国之主形象提供了坚实基础。

其次，以柏拉图式爱情崇拜为主题的婚姻家庭画，以强调国王与王后神秘的灵魂结合为名，实则表达新柏拉图哲学的神秘精神力量观，宣扬王权的神圣性，构建神圣的君主形象。在 17 世纪英国，婚姻忠诚是衡量一个国王道德的重要标尺，婚姻是构建国王良好形象的重要因素，影响着大众对君主及其政权的认知。这是因为当时非婚生很普遍特别是在下层阶级中，在这种道德颓势下新斯多葛主义应运而生，它强调贞操、克制、禁欲等伦理观念，这些观念既是道德的，也是政治的，一个人若能够坚守贞操，进行自我约束，可以为自己赢得威望与名声。反之，那些沉湎于生理肉欲的年轻人特别是年轻女性，因不能约束自己的热情，被认为不适合参与政治。作为国家首脑，人们希望君主进行性约束，或者生活在忠诚、稳定的婚姻关系中，性开放与性自由被视为良好君主统治的反面，所以詹姆士一世和后来的查理二世都因私生活问题而遭人诟病。因为在当时的文化中，性节制是美德，是理性战胜热情的结果，是君主自我约束的重要证据，反之，乱伦与女性化则与专制暴行联系在一起。梵·戴克的肖像画，通过捕捉与表现国王和王后之间的亲密情感，把人物置于温柔的感情中，强调国王与王后之间的情感交流，宣扬柏拉图式爱情崇拜及其延伸的政治意义，把国王个人的亲密关系与君主权力联系起来，把王室婚姻与国王和人民的情感进行类比，婚姻与家庭的亲密关系成为表达国王与人民之间的和谐关系与情感的符号，井然有序的王室代表了完美和谐的王国，"国王与王后的结合，不仅是王国之间的联合，还是国王与人民之间的联合"①。梵·戴克的家庭肖像画不仅满足了查理的美学品位，而且还表达了查理的意识形态主题，在梵·戴克的笔下，英国是一个"依靠爱与榜样进行统治，而不是武力统治，国王的婚姻与家庭保证了王国的爱与和平"②，塑造了一个注重与人民进行精神交流、爱护子女、守护王国的神秘君主形象。

值得指出的是，君主与王室成员的捆绑式形象宣传策略，既有有利的一面，也有不利的一面。

雕像也是构建与宣传查理君主形象的重要手段。公共场所的雕像是君主的最公开象征，查理十分重视雕像的政治宣传价值，宫廷御用雕塑家在首都与全国各地公共场所都树立起查理雕像。这些雕像不仅是王权在各地的象征，而且还宣传了君主形象。普斯茅斯市长温布尔登子爵在 1635 年对查理雕像被破坏一事表达过不满③，说明查理雕像曾在该市存在过。1633—1634 年在布里斯托尔和奇切斯特的市场上矗立起查理的雕像，温特沃斯在爱尔兰都柏林城堡的官邸前树立起多座查理雕像，大主教劳德曾把查理的雕像捐献给牛津大学图书馆和圣约翰学院。1635 年，查理下令在瓦特宫国宴厅树立他本人与詹姆士一世的雕像，波特兰伯爵在罗汉普顿自家花园为查理树立了一座骑马雕像。劳德则在国王与王后访问牛津时，树立了一些国王全身雕像，它们被安放在伦敦与威斯敏斯特宫，以及格林威治宫和伦敦以外的重要地方。除了圣保罗的壁龛，在城市商业中心——皇家交易区查理雕像与先王们的雕像被放在一起，在皇后大街则树立起查理

---

①　D. Howarth, *Images of Rule: Art and Politics in the English Renaissance, 1485−1649*, University of California Press, 1997, p.214.

②　Kevin Sharpe, *Personal Rule of Charles I,* New Haven and London, 1992, chs 5,6.

③　D. Howarth, *Images of Rule: Art and Politics in the English Renaissance, 1485−1649*, University of California Press, 1997, p.180.

与王后深情对视的雕像①，圣保罗大教堂和科芬园皇家歌剧院也都矗立着查理雕像。1638 年，在温彻斯特大教堂的唱诗班席隔屏前，树立起由知名建筑师琼斯设计的查理和詹姆士的全身雕像。对查理而言，公开场所君主雕像的重要性不在于美学价值，而是其政治意义。

　　盛大庆典与仪式是君权神圣的直观表达，为强调君主的神圣性，保持人们对君主权威的敬畏，查理把公开仪式及其国王的公开表现作为神授王权的外在符号，对各种公开仪式包括加冕礼、葬礼、入城仪式，甚至国王的日常生活，都给予充分关注，这在先王中十分罕见。首先，最能显示国王神圣的场合就是国王抚摸治病的仪式，这种仪式在欧洲有久远的历史，是一种显示国王神圣权力与神秘力量的传统方法，是对国王超自然神秘力量的大众崇拜。查理对这一仪式高度重视，他在 17 世纪二三十年代，每年分两个时段共计 14 天，举行这种仪式为人民抚摸治病。据史料记载，1629—1636 年间财政部曾拨款 2400 英镑②，为国王制作用以抚摸治病的金币，甚至在未约定的时间，人们也翘首期盼国王为他们治病。其次，嘉德勋章授勋仪式的表演更加开放，公众性与宗教神秘色彩更加浓厚，旨在构建神圣君主形象。查理十分欣赏宗教的道德美学，借以强化王权的神圣。嘉德徽章本身的宗教元素，使嘉德勋章授勋仪式成为英国展示神圣王权的传统节日，这种文化资源得到查理的大力挖掘。他每天早上起床后的第一件事就是佩戴圣乔治徽章，从未出过一次差错③，他还下令出版有关圣乔治的书籍与画像，资助梵·戴克 8 万英镑，描绘嘉德勋位仪式盛况，用来装饰宫廷宴会厅墙壁。更重要的是，他对授勋仪式进行重大改革，强化仪

①　See Arthur MacGregor, *The Late King's Goods: Collections, Possessions, and Patronage of Charles I in the Light of the Commonwealth Sale Inventories,* Oxford University Press, 1989, p.92.

②　See D. Howarth, *Images of Rule: Art and Politics in the English Renaissance, 1485–1649*, University of California Press,1997, p.241.

③　See Thomas Herbert, *Memoirs of the Late Two Years of the Reign of Charles,*1873, p.146.

式的公开性与表演性，使 17 世纪 30 年代英国嘉德勋位游行队伍比以往任何时代都更加壮观，"嘉德仪式是当时无与伦比的最奢侈仪式"[1]，金银珠宝熠熠生辉，令人眼花缭乱，其中最吸引大众目光的是国王查理。1630 年，威尼斯大使索兰佐就曾对嘉德勋位节盛况进行了细致描写，此后他的继任者每年都报告说，"仪式盛况空前，游行队伍奢华壮丽"[2]，该仪式成为 17 世纪 30 年代公开的王权展示，有助于神圣君主形象的构建。

宫廷假面剧颂扬国王与王后之间的美好情感，宣扬柏拉图式爱情崇拜，塑造带有神话色彩的理想君主形象。假面剧最初是欧洲一种传统哑剧，用无声的表演表达价值观，后来成为欧陆宫廷流行的娱乐艺术，都铎时期传入英国，到 17 世纪则发展成为由唱歌、跳舞和精美的舞台布景所组成的宫廷娱乐活动，以歌颂君主与王公贵族为主题，带有明显的神话色彩。它一般在传统节日或者王室有重大事件时上演，表演者身着华丽服饰，配以精心设计、美轮美奂的舞蹈，使观者置身于神话般富丽堂皇的象征世界。它展示国家和王室形象，宣扬和平、和谐与秩序，是权威文化的重要组成部分。身为法国公主的亨利塔对假面剧情有独钟，在其入主英国后，假面剧遂在宫廷盛行，成为 17 世纪 30 年代塑造君主形象的重要舞台。因其内在的神话思维习惯，假面剧特别适合宣扬美德修养，以及描写与叙述新柏拉图式灵魂启蒙，赞颂国王与王后的爱情，把查理塑造成世袭的合法君主与理想大家长的君王形象，因为历史上伊丽莎白和詹姆士都曾宣称与人民"联姻"，爱情与感情的语言已经成为政治话语和政治辩论术的一部分，王室夫妻的恩爱本身就是一种统治行为。柏拉图式爱情成为查理宫廷假面剧的主题，它宣扬的不是肉欲之爱，而是柏拉图式的灵魂结合，国王与王后的联姻被宣扬为热情与理性的结合，是理性战胜欲望的典范。婚

[1] W. Knowler ed., *The Earl of Strafforde's Letters and Despatches*, 2 vols.,1739, I, p.427.
[2] D. Howarth, *Images of Rule: Art and Politics in the English Renaissance, 1485-1649*, University of California Press,1997, p.242.

姻与家庭是国家的类比，王室爱情成为国王与人民之间社会关系隐喻与公共话语，"正如他们（国王与王后）纯洁灵魂之紧密结合，国王与人民之间也是心心相通"①，柏拉图式爱情崇拜是查理政权的类比，查理与亨利塔使这种家国类比变得有血有肉，他们的婚姻因而成为一种政治表演，宣扬查理政权的合法性，构建神圣、神秘的君主形象。

纵观 17 世纪 30 年代查理的君主形象不难发现，查理政权重视觉轻语言文字的策略，使英国君主形象重新回归神秘化，使以查理为核心的宫廷贵族沉浸在太平盛世的幻想中。而面对个人统治时期专制主义政策遭遇到的普遍质疑与担忧，查理政权选择了不解释、保持沉默的策略，没有及时进行语言文字的回应，未能充分利用印刷革命时代文字传播更迅速、更便捷的优势进行政策宣传，致使君主及其政策更加神秘，宫廷日益封闭，最终造成君主与人民关系与情感的疏离，削弱了统治基础与君主权威。

二、虚幻性导致宫廷外君主形象的去神秘化

查理宫廷文化具有本能的逃避现实倾向，作为宫廷文化的一部分，查理视觉形象具有明显的虚幻性、非现实性，同时宫廷的权力美学呈现出明显的欧陆化、非英化倾向，造成君主形象在 17 世纪 30 年代既缺乏现实物质基础，同时又与新教政治文化不契合，不利于君主形象的被接受，民族之父与国教领袖形象与角色受到质疑。与此同时，"仁君"与"暴君"的君主二分法思维习惯，促使查理的暴君形象在一定范围内传播，君主形象经历了一定程度的去神秘化。

---

① D. Howarth, *Images of Rule: Art and Politics in the English Renaissance, 1485-1649*, University of California Press,1997, p.262.

（一）横征暴敛与软弱外交，损害了民族与教会守护神的神圣君主形象

17世纪30年代个人统治时期，查理对反政府言论予以钳制，当时的外交官托马斯·罗爵士说："不仅所有人的嘴都被堵住了，议会的大门也被关闭很多年。"[1] 公开的反政府宣传被镇压，从表面上看该时期政治稳定，当代学者乔纳森·斯科特称之为"沉默的和平"，这种和平是高压统治造成的一种表象。查理在1629年3月27日宣布："召集与解散议会的权力属于国王及其政府，任何有关这方面的建议与要求，都是放肆。"[2] 人民表达不满的传统渠道——议会被堵死了，而且查理政府对公开表达不满与反抗者进行镇压，由此有些学者认为，查理政权在17世纪30年代是稳固的，凯文·夏普曾指出，17世纪30年代英国政治相对平静与稳定，1637年查理政权"绝不是脆弱的……无论与他的前任国王（詹姆士一世）在17世纪20年代的统治相比，还是与后任国王相比，查理的统治都要稳固得多"[3]。

但是我们必须认识到，17世纪30年代的太平盛世是宫廷文化营造的假象，查理"和平之王"的神圣君主形象，与国内严峻的政治分歧和激烈的国际冲突的现实严重不符。尽管严格的书刊检查制度，使得17世纪30年代反政府的新闻印刷品明显减少。但是反对派却以隐秘方式进行政治宣传，手稿文章、手抄大字报、口头言论在一定范围内流传，其影响不容小觑，它们冲击甚至抵消着查理公正、仁慈、爱民的君主形象，君主及其政权在宫廷外经历了去神秘化过程。

英国人有对君主进行二分归类的思维习惯，体恤人民的君主被视为仁君，反之，对人民疾苦置若罔闻、实施专制统治者则是暴君，这种二分

---

[1]　Cotton Mather, *Magnolia Christi Americana*, London,1702, p.175.

[2]　James F. Larkin, ed., *Stuart Royal Proclamations,* 2 vols., Oxford: Clarendon,1983, II, pp.226-228.

[3]　Kevin Sharpe, *Personal Rule of Charles I,* New Haven and London,1992, p.953.

法思维使国王反对派常常利用历史上臭名昭著的暴君，用来批评现任国王，查理的专制政策促使反对派为其冠以暴君的恶名。政府的横征暴敛与巧取豪夺，激起了人民特别是乡绅阶层的不满，在某些地区出现了乡绅的公开抵制，发生了轰动全国的五骑士案。

国王反对派及时进行语言文字宣传，以至于大主教劳德抱怨，"怎么会有这么多可恶的歌谣、小册子与传单"①，它们塑造了查理及其政府暴君与暴政的形象。托马斯·比尔德于 1631 年指出，政府的行为违背上帝意旨，定将遭到天谴，"上帝将审判那些过度扰民、巧取豪夺的国王"②。很显然这里的"国王"暗指查理一世，"上帝的律法，显然不是让权威用来压榨人民的……不是用没完没了、让人难以承受的税收来榨取穷人的"③。他暗示查理政府滥用神授王权，质疑其统治的合法性，构建了一个非神圣的君主形象。1630 年一篇题为《国王的行为》的匿名文章，谴责查理政府的专制税收政策，指出"不是所有君主都能够得到上帝的庇佑"④，暗示政府行为违背天意，质疑查理王权的神圣性。文章描述所罗门之子罗波安实行暴政，导致哀鸿遍野、民不聊生，最终失去民心的历史，揭露罗波安政权崩溃的真正原因在于国王与人民之间的互惠关系被破坏，"国家领袖已经腐败堕落，首领与人民之间互惠的道路被阻塞了"⑤，实际上作者的真正用意在于借古讽今，抨击查理政权，揭露其暴政的实质，并且用历史事实

---

① Adam Fox, *Oral and Literature Culture in England,1500-1700,* Oxford: Clarendon Press, 2000, p.391.

② D. Howarth, *Images of Rule: Art and Politics in the English Renaissance,1485-1649*, University of California Press,1997, p.269.

③ D. Howarth, *Images of Rule: Art and Politics in the English Renaissance,1485-1649*, University of California Press,1997, p.269.

④ D. Howarth, *Images of Rule: Art and Politics in the English Renaissance,1485-1649*, University of California Press,1997, p.267.

⑤ D. Howarth, *Images of Rule: Art and Politics in the English Renaissance,1485-1649*, University of California Press,1997, p.267.

警示查理专政的政治后果，塑造了非虔诚的暴君形象。

在统治的整个时期，查理的神圣君主形象一直受到大量清教徒小册子的攻击。比尔德曾大声疾呼，"王在法下"①，并提出契约论，暗中抨击查理政府违背宪政。他还从宗教道德角度出发，对历史上横征暴敛的君主进行谴责，抨击他们破坏了上帝的律法，大胆指出"骄纵、野蛮、邪恶的君主……暴君和压迫者占君主的绝大多数，有美德的君主则寥寥无几"②，查理没有被归类于美德君主之列。到 1639 年，清教徒直接攻击查理是异教徒，认为抵抗国王的行为是合法的，查理的神圣君主形象遭到严重破坏，以至于劳德于 1637 年曾直言道："您（指查理）的荣耀、人身安全、国家宗教，正受到清教诽谤文的指责与非难。"③清教小册子挑战查理的神圣君主形象，塑造了一个宗教迫害者的形象。17 世纪 30 年代宫廷与反对派之间的话语权争夺，为内战的爆发奠定了基本前提。

和平外交损害了民族与国教守护神的君主形象。新教领袖、武士国王等民族守护神是官方一直打造的君主形象，查理经常以胜利的帝国皇帝形象示人，骑马像就是典型代表。但是 17 世纪 30 年代民族保护神的君主形象遇到了反面宣传，国王反对派指责查理政府的外交软弱与无能，批评他对家族、信仰与民族利益的漠视。德国新教选帝侯弗雷泽夫妇是查理一世的姐夫与姐姐，属于斯图亚特王室成员，欧陆三十年战争爆发后，弗雷泽在与哈布斯堡王朝的战争中失利，在当时新教至上的政治文化中，这一事件严重伤害了英国广大新教徒的情感，他们强烈要求英王支持弗雷泽的新教事业，但查理继位后却实行和平外交，未能给予欧洲新教事业以任何

① D. Howarth, *Images of Rule: Art and Politics in the English Renaissance,1485−1649*, University of California Press,1997, p.268.

② D. Howarth, *Images of Rule: Art and Politics in the English Renaissance,1485−1649*, University of California Press,1997, p.268.

③ D. Howarth, *Images of Rule: Art and Politics in the English Renaissance,1485−1649*, University of California Press,1997, p.268.

支持。

和平外交招致反对派的攻击，他们通过赞美瑞典国王在欧洲战场上的英勇而表达不满，古斯塔夫·阿道夫领导军队积极抗击哈布斯堡势力，反对派名为赞颂古斯塔夫·阿道夫，实则抨击查理一世的软弱外交，安德烈亚斯·希尔德布兰特赞美古斯塔夫·阿道夫是"英勇的、虔诚的国王"，影射查理政府不能支持欧洲新教事业，质疑其权力的神圣性，安德烈亚斯·希尔德布兰特的作品被翻译成英语，其用意在于把阿道夫的英勇行为与查理的软弱外交进行对比，是对查理政权的变相抨击。乔治·黑克威尔在 1632 年巴恩斯特布市的布道中，赞美那些为了拯救宗教迫害而不惜冒着丢掉王冠的国王们①，这是对查理的委婉批评。瑞典国王古斯塔夫·阿道夫战死疆场，以及帕拉丁选帝侯弗雷德里克含恨离世，促使查理的和平外交再次成为英国政治的焦点，一些诗文反复提醒查理对其姐姐和外甥的义务，督促英国采取行动反对哈布斯堡和罗马教权。对查理和平外交的批评，是查理自造形象的反面，而面对反对派的批评，查理政权没有作出任何的解释与回应，这是重大政治宣传策略失误。

（三）国教日益浓厚的天主教色彩，损害了新教领袖形象

首先，王后亨利塔的天主教信仰，给国教守护神的形象宣传造成了一定困难。如前所述，查理视觉形象是与王后亨利塔合体的，即"查理—玛利亚"雌雄同体的君主形象，这种捆绑式构建与宣传策略就当时的政治文化而言，是严重的策略失误，因为亨利塔信仰天主教，因而君主形象的雌雄同体性质，势必损害查理作为新教国家领袖的形象。宗教改革后新教成为英国的国教，新教至上成为近代早期英国占主导地位的政治文化。作为笃定的天主教徒，亨利塔坚守天主教信仰，并持有坚定促进天主教信仰

---

① See Kevin Sharpe, *Personal Rule of Charles I,* New Haven and London, 1992, pp.646–647.

的神圣义务感，入主英国后她不出席查理的加冕仪式[1]，反而在萨默赛特宫小教堂举行天主教礼拜，不仅法国侍从参加，而且还吸引了英国天主教徒参加。王后公开举行天主教礼拜仪式，给查理的公共关系带来了巨大困难，亨利塔入主英国被视为罗马教权的阴谋[2]，加之反对派利用新闻媒体进行推波助澜，"大量、偏激、不可控的政策解读，与罗马天主教复兴的轰动性传闻裹挟在一起"[3]。教权阴谋论传闻催生了大众恐慌，特别是查理与妻子雌雄同体的形象构建策略加剧了这种恐慌情绪，人们担心国王会被王后控制。自1638年起英国出现了抨击天主教佞臣的言论，17世纪40年代一些文章甚至公开攻击亨利塔是王国佞臣，希伯德写道："17世纪40年代议会猛烈、持续的攻击，对王后的名声造成长期不利影响。"[4] 不仅如此，王后亨利塔复兴天主教的行为，严重影响了查理在众多普通人特别是激进新教徒眼中的形象，17世纪40年代查理就曾被指责"不够男人"[5]。英国政治两极化明显加剧，英国人在是否支持查理问题上，以及在很多问题、话题和政策上产生分裂了，随着事件和形势的变化，他们对这些问题和政策的认知产生了不同与分歧。总之，亨利塔的存在，不仅腐蚀了人们对政权的信任，而且损害了查理的形象。

其次，国教礼拜仪式的天主教倾向，导致查理的宗教信仰与宗教政策遭受质疑，损害了神圣君主形象。查理热衷权力美学，欣赏天主教仪式的美学与政治价值，他认为隆重、奢华的仪式，更能凸显上帝的神圣与伟

---

[1]　See John Adamson, *The Noble Revolt: The Overthrow of Charles I,* London: Phoenix, 2007, pp.438−446.

[2]　See Oliver Millar, *The Age of Charles I :Painting in England 1620−1649*, Tate Gallery,1972, p.60.

[3]　Anthony Milton, *Catholic and Reformed: The Roman* and *Protestant Churches in English Protestant Thought, 1600−1640*, Cambridge University Press,2002, pp.236−237.

[4]　Kevin Sharpe, *Image Wars, Promoting Kings and Commonwealths in England, 1603−1660,* Yale University Press, 2010, p.265.

[5]　Kevin Sharpe, *Reading Authority and Representing Rule in Early Modern England*, London, Bloomsbury Academic, 2013, p.158.

大，因而把天主教烦琐的礼拜仪式引入王室小教堂和嘉德勋位授勋仪式中。同时，为恢复国教的秩序与尊严，他和劳德大主教对国教进行改革，公开恢复天主教礼拜仪式，加强教士权力，借以巩固王权。这样，17 世纪 30 年代国教的祈祷不再以语言形式为主，而是以视觉的、表演的形式为主，国教礼拜更加仪式化，更加注重视觉经验，专注于宗教仪式，旨在用宗教美学，强化王权的神圣性，强化神圣的、有德行的君主形象，因为自宗教改革以来，英国君主最重要的公共角色就是国教最高领袖。

同时，1633 年政府颁布《娱乐活动手册》，允许周日进行娱乐活动，旨在把教区教会变成地方社会生活的核心。但是，对清教徒而言，周日娱乐是对清教徒圣安息日的一种挑衅，加之人们对王后亨利塔宗教与政治影响的担心，人们普遍认为，宫廷文化已经孤立于大众主流意见，宫廷成为天主教徒的天堂，查理被普遍怀疑同情罗马天主教，这种公共意见对英国政治是致命的。查理对国教进行改革，使教会与君主更加相互依赖，践行着先王詹姆士的"没有主教，就没有国王"的名言，王室教堂牧师托马斯·劳伦斯曾在白厅的布道中说："不尊重国王，就是不尊重上帝，因为国王是上帝的代表。"① 改革后的国教，天主教色彩更加浓厚，形成以劳德为核心的国教上层集团，统一的国教被分裂了，17 世纪 30 年代清教牧师塞缪尔·罗杰斯对劳德派控制国教曾表达强烈不满，他说："这些喜欢偶像崇拜的、迷信的阿米尼教士们……七年来，他们一直占据上风，主啊，发发慈悲吧，拯救那些几近被杀光的宗教迫害的见证人，他们中几乎没有人对这种宗教革新感到舒服。"② 1641 年秋天，爱尔兰爆发天主教叛乱，新教徒遭到大屠杀的恐怖故事传到英国时，对查理宗教信仰的质疑成为核心话题，1641 年 11 月，《大抗议书》把查理称作是天主教派的设计师、英

---

①   D. Howarth, *Images of Rule: Art and Politics in the English Renaissance,1485-1649*, University of California Press,1997, p.251.

②   Kevin Sharpe, *Personal Rule of Charles I*, New Haven and London,1992, p.66.

国国教改革与爱尔兰叛乱的罪魁。国教形式上的天主教化，造成其内部的明显分裂，查理作为国教统一与和平的领袖形象不攻自破了。

宫廷外一些史书和历史上的皇帝传记间接地塑造了查理的暴君形象，一些批评者把查理与历史上最坏的皇帝相提并论，一些史书谴责查理政府实施暴政，出现了揭露与批评所谓的太平盛世的情绪与倾向，以至于查理的一个坚定拥护者曾在 1634 年写道："一些人借撰写已故国王的生活，来抹黑现任国王的荣耀。"① 宫廷中的亲荷兰派对这种倾向进行大力支持，他们呼吁查理政权积极发动对外战争，并且进行广泛宣传，1631 年宫廷假面舞剧中，车夫将大众印刷品妖魔化，他感叹："真见鬼，世上怎么有如此多新闻产品。"② 1635 年在威廉·达文南特设计的假面舞剧《爱的神庙》中，他说："诽谤者是战争的情人。"③ 这从一个侧面反映出反对派的反政府宣传攻势。

判断君主形象宣传是否成功，不仅要看他自造的形象在吸引大众支持方面是否成功，还要看反对派的宣传策略是否成功，因为这是一场政治宣传较量。君主去神秘化宣传主要是由国王反对派针对查理的宗教政策、财政税收政策、和平外交政策进行抨击，质疑查理政策的合法性，对查理自造的民族之父、新教领袖的形象贬损。面对 17 世纪 30 年代激烈的政治分歧，查理对形势作出误判，继续采取神秘化宣传策略，查理威权主义的个性，不容许人们对其政策和行为进行公开讨论。他选择用高冷的沉默、不解释策略，来维护国王的尊严与权威，放弃大众化的语言文字宣传，没有向人民解释税收政策的必要性，争取人民的理解与支持，结果导致自造

---

① D. Howarth, *Images of Rule: Art and Politics in the English Renaissance,1485-1649*, University of California Press,1997, p.271.

② S. Orgel and R. Strong, *Inigo Jones: The Theatre of the Stuart Court,* 2 vols. London: Sotheby Parke Bernet,1973, II, p.421.

③ S. Orgel and R. Strong, *Inigo Jones: The Theatre of the Stuart Court,* 2 vols. London: Sotheby Parke Bernet,1973, II,p.601.

形象与政治现实之间日益扩大的张力。克拉伦登伯爵在写给劳德大主教的信中称，人民之所以公开抵抗政权，是因为它"未能把政府的政策与目标，如实地向人民进行解释与说明"①。

与查理选择沉默的策略相反，国王反对派发起强大的宣传攻势。这场宣传运动在削弱国王信任方面是有效的，对这种反面宣传，查理政府没有作出充分反击，虽然大众对国王的传统支持，不是那么轻易就能够被瓦解的，但是随后的事件表明，查理不能保证获得整个民族的忠诚，因为没有哪个君主能够在日益两极化的宗教与政治文化中做到这一点，以至于在面包店、理发店、酒馆里，"普通百姓都在争论国家大事"②。不过，查理在17 世纪 30 年代构建的君主形象与名声，使其仍然保持了部分民众的支持，使其能够迅速组织起军队，发动内战。他死后保王党为其塑造了殉道者形象与神话，文字与符号成为比长矛和刀剑更为强大的武器，最终摧毁了共和国。这是因为经历长期内战的人们已经厌倦战争、渴望统一，民族之父、殉道者与圣徒形象，对英国民众有着相当大的吸引力，"殉道者查理"形象使斯图亚特家族复辟合法化与神圣化。

结　语

正如米歇尔·福柯和克利弗德·纪尔兹所指出的，权威甚至权力不单单是由组织机构和军队所构成，而是依靠由文字、形象、仪式构成的表述，它们不仅展示权力，而且也构建与支撑权力。近代早期是大众政治与公共领域日益崛起的时代，宣传成为政治统治的重要组成部分，但是君权

---

①   Edward Hyde, Earl of Clarendon, *The History of the Rebellion and Civil Wars in England,* ed. W. D. Macray, 6 vols., Oxford,1888, I, p.25.

②   Barbara Shapiro, *Political Communication and Political Culture in England, 1558—1688*, Stanford University Press,2012, p.35.

宣传本身存在内在矛盾：神秘与公开、神秘化与去神秘化。都铎与斯图亚特王朝君主用宣传强化君权神圣，但宣传是一种诉诸大众的行为，不可避免地出现大众化、去神秘化过程，宣传行为本身把君主与君权置于公共领域下进行审视，接受大众评判，因而对政权来说，君主形象存在不可控的危险，它很可能被反对派作为"反面宣传的合法性资源"[①]，成为君权去神秘化的力量。既要保持神秘，又要进行宣传，这是近代早期英国君主政权不得不面对的难题。因而就长时段历史而言，17世纪30年代查理形象的再神秘化，只不过是近代早期英国君主形象史上的一段小插曲而已，君权的去神秘化才是历史发展的总趋势。

---

① Kevin Sharpe, *Reading Authority and Representing Rule in Early Modern England,* London: Bloomsbury Academic, 2013, p.154.

第二章

内战时期

　　形象作为一种脸谱与人格，通常被社会用作识别公共人物或者政权的依据。17 世纪中叶诞生的英吉利共和国，树立的不是议员集体统治的形象，而是军事领袖们特别是克伦威尔的个人形象，个人崇拜本身有违共和政治的原则，是对共和政体的一种否认。由于共和国形象构建策略的失误、人望的缺失与舆论战中的失败，其合法性一直为保王党所诟病，使其成为缺少文化权威、单纯依靠军队与武力的军事独裁政权，最终导致共和政体的覆亡。

　　作为一种特定符号，形象负载一定容量的信息，在当今政治生活中的作用无须赘言。同样，在近代早期英国，政治领袖或政权的公众形象，在影响公共舆论、争夺话语权、确立文化权威、巩固政权中亦是必不可少的。国外学者曾就 17 世纪英吉利共和国的政治文化进行过探讨[①]，但没有对政治文化与政体兴衰二者之间的关系进行专题研究，国内学界对该问题的关注相对不足，尚未发现相关文章发表。笔者认为，英吉利共和国的共和政体被取代，一个重要因素在于形象策略的失误，是话语权的失败与文

[①]　以肖恩·凯尔西、大卫·诺思布鲁克、凯文·夏普为代表的一些国外学者，曾对英吉利共和国的政治文化进行过研究。See Sean Kelsey, *Inventing A Republic: The Political Culture of the English Commonwealth, 1649−1653*, Manchester University Press,1997. David Norbrook, *Writing the English Republic: The English Republic: Poetry, Rhetoric, and Politics*, Manchester,1997. Kevin Sharpe, *Image Wars: Promoting Kings and Commonwealths in England 1603−1660*, Yale University Press, 2010.

化权威的缺失使然。自革命爆发之日起，议会阵营与保王党阵营就展开了激烈的舆论战，特别是共和国成立后，保王党在这场舆论战中占有明显优势，君主再次被神秘化。面对保王党对于新政权合法性的挑战与质疑，共和国始终处于防守地位，自始至终没有确立议会集体的形象，相反却大力宣扬军事领袖的军功和个人权威，致力于个人形象的构建，大搞克伦威尔的个人崇拜，以至于现在很少有人能够叫出共和国时期议会领袖或者国务委员的名字，更不用说记起这些人的形象，但是克伦威尔却给世人留下了深刻印象，在历史名人画像中，人们往往能够一眼认出他。致力于军事领袖个人形象的塑造与大搞个人崇拜，为共和政体被护国政体所取代铺平了道路。

第一节　查理一世"殉道者"形象对共和国合法性的挑战

形象具有修饰性、欺骗性功能，自从被送上断头台，查理一世的公众形象便发生了逆转，神圣"殉道者"的形象被构建起来。查理本人在断头台前的表演，以及随后出版的《圣像》，大力宣扬查理的神圣形象与个人崇拜，炒作弑君事件，"甚至很多议会阵营的人都质疑公审法庭裁决的合法性"[①]。《圣经》、法律被保王党用作维护君主权威的文化符号，他们掌握了舆论主导权，共和国被置于非法的地位，其合法性始终处于保王党的猛烈攻击下。

内战爆发后，为争取大众支持，查理一改以往的缄默策略，宣传由内向转到外向，纠集文人，参与论战，致力于形象塑造，当他与王党分子

---

① Kevin Sharpe, *Image Wars: Promoting Kings and Commonwealths in England 1603—1660*, Yale University Press, 2010, p.540.

"进入伦敦、北部城市与城镇时" ①，则举办盛大仪式。为迎合大众希望和平、惧怕内战的社会心理，查理把自己塑造成和平维护者的形象，摆出随时准备恢复和平与秩序的和平使者姿态。内战失败后，则转而塑造殉道者形象。

法庭与断头台本来是赎罪和应得惩罚的舞台，对查理的公审是新政权表述权力与构建形象的公开场合，却成了查理一世质疑整个审判合法性、塑造殉道者形象的舞台。行刑前，他摆出冷静从容、高贵沉着的贵族举止，他"精心挑选行刑前的衣服，在素淡的黑色衣服上，圣乔治和嘉德徽章熠熠生辉，它们不仅是查理信仰的标志，也是表示国王身份的符号" ②。

查理充分利用断头台的舞台效果，精心进行政治表演，从白厅走向断头台的通道上，面对人群发表演讲，他宣称自己无罪，谴责内战的煽动者，并且仿照基督被钉死在十字架前的口吻与语气，表示要原谅所有人，这种宽容态度旨在消除与安抚个人统治造成的社会不满情绪。然后他接着指出，英国人民是丧失自由的奴隶，为维护法律与自由，他甘愿做一个殉道者，宁死不向专制统治屈服，并以预言家的口吻警告议会阵营：

　　除非你们向上帝忏悔，向未来的国王和我的人民赎罪，否则上帝不会原谅你们。③

最后，他不用拘押，主动走上断头台，然后平静躺下，请求刽子手等待他的指令再挥动斧头。行刑此时似乎不再是对叛国者的公开惩罚，而

---

① D. Wolfe et al. eds., *Complete Prose Works of John Milton*, V. New Heaven and London,1971, p.450.

② Graham Edwards, *The Last of Days of Charles I,* Stroud, 2001, p.169.

③ Graham Edwards, *The Last of Days of Charles I,* Stroud, 2001, pp.180−181.

是制造殉道者的场合，"有的人呻吟，有些则昏厥过去"①，可见查理演技的成功。断头台上的舞台表演，使查理重新获得了文化权威。

《国王的圣像》（以下简称《圣像》）及其随后纪念文学与文化的泛滥，旨在确立斯图亚特家族统治的合法性。《圣像》宣扬贵族价值观念，塑造圣徒式国王形象，争取大众的同情，维护斯图亚特王朝与保王党的利益。

英王查理一世被处死后不久，英国坊间出现了一本以他的口吻出版的著作，题为《国王的圣像》，又名"国王的书"，声称作者就是查理一世本人，关于该书的作者是谁，目前学界普遍认为是保王党所为。但是在保王党人的宣扬下，人们普遍认为它是查理一世的亲作，是他的临终遗言与冥思彻悟，实际上这是在共和国发出自己声音前，王党派抢先构建君主权威形象的重大计划。

该书为查理的统治进行辩护，是 17 世纪最雄辩的文本，但它的成功之处在于貌似不动声色，巧妙掩饰了为前国王辩护的真正意图，淡化辩论色彩，从表面上看它是在维护前国王自然的、不容置疑的地位与权力，实则是公开的辩论，它谴责议会阵营与共和国，维护斯图亚特王朝与王权。它把挑动内战的责任推到议会阵营一方，查理则被表述成和平爱好者，与国王相关的修辞与比喻被它充分利用，查理被"比作父亲、太阳、舵手，以及医治政治共同体疾病的医生"②。因巧妙的构思与修辞策略，销量迅猛，出版当年曾再版 35 次。

首先，宣扬查理的贵族品质与贵族价值观念：温和、理性，抢占道德制高地，塑造具有高贵品格的国王形象。因为伦理形象是一个人公众形象的核心要素，该书宣扬查理的仁慈、宽容、忍耐、亲切，与交战双方口诛笔伐的激烈辩论氛围不同，《圣像》的腔调异常温和，查理表示很欣赏"议

---

① C.V. Wedgwood, *The Trial of Charles I*, Collins,1964, pp.185−197.

② *Eikon Basilike: The Portraiture of His Majesty King Charles I*, Kessinger Publishing Llc,1879, pp.21,41.

会军中的很多人英勇善战"①，对自己和拥护者则进行批评与反省，其用意在于摆出一副秉持绅士、公正、不偏不倚的姿态与立场，塑造超脱于复仇与党派斗争之上的国王形象，重新表述与确认前国王的贵族绅士品质，改变其过去的斗士形象。

理性也是《圣像》大力宣扬的贵族品质。在当时的医学理论和政治理论中，"理性"一词一般是被用来讨论政治首领与君主的，17 世纪 30 年代英国宫廷舞剧和肖像画的主题就是赞颂查理的理性品质，《圣像》延续了这一宫廷文化传统，颂扬查理总是用理性来约束欲望，依理性而行动，并指出"诉诸暴力者是理性缺失使然，是非理性者"②，借以贬低议会阵营领袖。同时，《圣像》又发展了理性概念，它宣称的"理性"，不单是自我约束、控制欲望，而是与宗教、良知联系在一起，它认为理性是上帝所赐。

> 理性是最神圣的力量，当能够充分、自由地使用理性时，我（指查理一世）就会变得强大而坚定，不会被击垮。③

在此基础上，进而提出民族共同良知的概念，宣称国王就是民族的良知，良知使国王指导臣民按照正确的方式行事，从 1646 年起，查理坚持认为良知是他选择正确路线的决定性因素，他把君主的权威建立在民族良知的身份上。内战爆发后，议会阵营领袖以"上帝的工具"自居，宣称拥有上帝意志的解释权，天意论成为维护革命行动的理论根据。"民族共同良知"的概念就是针对天意论的一种反驳，国王成为民族良知的唯一

---

① *Eikon Basilike: The Portraiture of His Majesty King Charles I*, Kessinger Publishing Llc,1879, p.189.

② *Eikon Basilike: The Portraiture of His Majesty King Charles I*, Kessinger Publishing Llc,1879, p.31.

③ *Eikon Basilike: The Portraiture of His Majesty King Charles I*, Kessinger Publishing Llc,1879, p.164.

拥有者，顺从国王自然就成为基督徒的神圣义务，"与国王良知进行对抗，就是与上帝对抗……王国和平恢复的唯一希望，在于悔过的良知"①。《圣像》中，理性、良知的概念，塑造了查理超然于党派冲突、一心维护王国和平的国王形象。

假借所谓的良知概念，《圣像》谴责欺骗狡诈、虚伪做作的马基雅维利式政客行径与政治伎俩，这是为迎合民众对君主诚实品质渴求的社会心理。在《圣像》中，"政治"、"策略"这些字眼是贬义的，与国教信仰和国王行为背道而驰，它表示鄙视那些"借助宗教的名义，包装自己的政客们"②，提出"虔诚与单纯，才是最好的策略"的主张。在文中数个段落，查理表示自己的行动是根据良知的指引，而非出于策略考虑与利益驱动。良知的概念，使查理控制了道德制高点，把君主制与君主本人置于道德仲裁者的高地上，使前国王成为基督徒王国的唯一守护者，而国王对抗者则被表述成马基雅维利式政客。

其次，借用耶稣形象，宣扬查理自我牺牲的殉道者精神，塑造圣徒式国王形象。《圣像》大力宣扬查理神性的一面，把他比作被出卖的耶稣，在文中查理声称自己"是以牧师而非国王的身份进行写作的"③。在每章结尾部分，他把自己表述成最虔诚的祷告者，请求上帝的帮助，借以重新恢复查理对民族的精神领导，引导读者参与由作者策划的一场宗教洗礼，把查理从一个祷告者变成了天父，一个传达上帝旨意的中介。换句话说，对读者来说，阅读《圣像》就是参与一场对国王的膜拜仪式，查理把自己比作受难时的耶稣、被苏格兰人出卖的殉道者，他表示"情愿代替耶稣，喝下毒酒"④。《圣像》

---

① *Eikon Basilike: The Portraiture of His Majesty King Charles I*, Kessinger Publishing Llc,1879, p.80.

② *Eikon Basilike: The Portraiture of His Majesty King Charles I*, Kessinger Publishing Llc,1879, p.88.

③ *Eikon Basilike: The Portraiture of His Majesty King Charles I*, Kessinger Publishing Llc,1879, p.125.

④ *Eikon Basilike: The Portraiture of His Majesty King Charles I*, Kessinger Publishing Llc,1879, p.214.

对耶稣形象的借用，使近代早期英国君主神秘化达到最高峰，在议会阵营以天意、维护法律和自由的名义处死国王时，查理却借用《圣经》人物形象，保证死后的永生、君主制复兴的希望，以及斯图亚特王朝的王位继承。

同时，《圣像》用谦卑的口吻，表现查理脆弱、深情、坦诚等人性的一面，旨在赢得人民同情与支持。众所周知，耶稣基督既是上帝的儿子，同时也是人；既具有神性的一面，又兼具人性的一面。《圣像》把查理表述成真诚赎罪的基督徒，在强调国王是神圣代表的同时，也突出他在上帝面前普通基督徒的身份。在《圣像》中，查理用最朴素、最谦卑的语言与上帝对话，祷告并忏悔自己的过错、罪过，请求上帝原谅。通过不完美、谦卑基督徒的表述，查理把自己的经历与每个基督徒的经历联系起来，把自己坦露给上帝与读者，表白自己的真诚与坦率，增加其叙述的可信度。

《圣像》借用人类情感中的爱与温情，诉诸读者，以期通过好丈夫、好父亲的类比，塑造查理好国王的形象。传统的骑士语言被《圣像》用来构建查理的绅士形象，为他从汉普顿宫囚禁地逃脱进行开脱，"出于妻子与孩子的安全考虑，他（查理一世）被迫逃离伦敦"[1]，树立好丈夫、好父亲形象。此外，《圣像》延续 17 世纪 30 年代的宫廷文化传统，宣扬柏拉图爱情：

"为了她（王后亨利塔），我甘愿赴汤蹈火，不惜献出生命。"[2]

针对有关王后的负面新闻与负面形象，查理极尽赞颂之能事：

"她（指王后）同情我的遭遇，她的美德熠熠生辉……她爱的

---

① *Eikon Basilike: The Portraiture of His Majesty King Charles I*, Kessinger Publishing Llc,1879, p.34.

② *Eikon Basilike: The Portraiture of His Majesty King Charles I*, Kessinger Publishing Llc,1879, p.35.

是我，而不是我的地位与财富。"①

　　查理对妻子的炽烈爱情贯穿全书。家庭之爱是利益政治的对立面，通过借用大众所熟悉的夫妻之爱、父子之爱等家庭语言，《圣像》把国王的婚姻置于柏拉图爱情高地，作为感情纽带，柏拉图爱情拉近查理与读者、大众的距离，赢得同情。同时由于近代早期家国类比思潮的盛行，从好丈夫、好父亲可以推演出好国王、好政府的结论。

　　《圣像》详细描写查理遭受的痛苦与磨难，把它与耶稣受难时的处境相提并论，以博得大众同情。在声言拥有强大精神力量的同时，查理渲染自己身体的羸弱及其受到的威胁，把自己表述成除了上帝在心中、别无其他力量的国王，"身陷武力与权力的控制之下，唯有信仰和祷告的庇护"②。

　　他故意贬低保王党的军事优势，叙述保王党在战场上的失利、国王被拘押，把自己表述成无助的受害者、弱小的牺牲品，同时夸大自己的忧虑、痛苦与磨难，渲染宗教信念的强大力量，以及作为人民殉道者的荣耀。

　　《圣像》把国王身份的私人属性与公共属性重新统一起来，成为之后的任何政权宣称合法性的必要条件。同时，该文本把国王与人民重新联系在一起，国王既是神圣的，又是大众的，解决了国王既需要诉诸大众，又需要保持沉默、维持神秘之间的矛盾，对新生的共和国政权构成巨大挑战。

第二节　个人形象的宣传与共和国文化权威的缺失

　　在与保王党的话语权争夺中，共和国政权不仅未能有力驳斥查理殉

---

①　*Eikon Basilike: The Portraiture of His Majesty King Charles I*, Kessinger Publishing Llc,1879, p.36.

②　*Eikon Basilike: The Portraiture of His Majesty King Charles I*, Kessinger Publishing Llc,1879, p.191.

道者形象，并且犯了策略性失误，它没有构建议员集体领导的革新政权形象，而是专注于军队首领特别是克伦威尔的个人形象，并且其形象呈现出暴力美学倾向。结果共和国树立的不是议员集体的权威，而是军事统治者的个人崇拜，这为护国主的个人独裁统治取代共和政体埋下了伏笔。

一、个人形象的构建

首先，弥尔顿的《偶像的破坏者们》是共和国对《圣像》的官方回击，但是没有击中要害，没有解构殉道者形象，共和国对保王党的反击处于非积极、防守性的地位。

《偶像的破坏者们》旨在反击保王党的主张，破坏君主偶像崇拜，贬低查理的名声。由于《圣像》号称国王亲作，从而赋予文本本身以权威，因而弥尔顿首先从文本作者身份质疑入手。他认为文本作者不是前国王，查理是"窃取他人作品者"[①]。同时，为了把历史叙述的控制权从保王党手中重新夺回来，弥尔顿揭露《圣像》的修辞策略，"把英国人的思维自由……从国王们设立的牢笼中解放出来"，诉诸读者的公民自由权，对《圣像》进行重新解读与诠释，使其暴露在小册子辩论、读者的诠释中，以期实现查理形象的去神秘化，使《圣像》与查理公开面对公众的审视与批判。弥尔顿否认查理作为上帝意志诠释者的角色，认为国王良知属于个人的、易错的认知与判断。《偶像的破坏者们》破坏查理的好男人与好政府形象，认为查理非男人、懦弱、受制于妻子，同时认为国王的婚姻不是好政府的模板，而是好政府的反面：

女人（指王后亨利塔）篡夺王权，使王国缺少了精神与权威。[②]

---

① D. Wolfe et al. eds., *Complete Prose Works of John Milton*, V. New Heaven and London,1971, p.365.

② D. Wolfe et al. eds., *Complete Prose Works of John Milton*, V. New Heaven and London,1971, p.421.

它嘲笑查理对妻子的爱情十四行诗，贬低整部《圣像》简直就像是"一首诗"①。

弥尔顿虽然指责查理剽窃祷告词，但未能撼动他的殉道者形象。弥尔顿未能揭露《圣像》中国王的公开表演与殉道者形象，未能驳斥国王的祷告词，未能找到回击查理公开表演的办法，他仅仅指出：

> 只会祈祷，而不勤政，这是僧侣而非国王。②

最终没有能够撼动查理是上帝代理人的表述与形象，而这恰恰是查理殉道者形象塑造的核心策略。

弥尔顿本人在这场舆论战中深感挫败，无奈感叹道：

> 那些受到蛊惑的无辜羔羊……难以摆脱屈从国王的奴性。③

《圣像》仅 1649 一年就再版 35 次的现实，而《偶像的破坏者们》在随后的四年中仅重印两次，查理的偶像崇拜已经确立起来了。在这场话语权争夺中，保王党占据优势，弑君被视为少数人不得人心的行为，而自亨利八世与罗马决裂起，不受欢迎的政策必须被表述、包装与交流，从而赢得支持，而在保王党人的强大宣传攻势下，对于共和国政权来说，完成这一任务异常艰难。

其次，针对保王党的反动宣传，共和国采取的措施是消极的、防卫性质的。对于新生的共和国来说，当务之急是抓住主动权，宣传政权合法性、政策与目标，以便消除人们的怀疑，获得支持，而新政权却未能

---

① D. Wolfe et al. eds., *Complete Prose Works of John Milton*, V. New Heaven and London,1971, p.406.

② D. Wolfe et al. eds., *Complete Prose Works of John Milton*, V. New Heaven and London,1971, p.531.

③ D. Wolfe et al. eds., *Complete Prose Works of John Milton*, V. New Heaven and London,1971, p.601.

这样做。首先，新政权意识到弑君事件的消极影响，因而它选择沉默，没有对弑君行为进行解释。查理二世则开始发表公告，谴责新政权为非法，苏格兰则发起用于斯图亚特王朝的大规模宣传运动，从 1949 年 2 月起，它在国内外发布一系列宣言与公告，"对共和国最近作出的针对查理父子的决议，十分痛恨"①。而共和国则没有得到欧洲国家的认可，新政权的合法性在国内外都未能确立起来。最初几个月，共和国的语言表述是回应性的、防守性的，它只是在强大军队与武力控制下，才得以存在。

保王党与反对派的敌对文字宣传浪潮与恶意歪曲，给共和国造成的破坏远比炮火要大得多，保王党与政权反对派企图颠覆议会与新政权，继续公开印刷、贩卖与传播煽动性、诽谤性的小册子、报刊、书籍，"散播反动言论，恶意歪曲、曲解新政权……从而赢得本该属于现政权的人民感情"②。因而议会通过一系列法案，镇压王党派的宣传活动。1649 年 7 月，议会通过法案，对写作、印刷或者公开宣扬政府是暴政、篡权或者非法的，或者否认下院最高权威的行为，重新界定为叛国罪。9 月，又通过法案，规范印刷品，打击非法书籍与小册子，审查条款非常详细，包括对于印刷商、控制进口，规范携带者，对于买卖双方均进行没收与处罚。对于查理二世的宣言，新政权惩罚印刷商，判处其绞刑。但是，这些措施是回应性的，共和国话语仍处于防守地位，不能证明其统治的合法性，共和国的形象则留给保王党与政权批评者从负面来表述它，时至今日有关残缺议会的叙述仍带有明显的偏见色彩。

第三，共和国政权视觉形象缺失，查理一世的视觉形象却广为传播，

---

① Kevin Sharpe, *Image Wars: Promoting Kings and Commonwealths in England 1603-1660*, Yale University Press, 2010, p.407.

② C. H. Firth and R. S. Rait eds., *Acts and Ordinances of the Interregnum, 1642-1660*, II, London : HMSO, 1911, p.245.

共和国没有真正清除君主记忆。自亨利八世起，视觉表述对君主统治与权威确立至关重要，因而共和国于 1949 年对前朝文物、国王生前个人物品进行拍卖，其初衷是消除大众的君主记忆。但是，前朝收藏的名画、国王与王室的画像、徽章等很多艺术品在拍卖后，落到了国务委员、前朝官员，甚至在普通百姓手中。结果拍卖前朝文物，却推动了君主的再神秘化，借助艺术品，已故国王的形象得到更广泛的传播，甚至"以税收形式上交政府的很多大额钞票……都印有前国王的头像"①。

而共和国未能以视觉修辞，展示新政权权威。在查理一世及其王室、先王们的画像传播到全国各地时，共和国国务委员和议会议员相聚于前王朝宴会厅，却没有一幅画用来歌颂新政权拯救民族摆脱君主专制的功绩，回击斯图亚特前国王的神圣画像，没有构建一个诉诸大众、积极的共和国形象，共和国也没有借助视觉媒介比如木刻画、大字报、画册或者印刷品，来进行政策宣传。

盛大庆典与活动是展示政权形象的重要场合，但是共和国政权的公共表演是失败的。残缺议会曾下令摧毁查理一世的雕像，但却没有对王宫进行实质性的改造、修缮与装饰。近代早期英国，新建王朝或者新任国王通常是通过一些标志性建筑，作为王朝或者君主统治的标志，白厅、圣詹姆士宫、萨默赛特宫、汉普顿和格林威治宫、伦敦塔和温莎城堡，都曾是某一王朝或者某任国王重要的权威象征。共和国新政权继续使用白厅，但是它不再是权威象征符号，其象征性功能减弱，突出其实用性，仅仅作为"议会办公的场所"②。宴会厅曾经是斯图亚特展示君主权力的舞台，但是一位游客在 1651 年参观后无限感慨道：

---

① Sean Kelsey, *Inventing A Republic: The Political Culture of the English Commonwealth, 1649—1653*, Manchester University Press,1997, p.87.

② Simon Thurley, *Whitehall Palace: An Architectural History of the Royal Apartments, 1240—1698*, New Haven and London,1999, p.98.

除了三个死气沉沉的长凳，这里别无他物。①

共和国诞生后，白厅、圣詹姆士宫、汉普顿宫、温莎城堡仍然保留着封建王朝的记忆，使新入住者给人一种篡位者的印象：仿佛他们不是为争取自由而进行高贵行动的清教徒，而是只顾劫掠、野心勃勃的暴发户，给人一种鹊巢鸠占的感觉。仪式政治在近代早期非常重要，但由于共和国在外交上没有得到当时欧洲任何国家的认可，没有派遣大使到任何国家，所以展示国家与政权权威的盛大仪式少之又少。相反，炫耀新政权军事力量的阅兵典礼却为数不少。邓巴战役胜利后，议会军举行 8000 人士兵组成的队伍，浩浩荡荡向海德公园进发。征服爱尔兰的战争与伍斯特战役后，克伦威尔率兵进入布里斯托尔和伦敦市，举行凯旋仪式，其中检阅部队就是仪式的一部分，它效仿国王的入城仪式，在众多伦敦市民见证下，市政府组织骑行队列，恭迎克伦威尔将军。② 这些阅兵典礼灌输给人民的是对新政权与军队的敬畏，由于军队不受欢迎，所以这些阅兵庆典未能确立共和国的文化权威，不能赢得人民的拥戴，正如肖恩·凯西所说：

"尽管它力图在危急时刻重建团结，但是共和国政权精心策划的这些盛大活动……并未奏效。"③

这些庆典与盛大活动没有留下空间，让公众参与对共和国成就的赞颂，而是宣扬个人崇拜。

① Simon Thurley, *Whitehall Palace: An Architectural History of the Royal Apartments,1240−1698*, New Haven and London,1999, p.98.
② See Sean Kelsey, *Inventing A Republic: The Political Culture of the English Commonwealth, 1649−1653,* Manchester University Press,1997, p.72.
③ See Sean Kelsey, *Inventing A Republic: The Political Culture of the English Commonwealth, 1649−1653,* Manchester University Press,1997, p.73.

　　第四，共和国政权实行高压政策，特别是对长老派和平等派的镇压，损害了它维护法律与正义的名声，塑造了腐败的、非积极（革新）的政权形象。因为沉重的赋税与庞大的官僚机构，对军队内部不满者的关注不足，一些小册子攻击政府贪污腐化，使人们对政权产生腐败的认知，共和国无法树立起清正廉明、积极革新的政权形象，无法满足大众期待。

　　无论哪个时代，大案要案总是能够吸引大众及其媒体的注意力，深刻影响着大众对政权的认知，以及政权的公众形象。共和国对平等派和长老派的镇压，严重损害了政权的形象与名声。约翰·利尔伯恩曾参与平等派运动，他指责议会不是人民的代表，而是屈从军队，因此被关进伦敦塔。在狱中他撰写《弹劾克伦威尔叛国罪》，引起强烈的社会反响，人民向议会请愿，要求释放利尔伯恩。政府成立了一个专门委员会，负责审判利尔伯恩案。但是由伦敦市民组成的陪审团作出了无罪的裁决，在利尔伯恩返回伦敦塔的路上，伦敦市民聚集在伦敦市政厅进行庆祝，欢呼声响彻整条街道，熊熊篝火，"彻夜不熄"①，参与审判的法官在回家的路上遭到市民的嘲弄与奚落。利尔伯恩案对共和国造成难以估计的影响，不仅损害了法律与宪政权威，更为重要的是，该案削弱了国务委员会的司法公正性与政权的合法性，一个小册子声称：

　　　　现在坐在威斯敏斯特的人，是如此专制残暴，人民对他们的痛恨超过了历史上所有暴君。②

　　同时，长老派神父克里斯托弗·洛夫曾以散布煽动性言论的罪名而

①　Kevin Sharpe, *Image Wars: Promoting Kings and Commonwealths in England 1603−1660*, Yale University Press, 2010, p.451.
②　Kevin Sharpe, *Image Wars: Promoting Kings and Commonwealths in England 1603−1660*, Yale University Press, 2010, p.451.

遭到审判，但是因证人未能出庭作证而被无罪释放，舆论倒向洛夫一方，伦敦街头的人群用欢呼声表达对洛夫的支持。但 1651 年他又涉嫌卷入苏格兰支持查理二世的阴谋案中，以叛国罪被判处死刑。在等待执行期间，洛夫撰文为自己辩护，质疑共和国司法的公正性。在绞刑架前，他把自己扮演成殉道者，模仿耶稣的口吻，抗议法庭裁决，宣称自己的无辜。同时他表示自己愿意为实现有限君主制的理想而牺牲，谴责议会阵营的弑君与宗教分裂行为①，把长老教作为恢复王国统一与秩序的唯一出路。共和国时期，公开审判与断头台损害了共和国的形象与政权的合法性。

二、个人崇拜及其对政权的负面影响

共和国没有给予政权形象以足够关注，但是却致力于议会军将领们特别是克伦威尔军功的宣扬与个人形象的塑造，并且克伦威尔个人形象已出现封建帝王化倾向，个人崇拜违背共和原则，克伦威尔借此牢牢掌握了共和国的权力，从这个意义上说，共和国创造了自己的掘墓人。同时，个人崇拜为保王党攻击共和国提供了口实，为塑造其负面公众形象提供了素材。

首先，军事报道与天意论，提高的是克伦威尔的个人权威，而非议员集体统治的权威。新政权不遗余力地进行前线战事的报道，宣扬克伦威尔的军功，树立克伦威尔形象与个人权威。邓巴战役胜利后不久，一篇题为《打垮苏格兰军队的真实报道》的新闻发表，它宣称议会军以少胜多，以不足 40 人的兵力损失，消灭敌军 4000 人（实际上为 3000 人），俘虏 1 万余人，同时缴获大量的旗帜与军械。② 这些军事胜利，被克伦威尔诠释

---

① See Kevin Sharpe, *Image Wars: Promoting Kings and Commonwealths in England 1603—1660*, Yale University Press, 2010, p.452.

② See Kevin Sharpe, *Image Wars: Promoting Kings and Commonwealths in England 1603—1660*, Yale University Press, 2010, p.415.

为上帝的意志，也就是所谓的天意论。他从前线发给议会的信函中声称，邓巴战役之所以取得胜利，是因为得到了上帝的眷顾，他用乌云遮住了月亮，使议会军得以胜利会师，并最终赢得胜利。

> 这是有史以来，上帝给予英格兰人的最明显恩赐……表明上帝已经站在共和国与议会一边，而不是共和国的诋毁者和反对者一边。①

同时，克伦威尔发自前线邓巴、爱登堡和韦克斯福德的书信，以及他在爱尔兰颁布的公告，曾被议会下令印刷，分发给伦敦所有的牧师，要求他们在教堂向会众宣读。②议会曾多次通过法令，下令全国各地举行感恩仪式，庆祝议会军的军事胜利。通过这些宣传活动，克伦威尔成为大众所熟知的英雄，他的书信成为共和国政权的声音，他本人成为共和国的代言人，克伦威尔个人权威得以确立。但是共和国公共权力的个人化，加快了共和政体覆亡的步伐。同时值得注意的是，对议会军前线战场与血腥杀戮的报道，具有一定程度的暴力美学倾向，一定程度上损害了共和国的公众形象。

其次，如前所述，共和国忽略对集体统治的视觉形象构建，却致力于克伦威尔的视觉形象构建与宣传，视觉修辞对克伦威尔个人名望的强调，说明共和国没有彻底清除个人崇拜。17 世纪 40 年代议会军将领们的版画很多，当时伦敦著名的版画商彼得·斯滕特的版画店就有很多议会党军官们的画像，比如弗利特伍德、德斯伯勒、艾尔顿、休·彼得的肖像。共和国建立后，克伦威尔各种形式的版画像在短时期猛增，罗伯特·沃克

---

① See Kevin Sharpe, *Image Wars: Promoting Kings and Commonwealths in England 1603-1660*, Yale University Press, 2010, p.417.

② See Kevin Sharpe, *Image Wars: Promoting Kings and Commonwealths in England 1603-1660*, Yale University Press, 2010, p.469.

和塞缪尔·库珀作为克伦威尔的御用画家，他们的克伦威尔油画像一经完成，很快就会被做成版画而大量发行，1651 年他的版画像就曾被用来装饰一些大字报，宣扬议会军的胜利。值得注意的是，共和国时期克伦威尔的画像是骑着高头大马、身披铠甲的骑士形象，突出的是克伦威尔对军队的控制，以及显赫的军功。骑马像在欧洲文艺复兴时期，是塑造帝王形象的重要艺术形式，1650 年一幅描写征服爱尔兰的版画中，克伦威尔骑在腾空跃起的马背上，身披盔甲，披巾飘展，右手紧握指挥棒，身后是乌云密布与激烈战斗的场景，克伦威尔作为一个军事长官与旧式君主的形象异常突出。① 在佩恩·费希尔 1652 年撰写的拉丁版颂词卷首插图中，克伦威尔的骑马像十分醒目，并配以这么一段文字：

基督是他的首领，他为维护基督的宗教权威而战。②

克伦威尔画像对 17 世纪 30 年代查理一世画像的刻意模仿，唤醒的是人们对查理一世的记忆，克伦威尔视觉形象也逐渐帝王化。总之，共和国时期最令人瞩目的形象不是议会或者议员集体的形象，而是军事领袖克伦威尔的个人形象，克伦威尔而非议会成为共和国的形象代言。对军事领袖个人形象的过度关注与宣传，以及大搞个人崇拜，从某种程度上印证了保王党的观点，克伦威尔曾被保王党讽刺为觊觎王权的野心家，保王党发行的奖章称克伦威尔为"马基雅维利式魔鬼"。

克伦威尔与残缺议会成为保王党攻击的对象，后者塑造了负面的共和国政权形象。共和国建立后，歌颂与纪念查理一世的保王党文学一直很活

---

① See Kevin Sharpe, *Image Wars: Promoting Kings and Commonwealths in England 1603-1660*, Yale University Press,2010, p.434.

② See Kevin Sharpe, *Image Wars: Promoting Kings and Commonwealths in England 1603-1660*, Yale University Press,2010, p.435.

跃，它攻击克伦威尔、残缺议会，否定共和国的合法性。如前所述，有关查理一世的文本记忆与保王党的大力宣传，使查理一世在死后仍然活在人们的记忆与想象中。"保王党人成功地把他（查理一世）封为圣徒，塑造了人民的殉道者形象，并加以崇拜"①，有助于保王党人和查理二世获得大众支持。围绕《圣像》，出现了一系列相关诠释、注解、评论与效仿的作品，保王党纪念文学泛滥，它们赞颂《圣像》和查理一世，查理被赞许为拥有"大卫似的虔诚信仰与睿智"②，是世上最好的国王，是维护法律和保护教会的堡垒。

　　　　在忠诚的臣民心中，他是一座不朽的丰碑。③

　　查理之死，被保王党宣传为英国荣誉、法律和宗教的灭亡。查理一世头戴王冠、身披盔甲的戎装版画，以及在断头台前的版画，随着缅怀查理一世的哀歌与挽歌，进入不识字的下层社会中。保王党文学在赞颂与怀念查理的同时，大肆诋毁克伦威尔，很多作品"把查理比作苍穹中的太阳，而克伦威尔则是阴谋吞噬太阳的恶魔"④。同时，保王党宣传家从弑君那刻起，就鼓吹效忠查理儿子，苏格兰即将战胜敌人的古老预言在流传：

　　　　在英格兰，社会底层也为查理二世在英格兰称王的消息而欢呼雀跃，宣称英国必须有国王，这个愿望马上就要实现了。⑤

---

① See Kevin Sharpe, *Image Wars: Promoting Kings and Commonwealths in England 1603—1660*, Yale University Press,2010, p.424.

② J. Peacey ed., *The Regicides and the Execution of Charles I, Basingstoke*,2001, pp.225—246.

③ J. Peacey ed., *The Regicides and the Execution of Charles I, Basingstoke*,2001, pp.225—246.

④ Kevin Sharpe, *Image Wars: Promoting Kings and Commonwealths in England 1603—1660*, Yale University Press,2010, p.454.

⑤ Kevin Sharpe, *Image Wars: Promoting Kings and Commonwealths in England 1603—1660*, Yale University Press,2010, p.454.

由于近代早期关于神圣君主的强大宣传与成功灌输，君主被视为神圣的，按照这种逻辑，弑君就是罪人：

> 上帝不会让国王的鲜血……白流……更不会允许出现一个没有国王的国家。①

对于那些坚信君主是上帝创造的人来说，共和国被视为巫术所为的怪胎，是违背自然的阴谋诡计，"荒淫的恶魔篡夺了国王之位"②，甚至有文章预言，政体变革将导致"王国内杂种、妖怪，暴风骤雨，无常的极端天气、疯癫"③。

一个小册子写道：

> 推翻上帝所创造的自然秩序的人，割断了人类社会的纽带，造成万物的混乱。④

他们认为共和国的建立，是对上帝秩序与自然的一种扭曲与颠覆，是一种非自然的政治变革。在保王党的宣传下，很多英国人担心无政府主义所导致的社会混乱，以及对共和国统治的恐惧。军队也遭到保王党的攻击，他们认为议会军是"由一些命运不济者组成的政治集团，他们只顾中

---

① Kevin Sharpe, *Image Wars: Promoting Kings and Commonwealths in England 1603–1660*, Yale University Press,2010, p.455.

② Kevin Sharpe, *Image Wars: Promoting Kings and Commonwealths in England 1603–1660*, Yale University Press,2010, p.455.

③ Kevin Sharpe, *Image Wars: Promoting Kings and Commonwealths in England 1603–1660*, Yale University Press,2010, p.455.

④ Kevin Sharpe, *Image Wars: Promoting Kings and Commonwealths in England 1603–1660*, Yale University Press,2010, p.457.

饱私囊，强取豪夺"，其首领克伦威尔"正在压榨人民的钱袋，窃取人民的财物"①。王党派罗伯特·斯普赖说：

> 尽管我经常听到"共和国"这个字眼，但始终不清楚它有什么含义。②

强大的敌对文本削弱了共和国的合法性与权威。

残缺议会逐渐失去了其创造者的支持，因普莱德清洗事件的影响，它的合法性遭到舆论攻击，保王党指责它僭越权力，是依靠少数人发动政变而建立起来的，"是一个派别的议会"，甚至一短文攻击它是"混蛋议会、杂种议会"。同时，残缺议会议员相对较低的社会地位，成为保王党进行负面宣传和传播闲话的对象，他们谴责议员们的贪婪与野心，"这是一群盗贼，强迫市民，缴纳重税"③。共和国敌对者的政论与符号塑造了共和国的负面形象，王党派持久而猛烈地进行宣传攻势，而共和国在解释与表述艺术上关注太少，在话语权争夺中明显居于劣势。

共和国在英国建立后，没有兑现建立人民主权国家的承诺，没有革除弊政与腐败，未能以革新的姿态与形象出现。同时在文化上，它既没有清除传统君权符号的影响，也未能重建共和国文化，共和国话语权及其文化权威的缺失，塑造了一个单纯依靠军队与暴力的军政权形象。

---

① Laura Knoppers, *Constructing Cromwell: Ceremony, Portrait and Print,1645-1661*, Cambridge University Press, 2000, p.20.

② Laura Knoppers, *Constructing Cromwell: Ceremony, Portrait and Print,1645-1661*, Cambridge University Press, 2000, p.459.

③ Laura Knoppers, *Constructing Cromwell: Ceremony, Portrait and Print,1645-1661*, Cambridge University Press,2000, p.459.

结　语

　　由于岛国独特的政治文化传统，对于近代早期英国君主、政治领袖或者政权来说，说服社会精英与大众，获得他们的支持与信任，对于政权巩固非常重要，这就是说服政治，权力与艺术具有相互依赖性。良好的公众形象是说服艺术的核心，是一个政权确立文化权威的关键，它关乎人民的信任、忠诚与服从。1649 年建立的英吉利共和国，其形象策略出现重大失误，导致政权的文化权威缺失，而文化权威或者文化合法性危机往往伴随着政治危机。腐败、堕落、专制、穷兵黩武的消极共和国形象，一定程度上割裂了它与人民之间的感情纽带，政权合法性也遭受质疑。保王党在共和国成立后，迎合社会心理，诉诸公共舆论，利用查理一世临刑前的公开表演，炒作国王的《圣像》，挖掘《圣经》语言、耶稣形象与传统君主符号，这一切提高了查理与斯图亚特王朝的人望，赢得了大众对斯图亚特王朝的同情与支持，从而始终保持保王党在舆论战中的优势，他们构建与传播负面的共和国公众形象，为共和政体被取代埋下了伏笔。

第三章

护国主时期

　　形象作为一种符号、脸谱与人格，是社会识别（认知）公共人物或者政权的重要依据。17 世纪英国革命中，各种政治力量都高度重视公共形象的塑造与宣传。自英吉利共和国建立直到封建王朝复辟，政权一直致力于克伦威尔公众形象的构建，以期获得大众认可，确立政权的合法化地位。但是政权利用传统的封建王权文化符号，塑造克伦威尔的公共形象，使其带有鲜明的旧式封建君主色彩。这种公众形象与克伦威尔本人宣称的政治主张相违背，他本人及其政权的合法性受到质疑与攻击。克伦威尔形象的复古化为封建王朝复辟铺平了道路。

　　学界关于 17 世纪中叶护国主政权被斯图亚特王朝取代的原因众说纷纭。本人认为一个重要因素是政权在塑造与宣传克伦威尔公众形象上的失败。通过借用封建王权文化与符号，护国主政权大搞个人崇拜，加强护国主的个人权威，克伦威尔的公众形象日益向传统的英国君主形象靠拢。这种旧式君主形象遭到共和派与保王派在舆论上的两面夹击，政权的社会基础遭到极大削弱。同时，克伦威尔形象的复古化本身表明护国主政权文化权威的缺失，政权只能依靠军队与暴力而维持统治。克伦威尔的形象日趋帝王化与君权文化的复活，为斯图亚特王朝复辟铺平了道路。

第一节　权力神授论的宣传与个人专制权力的恢复

克伦威尔注重自己的公众形象，并且由自己亲自塑造，他是出色的演讲家，擅长修辞，是近代早期英国为自己代言的统治者之一，他的演讲在后来经常被引用。他宣称自己是上帝的代表，是上帝差遣拯救英国的救星，个人统治是上帝意志的体现。克伦威尔依靠出色的演讲才华，用神意和《圣经》故事来诠释其政策与行为，树立上帝事业维护者的形象。

自护国主统治建立伊始，克伦威尔就决定把自己表述成上帝的代表、自由和改革的神圣维护者，而非军事领袖的形象，以此确立护国主个人权力的神圣性。他的讲话突出强调其权力来自上帝，是上帝的代表，他的个人权力建立在神谕基础上，因而神圣不可侵犯，目的在于重建个人权力的神圣性。他说：

> 我的称号来自上帝，不应该受到来自人类的挑战。[①]

这种不受限制的个人专制权力，与封建君主的权力主张没有本质区别，只是理论基础不同，前者是预定论，后者是君主神圣权力论。《政府法》遭到议员抵制，克伦威尔决定解散议会，在解散之前的最后一次讲话中克伦威尔宣布，质疑护国主的权力与地位者就像"杀死自己的父亲一样，罪不可恕"[②]。他提醒议员：

[①] Sharpe Kevin, *Image Wars :Promoting Kings and Commonwealths in England, 1603-1660*, Yale University Press,2010, p.471.

[②] Sharpe Kevin, *Image Wars :Promoting Kings and Commonwealths in England, 1603-1660*, Yale University Press,2010, p.471.

我是在代表上帝讲话，而不是代表人类。①

他把自己宣扬为《圣经》中的人物，英国则被他比作燃烧的荆棘，暗指自己就是《圣经》中的摩西，是"受命于上帝，接受他的差遣，来做你们的国王与拯救者"②。在 1657 年 4 月的演讲中，他把自己称作"受上帝差遣的教区治安官，专门是来维护和平的"③。理查·弗莱克诺说：

克伦威尔对《圣经》旁征博引，他的演讲雄辩而有力。④

他认为，就演讲才华而言，克伦威尔可以与西塞罗和德摩斯梯尼相提并论，克伦威尔在演讲中经常引用《圣经》中的段落，用阐释上帝与圣徒的表述方式树立自己的形象，宣传护国主个人权力的神圣性与至高无上，宣称拥有作为上帝代表的权威，树立圣徒的形象。

同时，为了获得大众认可，确立护国主权威的合法性，克伦威尔的演讲还强调护国主政体的宗旨是维护英国人的利益，护国主是国家的公仆，自己愿意与议会共同行使权力、接纳人民的建议、不搞专制，努力树立一个虔诚、谦逊的圣徒形象。在解散尾闾议会后，1653 年 4 月他及时发布公告，用人民熟悉的宗教语言，把解散议会宣扬为上帝的旨意，是为了英国人的福祉而为之。他的演讲很快被出版发行，广为传播。为了使新的《政府法》获得议会通过，确立护国主政权的合法性，他在新的议会（拜

---

① Sharpe Kevin, *Image Wars : Promoting Kings and Commonwealths in England, 1603−1660*, Yale University Press,2010, p.471.

② *A Declaration of His Highnesse the Lord Protector for a Day of Publick Thanksgiving* (E 1073/5,1658).

③ J. Morrill ed., *Oliver Cromwell and the English Revolution*, New York: Longman,1990, ch.10, p.271.

④ Richard Flecknoe, *The Idea of His Highness Oliver, Late Lord Protector,&c. With Certain Brief Reflexions on His Life* (Wing F1226,1659), p.14.

尔朋议会）演讲中，吹捧议会代表集体权威，是一个自由的议会，"永远不会存在一个高于你们的至高权威"①。克伦威尔试图通过该演讲，把个人权威建立在大众认可与支持的基础上。1654 年 9 月 4 日，克伦威尔在第一次议会讲话中宣布，护国公职位设立的目的"只是单纯为了人民以及人民的利益，别无他图"②。

第一届议会解散后，《护国主公告》发行，这是克伦威尔在议会中的演讲汇编，旨在宣传克伦威尔解散议会的合理性，以及许诺维护法律正义，保护教会及其人民的权利。

克伦威尔的演讲大多以政府公告的形式发行与宣传，这种传播方式可以使克伦威尔直接面对广大民众。从 17 世纪初开始，当新闻机构和公共辩论成为政府批评者的平台时，政府公告就成了君主直接对话人民、为王室辩护的媒介。随着议会与斯图亚特国王们冲突的激烈，双方为争夺公众支持，公告的重要性对国王来说日趋重要。17 世纪 50 年代，当克伦威尔一直寻找政治解决办法时，公告的价值就更大了，公告是克伦威尔把自己表述给人民的重要载体，官方开始宣传护国主的制度安排与设计是上帝的意志的产物。一名作者写道，护国主职位的发明是"欧洲的奇迹，反对护国主政体者则是疯子、狂人"③。

许多公告是以护国主与其委员会的名义发布的，一些甚至是以护国主和议会的名义发布的。因为与以前的国王一样，克伦威尔经常遇到议会与国务委员内部的反对，公告的目的就在于抛开议员和大臣，把克伦威尔

---

① Sharpe Kevin, *Image Wars :Promoting Kings and Commonwealths in England, 1603−1660*, Yale University Press,2010, p.470.

② W. C. Abbott ed., *The Writings and Speeches of Oliver Cromwell,*4 vols., Cambridge, Mass.,1937−1947, III, p.439.

③ A Declaration and Order of His Excellency the Lord Generall Cromwell, and His Council of Officers for the Continuance of the Assessment for Six Months, from the 24th. of June 1653 to the 25th. of December Following (E 1062/2,1653), pp.6−7.

的讲话与演讲直接传播到大众中去，以期直接诉诸大众支持。

在护国主统治时期，官方媒介大搞封建君主式的个人崇拜，用封建君主文化与符号来称颂护国主，克伦威尔的公众形象日益君王化。他们为拜尔朋议会解散事件进行辩护，针对的是识字的英国人，维护克伦威尔的上帝代表的神圣形象。《公共情报员》与《政治快报》是政权的官方报纸，它们的主办人是马尔恰蒙特·内德汉姆。内德汉姆坚持认为，拜尔朋议会破坏了自由和财产原则，护国主政体的设立就是为了保护这些原则。为说服那些质疑护国主政体将复辟君主制的人，他说护国主政府与封建君主统治不同，它是上帝选派、对人民负责的个人统治，与自私的国王相比，护国主是为了维护人民的利益。他极力宣传护国主政体设立的必要性，为护国主政体与克伦威尔本人进行辩护。他认为在当时的条件下，护国主政体是保持政治稳定、国家和平的唯一出路，宣传护国主统治是当时最佳的政体。他说：

> 护国主的设置是必要的。统治的形式不重要，重要的是结果。[①]

内德汉姆鼓吹人们效忠与服从。他讽刺政权批评者——平等派，认为他们把"幻想和概念"作为维护稳定的选择。同时他强调政府对公共利益的尊重与关心，为政府所实行的内外政策进行辩护，他把克伦威尔比作埃塞俄比亚国王巴西利德（曾把耶稣会士赶出国内），赞美护国主是救星。他说：

> 当英国人陷入无休止的派别争斗，而我们却没有办法阻止国

[①] J. Raymond, *Making the News: An Anthology of the Newsbooks of Revolutionary England,1641–1660*, Moreton in Marsh,1993, p.373.

王们肆意掳掠我们的财产、践踏我们的自由，赫赫有名的国王（代指克伦威尔）巴西里德励精图治，消除了丑闻、偏见、愚昧、派别，在国外则打败了敌人。①

以此宣传克伦威尔在所有行动中都体现出作为一个真正国王的尊严与权威。

护国主就职仅四周，约翰内斯·科尔努比恩斯宣传说，护国主不是野心家，政权的变革是上帝的恩赐，人们没有理由对此怀疑。约翰·霍尔也撰文维护政体变革，他认为政体有可能发生变革，但认为这种变革是上帝的意志，因而人们应该接受。护国主政体的辩护家托马斯·古德温撰文称，上帝不喜欢最近的议会，而认可当今政权，因为该政权明确宣称和保障人民的权利、自由和利益。塞缪尔·理查森否认护国主政权的专制以及克伦威尔的骄横，认为政权为和平奠定了最坚实的基础。一篇匿名文章自称曾是护国主政权的反对者，但他现在认为护国主政权是维护英国安全的最好保证，并且主张护国主一职实行世袭制。他否认议会对人民自由的保护，极力说服前议员和人民，使他们接受个人统治是当时那个时代的最好政体。

随着议会的解散与个人统治在英国的确立，统治者个人魅力的宣传在逐渐加强。赞颂诗曾经是封建时代宣传国王与王后们的重要文化形式，在护国主时代复兴了。在内战与共和国时代赞颂诗曾一度销声匿迹，17世纪50年代再度繁荣，用来称颂护国主时期的内外和平。护国主时期的赞颂诗是对查理一世时期宫廷颂词的一种效仿，一首诗写道："万能的奥利弗，有谁能比奥利弗更伟大。"②

---

① Sharpe Kevin, *Image Wars : Promoting Kings and Commonwealths in England, 1603-1660*, Yale University Press,2010, p.483.

② Sharpe Kevin, *Image Wars : Promoting Kings and Commonwealths in England, 1603-1660*, Yale University Press,2010, p.484.

　　当时的御用诗人主要是三位。大诗人乔治·威瑟称颂护国主制是一种神圣的制度设计与安排，是上帝为拯救英国、使其摆脱混乱而设置的，他认为"护国主"这个称号本身就说明了这一点，因而他呼吁人民服从与拥护克伦威尔。他不仅把克伦威尔宣传为基督的代表，而且还称颂克伦威尔为实现基督教世界的大同做好了准备。诗人安德鲁·马维尔用封建王权的话语与符号，维护护国主政权、护国主本人及其政策。他鼓吹护国主职位的设置，完美解决了当时的政治分歧。他利用旧时封建君主的文化符号来称颂克伦威尔，把克伦威尔比作太阳，太阳原是英国宫廷颂诗称颂国王的一种隐喻。马维尔宣扬克伦威尔的神圣，宣扬他是上帝差遣来拯救英国的，就像《圣经》人物犹太勇士基甸一样，是英国人民的救世主。他赞颂克伦威尔在外交上取得的辉煌成就，达到了一个国王所不能达到的高度，他认为如果用"国王"称号来称呼克伦威尔，则贬低了克伦威尔。马维尔称颂他是一位伟大的国王、王国的天使、自由国家的领袖。大诗人埃德蒙德·沃勒曾经是查理一世的宫廷诗人，内战中加入保王党阵营。在 17 世纪 50 年代他转向护国主政权，为护国主职位的合法性进行辩护，这种政治影响是不可低估的。他赞颂克伦威尔实现了国家的和平与稳定：

是您结束了国家的分裂，使其变成一个光荣的国家。①

　　同时他赞颂克伦威尔取得的军事胜利，称颂其帝国理想，把他比作英国历史上的爱德华三世、黑太子，以及罗马共和国末期杰出的军事统帅、政治家尤利乌斯·恺撒。与他人不同，沃勒突出强调克伦威尔个人的虔诚与美德，称颂克伦威尔是结束分裂的英国走向秩序、和平的奥古斯

---

① Edmund Waller, A Panegyrick to My Lord Protector, of the Present Greatness and Joynt Interest of His Highness, and This Nation (E 841/2,1655), p.2.

都，甚至在沃勒的影响下奥古斯都文学兴起，因而有学者称沃勒"创造了一个支持护国主政体的习语，以此吸引传统的政治精英"[①]，可见沃勒的宣传重点是保王党的，与保王党政治和解的意图非常明显。一匿名诗直接把克伦威尔表述为国王。

克伦威尔拒绝了议会关于为其加冕为王的建议，该事件也被政权的文人大肆宣传。护国主的桂冠诗人佩恩·费舍尔，塑造的克伦威尔具有模糊性，原因就在于政权既要劝服老保王党，又要安抚老的共和派，尤其是议员们出于不同的动机，把护国主政体改造成君主制时，这种模糊性更加明显，一首歌颂克伦威尔的颂诗称克伦威尔是"最糟糕时代的最好国王"[②]。

一方面在纪念克伦威尔的第一次就职与第二次就职周年纪念日的诗中，费舍尔利用赞颂国王的隐喻，赞美克伦威尔是父亲与国王。但另一方面，费舍尔把克伦威尔比作罗马名将、著名的政治家西庇奥，宣扬其为了国家利益，不情愿地当上统治者，鼓吹克伦威尔是一个没有野心、无意当官、甘愿做国家公仆的一个人。针对来自保王党与共和派对克伦威尔称王野心的攻击，费舍尔宣扬护国主和护国主政体是历史上最好的政府。

乔治·威瑟把克伦威尔拒绝王冠的事件与基督抵制诱惑相提并论，赞颂克伦威尔是为了履行上帝选派的神圣义务而就任护国主的，呼吁人们拥护护国主的统治，团结一致追随他从事的神圣事业，共同为英国的公共安全而奋斗。克伦威尔因先后解散两届议会、确立护国主政体而遭到批评，作为回击，1654 年有两篇文章把克伦威尔比作清醒的亚历山大、温和的恺撒，把新护国主描写为谦逊的人，称赞他是一个不贪图荣誉、不为

---

① David Norbrook，*Writing the English Republic: Poetry Rhetoric and Politics, 1627-1660*, Cambridge, 2000, p.307.

② Sharpe Kevin, *Image Wars: Promoting Kings and Commonwealths in England, 1603-1660*, Yale University Press,2010, p.487.

私利、只为国家奉献的谦虚的人，宣扬克伦威尔正是出于对自由的热爱，才解散了议会。这两篇文章极力宣扬克伦威尔本人并不迷恋权力，但是上帝以及人民的需要，才使他掌握了护国主的权力，并且尽最大努力在全国人民同意的基础上使用这个权力。弥尔顿也坚持同样的主张为克伦威尔进行辩护，称克伦威尔是最好的人，是最值得喝彩的伟人。针对关于解散拜尔朋议会是为了实现克伦威尔个人野心的指责，弥尔顿予以驳斥，他向读者保证新护国主的设立是为了维护公共利益不得已而为之，称颂克伦威尔说：

> 用国王来称呼他，则贬低了他，因为他的威严远远超过了国王。①

除此之外，还有一些文人为护国主统治进行宣传与辩护。乔治·史密斯宣传克伦威尔是上帝选派的英国的拯救者，护国主及其委员会的权力来自上帝。约翰·摩尔宣传说，护国主政府和委员会是神圣的组织，是上帝派来拯救人民的代表。护国主的称号是对古以色列统治者的一个称呼，出现于"国王"称号之前，是最接近基督统治的一种政体。塞缪尔·理查森提醒保王党人，上帝已经通过了国王的审判，针对共和派对克伦威尔背弃承诺的抨击，他宣称没有谁能比护国主提供给英国更多的自由了。他赞美克伦威尔和国务委员会，宣扬上帝支持护国主及其政体，祈祷他的统治永远。

这些宣传是针对政权批评者特别是前共和派和宗教激进派而进行的辩护。在强硬解散第一届议会后，克伦威尔镇压了保王党叛乱，实行高压

---

① F. Peck, *Memoirs of the Life and Actions of Oliver Cromwell: As Delivered in Three Panegyrics of Him*, Written in Latin (1740).

政策，建立了军事独裁统治。为压制保王党人的敌对宣传，克伦威尔采取更加严厉的刊物检查制度，限制出版自由，英国变成了一个军事独裁的国家，克伦威尔则成为军事独裁者。这些措施虽然增强了个人统治的安全，但是却削弱了克伦威尔威望及其统治的合法性。面对来自保王党和共和派的舆论攻击，克伦威尔及其政权希望统治的合法性获得大众认可，不仅仅是克伦威尔本人，而且大量的御用文人向大众宣传克伦威尔是国家稳定的最大希望，驳斥政权的反对者，积极争取大众认可与支持，以便在迅速变化的形势下保住克伦威尔的护国主地位。他们采用封建王权文化的隐喻，比如医生、橡树、领航、太阳，结果把克伦威尔塑造成了一个封建国王的形象，"他（克伦威尔）是一位拒绝王冠的国王"①。利用王权文化维护新政权，这是当时英国文化分裂的体现和必然结果。因为克伦威尔逐渐认识到与保王党人和解的必要性，他希望通过自己的行为表现实现与保王党的和解。作为君主制与民主制之间的一条中间道路，护国主制自 1653 年确立起，克伦威尔的统治风格、形象以及由此引起的公众对护国主的认知不可逆转地走向了君主制。

第二节　护国主形象的君主化与独裁政体的终结

一、克伦威尔视觉形象的日益君主化

首先，克伦威尔肖像画呈现出的封建君主化倾向。实际上，自英吉利共和国建立起，克伦威尔宫廷的御用画家借用查理一世宫廷的绘画风

---

① Sharpe Kevin, *Image Wars : Promoting Kings and Commonwealths in England, 1603-1660*, Yale University Press, 2010, p.491.

格，有意模仿查理一世宫廷画家范戴克的风格，以此确立共和国领袖的地位及其权力的合法性，因而克伦威尔的视觉形象逐渐向王党文化靠拢。但是这种对传统君主形象的借用，造成克伦威尔视觉形象带有前国王查理一世形象的痕迹，因而对克伦威尔来说，这种视觉形象所造成的政治影响与他的期望恰恰相反，由于其风格是从查理一世宫廷借来的，因而这些肖像画提醒人们前宫廷以及前国王的悲惨命运，从而很容易使克伦威尔肖像遭到嘲讽与恶搞。另外，由于新闻与印刷业的快速发展，克伦威尔的肖像画与政权的盛大仪式一起进入大众印刷文化，克伦威尔过去所树立的英雄形象遭到毁损。

克莱门特·沃克在英吉利共和国时期是克伦威尔的御用画家，他为克伦威尔塑造了共和国英雄形象。这时克伦威尔的肖像画以范戴克的作品为范本，其姿势效仿范戴克为查理一世画像的风格，呈现出浓厚的帝王色彩。沃克效仿传统宫廷画家的风格与技巧，为克伦威尔塑造不朽与神圣的君主形象，他把克伦威尔脸部的瑕疵与缺陷全部隐去，克伦威尔形象被理想化了。克伦威尔所穿铠甲也不再是内战士兵所穿的那种铠甲，而是 16 世纪亨利八世和查理一世画像中古典的盔甲类型，在亨利王子和查理一世的肖像画我们所看到的 16 世纪铠甲的风格，因而肖像画中的克伦威尔呈现出的是半帝王的骑士形象。克伦威尔其他的英雄画像同样借用传统君主肖像风格，克伦威尔呈现出的是封建君主惯用的骑士打扮，穿着有垫料的裤子、牛皮夹克、向上弯曲的靴子、带有流苏的臂铠，身着胸甲，手持宝剑，手握指挥棒与帽子。与范戴克在 1631—1632 年完成的奥伦治肖像几乎一模一样。[①] 塞缪尔·库珀为克伦威尔所作微型画，克伦威尔身披浅黄色外套，里面是白领的衬衣，他转头神情专注地看着远方，气质超凡脱

---

① Arthur K. Wheelock, Susan J. Barnes, and Julius Held, eds., *Anthony van Dyck,* New York: Harry N. Abrams,1990, pp.236-238.

俗，带有明显的查理一世肖像画的风格，这显然是范戴克画作影响的结果。简言之，在共和国时期，沃克为克伦威尔所画的军队领袖、未来的民族领袖形象是借用威严的君主形象，带有明显的封建君主色彩，是明显模仿封建君主的视觉形象。

在解散残缺议会、建立护国主统治后，克伦威尔本人努力树立一种有别于封建君主、朴素、虔诚的清教战士的公众形象。微型肖像画家塞缪尔·库珀于 1650 年成为克伦威尔家族的御用画家，为克伦威尔及其女儿，以及其他王室成员作画。他笔下的护国主形象具有明显的朴实倾向与特征，护国主肖像的帝王色彩变淡，体现了写实、朴素的绘画风格，旨在强调克伦威尔的朴实与宗教虔诚，营造亲民风格与形象。库珀画像中的克伦威尔常常呈现出沉思姿态，表达克伦威尔履行服务上帝与民族的义务，是克伦威尔新形象的标志。平民期待作为一种社会心理、一种政治偏好，对政坛产生的巨大影响力，朴实、亲民的作风，塑造平民化、生活化，真实的人，以一种新型的、开放的、合乎时代潮流的大众口味来塑造。朴素的清教徒风格似乎已经成为护国主确立后的肖像模式，此时克伦威尔骑兵形象是对克伦威尔形象的重新塑造，普通的小乡绅与士兵形象反映的是清教的价值观。

但同时 1653 年后克伦威尔的新肖像也保持着明显的君主制痕迹，其视觉形象呈现出模糊性或者双重性。该时期克伦威尔的肖像在呈现出谦逊、朴实的风格的同时，又有范戴克艺术风格影响的痕迹。在克伦威尔博物馆陈列着一幅作于 1654 年的匿名作者画的克伦威尔肖像，它呈现出明显的斯图亚特王朝君主肖像画的特征，如同过去的君主骑马画一样，在这幅画中克伦威尔骑着高头大马，头戴由羽毛装饰的糖面包帽，这不由得让人联想起查理一世众多的雕刻像。尽管 1653 年后，克伦威尔肖像与护国主本人的演讲都宣传克伦威尔平凡与朴素的品格，但是克伦威尔肖像却带有明显可辨的君主肖像风格，这种矛盾现象实际上正是克伦威尔矛盾心理的反映。1656 年克伦威尔拒绝加冕为王，但同时他又逐渐认识到护国主新政权需要文化权威的支撑，遂向保王党文化妥协，企图借用王权文化符号确立统治的合法性，因而他的画像又在效仿查理一世，宣扬个人权威。克伦威尔这种君主式肖像画唤起人们对查理一世的记忆，结果宣扬的是君主权威。1658 年克伦威尔明确同意用他的画像装饰克伦威尔家族姓氏的首字母，这是效仿都铎王朝君主颁发特许状的风格，因而在颁发给切斯特的特许状和贵族专卖权证书上的克伦威尔肖像中，护国主身穿镶有貂图案的衣服，手握权杖。在王权文化中，貂与权杖是英国君主权力的象征与符号，这表明克伦威尔把自己作为权力来源，这与查理一世的政治主张毫无二致。

效仿英国前国王以及当时欧洲的国王们，克伦威尔把自己的画像赠送给瑞典女王克里斯蒂娜、丹麦国王以及荷兰与葡萄牙大使，同时克伦威尔的儿子理查德、亨利，妻子伊丽莎白，女儿伊丽莎白、布里奇特、弗朗西斯、玛丽也都有身着盛装的肖像画。这一切使人们对克伦威尔及其家族产生了这种认知：克伦威尔家族就是一个封建王朝，一个可以继承与世袭的王朝。同时他的女儿也与贵族联姻，一个嫁给保王家族，另一个则爱慕虚荣，言行举止俨然是一位封建君主宫廷里的公主，这些都更加强化了"克伦威尔家族就是一个王朝"的公众认知。

除此之外，雕刻像也是塑造与宣传克伦威尔形象的重要媒介，在 16 世纪末的英国开始流行，在 17 世纪 50 年代，帝王风格的克伦威尔版画像流传甚广。在威廉·费霍恩的克伦威尔版画中，围绕在克伦威尔周围的是《圣经》中的国王们，包括大卫、所罗门、亚历山大、恺撒，可能是预见到克伦威尔要复辟封建王朝，威廉·费霍恩在他另一幅雕刻画中，克伦威尔下面的题词是"奥利弗大帝。"① 在一幅匿名作者的雕刻像中，克伦威尔头戴羽

---

① 　Huntington Library, Richard Bull Granger, Vol. X, nos 14,17.

毛装饰的帽子，右手握着一根手杖，左手叉腰，这是仿效宫廷画家范戴克在 1935 年为查理一世所作《这是我家乡》的姿势。威廉·费霍恩作于 1658 年的一幅雕刻像，克伦威尔身着铠甲，站在两根柱子中间，在英国君主肖像文化中这两根柱子代表大力神与帝王权力，护国主脚踏"迷信怪兽"和"巴比伦娼妇"，右手握剑，左手拿着一本书，他头顶上方是口含橄榄枝的鸽子，在克伦威尔右边和平与宁静的田园上立着一根柱子，柱子顶上是一个花环，花环内是克伦威尔姓氏（Oliver Cromwell）的首字母"O"与"C"，二者内部分别是太阳、月亮。这幅版画中有很多代表王权的文化符号，能够使观者联想起 1592 年范德帕斯所画的女王伊丽莎白一世：女王站在两个有王冠的圆柱之间。这幅版画显然有意效仿与借用前皇家肖像风格与王权符号，旨在宣传护国主政权是神圣的帝国君主制，为加强克伦威尔护国主个人权威服务。

其次，克伦威尔家族徽章带有明显前王朝王室家族徽章的元素。在费索恩的雕刻画中，英国国旗圣乔治十字旗的背面是克伦威尔家族的纹章。1649 年查理一世被处决后，共和国在设计与宣传新徽章问题上一直很谨慎。但是克伦威尔个人统治确立后，徽章又重新成为统治的工具，克伦威尔在擢升护国公后立即下令重新设计家族徽章。克伦威尔作为军队总司令时的徽章是狮子爪中有一个戟，当他就任护国主后，徽章中的戟消失了，取而代之的是狮子右爪中的钻石项链，代表克伦威尔与三个王国、王冠的结合，表达的是克伦威尔的绝对权力。[①]1655 年，克伦威尔批准了带有克伦威尔徽章的船员制服，这里的克伦威尔徽章是以英国都铎王朝王室家族盾作为模版的：戴王冠的狮子和有翅膀的龙，带有王冠的盾牌，盾牌的顶部是英国国王王冠。克伦威尔采用了王室盾作为克伦威尔家族徽章符号，在分别代表三个王国的徽章四等分的中间是克伦威尔本人的狮子

---

① See F. Peck, *Memoirs of the Life and Actions of Oliver Cromwell: As Delivered in Three Panegyrics of Him*, Written in Latin (1740), p.130.

徽章，并且他用自己姓氏的首字母 O.P.（Oliver Protector 的缩写）取代了 C.R.。1657 年在国务院命令制作的船员制服中，衣服的前面和背面都印有克伦威尔的徽章和克伦威尔家族姓氏的首字母。尽管克伦威尔拒绝称王与王冠，但是护国主的徽章却出现在建筑物、船只和仆从的衣服上，对英国人来说，徽章是君主权力与权威的标志，特别是在都铎王朝时期。1655 年春，克伦威尔同意为护国主政权制作新印章，代表与过去的决裂，新印章给人的印象就是君主制时代的回归，因为它效仿原君主个人印章，其正面是克伦威尔身穿铠甲的骑马像，他身穿铠甲骑在马上，望向左边，身后是伦敦城，马正在悠闲地漫步。与以往画像不同，这次克伦威尔手握的不是剑，而是指挥棒，同时新印章中加入了克伦威尔的徽章，上面的拉丁文题词是"护国主奥利弗"，这说明了克伦威尔宣传其个人权威的决心。印章背面是护国主的新徽章，在这里克伦威尔家族的图腾戴上了项圈，位于纹章的中心，底部是克伦威尔的座右铭，重申和平是他追求的目标，为维护和平甚至不惜战争。新印章出自首席雕刻师明特之手，他说"两个铁质印章，都在效仿查理·斯图亚特"[1]。护国主政权的新印章不只是模仿查理一世的印章，新印章上踱步的马与古典式铠甲，让人联想起女王伊丽莎白一世，军事指挥棒则让人嗅到帝国的气息。国务委员会的印章也正在重新制作，正如前君主们一样，护国主在法国的领地也写进印章的铭文中。在重新制作的国务委员会新印章上，克伦威尔本人的纹章位于中心位置，以至于看到新印章的人们认为，这是英国即将进行宪政变革的一个信号。瑞典大使听到传闻说：

　　等着瞧好戏吧，说不定（克伦威尔）要当国王或者皇帝了。[2]

---

[1]　H. W. Henfrey, *Numismata Cromwelliana: Coins, Medals and Seals of Oliver Cromwell*, 1877, p.219.

[2]　R. Sherwood, *Oliver Cromwell: King In All But Name*, Stroud, 1997, pp.48-49.

5 月，威斯敏斯特的一个记者报道说：

> （御玺）向人们释放出一个信号：殿下很快就要加冕为王了。[①]

不管克伦威尔的演讲如何谦虚地拒绝称王，但克伦威尔的个人纹章与印章宣称的不是议会与国务委员会的集体权威，而是明显的专制君主的个人权威。与克伦威尔在英格兰的印玺一样，护国主的爱尔兰御玺也有克伦威尔的骑马肖像，以都柏林和爱尔兰徽章作为背景，苏格兰竖琴被克伦威尔的猛狮徽章盾所围绕。1654 年 4 月，因苏格兰与英格兰合并，国务委员会命令制作新御玺：

> 为了能更充分地体现两王国的联合，必须进一步作出如下规定……王国的国徽要把苏格兰的徽章即所谓的圣安德鲁斯十字吸收进来，作为王国合并的标志。[②]

1656 年，新御玺制作完成，交给联合王国的最高统治者克伦威尔。

其次，克伦威尔的头像也出现在当时的硬币与奖章上，并广为流传。克伦威尔作为英国最高统治者，致力于个人权威的重建，这在该时期的奖章中可以略见一斑。作为军队统帅，克伦威尔十分重视奖章的制作与颁发，在制作纪念顿巴战役的奖章时，他曾告诫议会不要宣传他本人的权威。但是议会没有采纳他的建议，镶有克伦威尔头像的各种奖章在 17 世纪 50 年代初发行。尽管克伦威尔最初不希望宣传自己，但是在 1653 年 12 月当选护国主时，他却命令发布奖章作为纪念，此后这种高度个人权

[①] R. Sherwood, *Oliver Cromwell: King In All But Name*, Stroud,1997, pp.48-49.

[②] H. W. Henfrey, *Numismata Cromwelliana: Coins, Medals and Seals of Oliver Cromwell*, 1877, p.209.

威的形象成为新政权奖章的标准模板。奖章的正面由西蒙设计，是克伦威尔的半身像，模仿库珀的微型肖像画，克伦威尔身穿铠甲，朴素的衣服领子和搭在左肩上的围巾，呈现的是罗马式护国主形象，内附拉丁题词"英格兰的奥利弗和苏格兰的保护者"（By the grace of God Protector of England, Scotland and Ireland &c），标志着克伦威尔对三王国及其所属领地的统治，其中"&"是法国国王经常使用的。背面是戴花环的狮子，镶有圣乔治和圣安德鲁图像的盾牌、爱尔兰竖琴和克伦威尔外套，以及戴着项圈的半狮像，项圈内是关于奥利弗的格言即"通过战争寻求和平"。

　　该时期除金币、银币外，铜币也被制造出来，成为传播克伦威尔画像的媒介。与之前的君主们一样，护国主政权使用的货币上仍然有十字架、棕榈树、桂冠，以及"英吉利共和国"字样。这些 20 先令、10 先令、5 先令、2 先令 6 便士的硬币，分别是 1653 年、1654 年、1656 年、1657 年发行的，一直流通到克伦威尔去世。1655 年克伦威尔任命托马斯·西蒙为铸币厂的首席雕刻师，1656 年发行的新硬币做工精细，上有克伦威尔左侧面的精致半身像，并且效仿詹姆士一世，用桂冠代表古典的帝国政体，内有题词"蒙上帝恩宠之英格兰、苏格兰和爱尔兰的保护者"[1]。背面盾牌上是克伦威尔的纹章，顶端是皇冠，周围镌刻克伦威尔名言，这让人联想起前国王查理一世。50 先令硬币的边缘刻有"Protector literis literae nummis corona et salvo"字样，这些字母用来保护硬币，防止硬币在流通中受到过多刮擦，但同时它还有另一层含义：就像护国主保护王国一样，这些字母保护硬币。20 先令和 10 先令硬币的边缘没有题词文字，在 2 先令 6 便士硬币上克伦威尔头戴桂冠的半身像上比之前多了一个帷幔，这是与金币的重大区别，这些硬币的质量较前有了明显改进，特别是上面的克

---

[1]　H. W. Henfrey, *Numismata Cromwelliana: Coins, Medals and Seals of Oliver Cromwell, 1877*, p.102.

伦威尔画像。1656 年克伦威尔明显认识到硬币媒介宣传克伦威尔形象的重要性，此后硬币就成为传播君主权力最广泛的媒介。西蒙用古典帷幔的克伦威尔桂冠半身像的 2 先令 6 便士、1 先令 6 便士硬币来维护王权，两个最高面值硬币的边缘都刻有"谁也不许从我这里拿走，除非判我死刑"①的字样。该题词再次警告人们，禁止毁坏或者其他非法使用硬币行为，同时由于铸币是主权的象征，因而新硬币的发行本身就是护国主权威的一种宣称，共和国硬币被废除了，取而代之的是带有克伦威尔头像的新硬币。因而 1658 年的铸币是清除共和国影响、确立克伦威尔家族继承权的重要行动，新硬币上的形象赋予护国主享有以前国王才能享有的特权与权威。正如博丹所言：

> 铸币的权利，与法律的性质一样，只有有权制定法律的人，才能管理造币……任何一个良好秩序的国家，必定是只有国王一个人才有这样的权力。②

在克伦威尔葬礼上，手握权杖、宝球、剑以及头戴王冠的克伦威尔雕像就是以铸币厂的首席雕刻师托马斯·西蒙所作的克伦威尔头像作为蓝本的。

作为一种特殊条件下的制度安排，护国主政体具有明显的权宜性。面对保王派和共和派的质疑与攻击，护国主形象兼顾了二者的价值诉求，因而呈现出双面性。1655 年危机使克伦威尔形象比以前更加受到争议与抨击，护国主形象与克伦威尔本人所声称的主张日益相冲突，不仅如此，克伦威尔还失去了对其形象表述的控制，表述的主动权从克伦威尔宫廷转向了公共领域，受市场需求的影响，克伦威尔的形象处于官方控制之外，

---

① Sharpe Kevin, *Image Wars : Promoting Kings and Commonwealths in England, 1603–1660*, Yale University Press, 2010, p.510.

② Translation from J. H. Franklin, *Bodin: On Sovereignty*, Cambridge, 1992, p.78.

成为不可预测的公共世界的印刷品的一部分，克伦威尔作为征服者的英雄形象被折射进各种印刷品中，在这里克伦威尔更多地被表述为"篡位者"、马基雅维利、敌基督、古以色列国王耶罗里安。

二、封建宫廷礼制与礼俗的复兴

克伦威尔本人断然拒绝了加冕为王的建议，但是却又借用君主制礼俗，护国主政权对封建王权文化进行妥协与让步，封建王朝礼俗在护国主时期出现了回归。

首先，仿效封建君主先王，护国主政府重修王宫，作为护国主的宫廷。1650 年 6 月从爱尔兰归来后，克伦威尔一家搬进了白厅。当被授予护国主称号后，为显示护国主的权威，原属于英国王室的白厅、圣詹姆士宫、格林威治宫、汉普顿宫和温莎城堡全部归护国主及家庭使用。授职仪式后仅一周，官方报纸称："白厅正准备让殿下入住，前王朝的国务会议室正在准备迎接尊敬的国务部门搬进。"① 不仅前王室的封建礼制恢复了，从为侍女、服务员、马车夫和其他仆人准备的桌子名单说明了这一切。对前王室各宫进行重新修缮，耗资巨大。曾经被拍卖的查理一世宫廷物品，现在被购买过来供护国主所用。1656 年初，约翰·伊芙琳写道：

我冒险去了一趟白厅，好多年没去了，发现那儿很壮观、配置齐全。②

在当时驻英外国大使的眼里，这一切意味着新的王朝即将建立。威

---

① R. Sherwood, *Oliver Cromwell: King In All But Name*, Stroud,1997, p.26.
② E. S. de Beer ed., *The Diary of John Evelyn*,6 vols., Oxford,1955, III, p.166.

尼斯大使写道：

> 他（指克伦威尔）此后将在王室的屋檐下，行使国王的
> 权力。①

从重新改造都铎和斯图亚特国王们的宫殿行动中，他推断出一个新的王朝要开始了。前王朝王宫内的装饰现在全部恢复，白厅重新恢复为王宫，成为展示尊严与权威的场所。克伦威尔效仿以往的国王们重新对宫廷进行了部署，宫廷没有任命王室事务大臣，但是与斯图亚特王朝宫廷一样，护国主宫设有私人厨房、地下室、盛放香料与酒的酒窖、屠宰场、碗碟洗涤处，以至于克伦威尔家族的开支超过了收入。克伦威尔就职护国主后，规定政府官员的服务对象是护国主，而不是国家，船员身穿的是印有奥利弗个人徽章的制服，宣扬的是封建等级关系，强调对护国主的个人忠诚。除此之外，护国主统治期间，恢复了前王朝统治时期的主要王室官员的职位，特别是王室与宫廷的首席大臣即宫务大臣。1655 年 8 月，护国主的首个宫务大臣吉尔伯特爵士皮克林上任了。按照封建王朝宫廷设置，护国主由 14 个内侍服侍，恢复枢密室随从制，他们随护国主出席国家场合，比如接待大使、召开议会。跟随克伦威尔参加国事厅和宫外活动的戟兵哨兵，被称为皇家自耕农哨兵，骑兵中队就像原先的皇家卫队一样。奥利弗有自己的私人牧师与殿下音乐首席大师。这些扈从、侍卫、厨师、管家的重新出现，使护国主统治成为一个准君主政府，因此招致共和主义分子对篡位者的宫廷进行抨击。一匿名文章批评护国主的骄纵与宫廷奢华，用高税收支持其奢华：

---

① Sharpe Kevin, *Image Wars: Promoting Kings and Commonwealths in England, 1603-1660*, Yale University Press, 2010, p.511.

　　汉普顿宫新建的池塘、围猎用的圈起来的养兔场，带来的快乐其花费巨大，作者感叹，克扣军饷，供护国主吃甜品、喝美酒，让绅士端茶送水、让马夫搬凳子上下马、让裁缝做华贵的衣服，此外还有提琴手等等……这些人都穿金戴银。[①]

　　宫廷在封建君主时代是展示国王威严给外国使节、政治国家（政治精英）、民众的仪式舞台，近代早期英国为维护统治权威，维持一定的体面是必要的，克伦威尔充分认识到这一点，所以早在共和国时期，克伦威尔没有抛弃全部的国家礼仪。护国主统治开始后，克伦威尔就立即恢复了封建君主时期的仪式和习俗，这深刻影响了人们对护国主政权的认知。

　　由于封建宫廷礼制的恢复，当时人们经常把克伦威尔与前封建君主们联系在一起，对大多数英国人来说，护国主及其政权就是非法篡夺王位的产物。克伦威尔搬进前王宫，建立护国主宫，立即引起人们对克伦威尔复辟君主制的猜疑。1653 年 12 月议会决定，前王室各宫，包括圣詹姆士宫、萨默塞特宫、格林威治宫、约克宫、温莎城堡、汉普顿宫都被购买，供克伦威尔与家庭使用，一些反对者立即把这一决定作为克伦威尔走向君主制的步骤，甚至外国大使也认为这是克伦威尔称王的前奏。

　　其次，复兴封建王朝的庆典仪式。1650 年 5 月克伦威尔征服爱尔兰返回伦敦，仿效封建君主，举行了盛大的庆祝仪式。当时的报道称，炮弹齐鸣，一些贵族与官员毕恭毕敬前来迎驾，包括上流社会人士、议员、国务委员、军队将领，这些显贵们前去献媚，祝贺克伦威尔取得了辉煌战绩，称赞其将会得到上帝的庇佑。

　　1650 年 9 月克伦威尔本人曾坚持废除偶像崇拜，但议会却宣布 10 月

[①]　Sharpe Kevin, *Image Wars : Promoting Kings and Commonwealths in England, 1603–1660*, Yale University Press,2010, p.512.

8 日为感恩节，并任命专门委员会为所有参加邓巴战役者制作勋章。同时，克伦威尔 1651 年的入城仪式也是在模仿查理一世。1641 年查理一世与苏格兰谈判归来，作为庆祝在伦敦举行盛大仪式，以期公开展示君民之间的相互感情与忠诚，表达和谐的政治关系，这是传统的王室入城仪式，市长、市政官员、500 名左右的扈从在市政大厅迎接查理。伦敦市长递上宝剑和城门钥匙，表达对查理权威的认可，查理接过后并归还，表示重新授予伦敦市长管理伦敦城的权力。然后浩浩荡荡的队伍向于格劳斯大楼行进，在那里举行宴乐。

1651 年 9 月克伦威尔在伍斯特再次打败苏格兰军队，结束了内战，两周后克伦威尔进入伦敦，受到热烈欢迎。伦敦城所有显贵们前来迎接，克伦威尔接受了"代表整个伦敦城的祝贺与庆祝"①。入城仪式场面恢宏，数万名市民或骑马，或徒步，占据最佳观看位置，整个队伍绵延数里。当克伦威尔从伦敦桥街向皮卡迪利大街行进时，士兵举枪齐鸣，欢呼声响彻云霄。另外，凡是克伦威尔所到之处，人们纷纷脱帽致敬。这场经过精心设计的庆祝活动，处处充满着以前君主入城仪式的痕迹，入城仪式与人们的欢呼用以显示克伦威尔的政治优势。

实际上，自英吉利共和国建立起，一定程度上它就承袭了前王朝的礼俗，到护国主时代君主制仪式与习俗则全面复兴。1653 年 12 月 16 日克伦威尔的授职仪式如同国王加冕，是封建君主时代盛大仪式的回归，让人产生了克伦威尔即将称王的认识。由法官、大臣、镇长和市政官员组成的仪仗队伍走在最前面，克伦威尔则在骑马侍卫和徒步士兵护卫下前往威斯敏斯特厅，该地是加冕仪式前举行登基仪式的地方。进入威斯敏斯特厅之后，兰伯特将军手持国剑开路，克伦威尔被引导走向王位就

---

① Laura Lunger Knoppers, *Constructing Cromwell: Ceremony, Portrait, and Print,1645-1661*, Cambridge University Press,2000, p.57.

座，《政府法》宣读后，克伦威尔宣誓效忠于国家，然后正式就任护国主。像以往的国王一样，他坐着接受效忠。他从兰伯特手中接过国剑，从上院贵族委员会那里接过御玺，从伦敦市长手中接过伦敦城市的剑，这些代表着护国主的权力，然后他一一把这些物品再次授予回去，以此显示这些官员的权力来自克伦威尔。就职仪式结束后，在四名武装中士的护卫下，克伦威尔从威斯敏斯特返回白厅，在白厅的宴会厅克伦威尔与随从参加了类似加冕仪式的布道，由克伦威尔的私人牧师主持。当时新闻报道说，就职仪式公开进行，大炮齐鸣，钟声与欢呼声响彻街道，街上燃起熊熊篝火。就职仪式公开进行的用意很明显，就是保证大众的参与，以此作为大众对新统治者与新政府的一种合法性认可的表现。

就职后的数周，伦敦市为护国主组织了盛大活动，表达对护国主的忠诚以及对护国主权威的服从。正式的入城仪式后是盛大的宴会，这是以前国王和女王加冕仪式的一部分，从总司令到护国主见证了封建君主制礼仪的回归。头前开路的是骑马的护卫、主要军事指挥官、14名号兵和戴着天鹅绒帽子和身着镶有金银边灰色制服的侍从，克伦威尔乘坐战车，"大贵族们都坐着六匹马拉的车，前来出席活动"①。在伦敦城的入口坦普尔栅门，伦敦市长、市政要员、致欢迎词的书记员迎接克伦威尔，然后护国主从战车上走下，他身穿金线刺绣的骑士上衣，跨上盛装的马，开始了入城仪式巡行，伦敦市长光头骑马、手持伦敦市的剑在前面开路。街道两边树立了围栏，伦敦市的各行会都身穿制服、举着行会旗帜参加。伦敦巡回法官在于格劳斯大厅致辞，宣布克伦威尔政府是神授的，其权力是上帝赋予的。随后的宴会就像巡行仪式一样，克伦威尔受到了国王一般的礼遇。这次的入城仪式就像以前英国国王的入城仪式一样，克拉伦登指出，

---

① Carrington, *History of the Life and Death of ... Oliver Late Lord Protector* (Wing C643), p.168.

护国主就"像国王一般，在离开时授予伦敦市长骑士荣誉称号"①。克伦威尔的就职和宴请仪式为人们怀疑其称王提供了可能。入城仪式与活动是市政当局组织的，虽然克伦威尔本不希望在这些场合突出自己，但却在这些盛大仪式中非常配合。与封建君主一样，克伦威尔就职后举行了接见外国大使的仪式，执行的仍是前王朝接见大使的礼俗。克伦威尔政府重新强调封建礼仪，宴请伦敦显贵及其军队上层成为政府的经常性事务，其主题是歌颂护国主政府，重新确立封建等级秩序与封建荣誉。君主制礼俗重新出现在护国主宫廷与伦敦街头，因而对人们来说克伦威尔加冕称王似乎就不足为奇了。

1657 年 6 月，按照新宪法和《谦卑请愿》，第二次就职仪式举行，该仪式包含很多君主加冕仪式的元素，因而在公众看来，克伦威尔在就职仪式上的表现俨然就是一位君主。克伦威尔虽然在 1656 年 5 月 8 日拒绝了国王称号，但是为使护国主职位成为克伦威尔家族的世袭权利，因而举行了就职仪式。相比第一次就职仪式，这次则更是精心谋划的结果。在威斯敏斯特大厅的高台上是加冕宝座，它是专门从威斯敏斯特修道院搬来的，就像圣爱德华的宝座一样，被安排在华盖下。宝座前是一张桌子，上面铺着镶有金流苏的紫色金丝绒，桌上是象征新教君主权力的《圣经》、宝剑、权杖。桌子周围是下院议员、市政要员、显贵们，他们分别坐在各自的专座上。当一切准备妥当后，护国主与护卫、传令官、法官、掌印官、其他官员，以及手持共和国宝剑的沃里克伯爵，从议事厅进入威斯敏斯特大厅，新一届议员们、克伦威尔家内侍从们与苏格兰和爱尔兰贵族们紧跟着护国主。进入大厅后，护国主身着朝服与他的儿子站在一起，贵族大臣们站在其后，议长为其呈上镶有图案华贵的紫色天鹅绒长袍、《圣经》、宝

---

① Edward Hyde, Earl of Clarendon, *The History of the Rebellion and Civil Wars in England*, ed. W. D. Macray, 6 vols., Oxford, 1888, V, p.287.

剑与权杖，然后就像国王加冕仪式上大主教一一解释它们的象征含义一样，此时议长取代大主教逐一解释长袍、《圣经》、宝剑与权杖各自代表的含义。呈上王权徽章后，议长宣誓并祈祷，克伦威尔坐在宝座上手持权杖，传令官宣布克伦威尔为护国主，要求人们服从他，在场的贵族显贵们高声呼喊："上帝保佑护国主。"当时一些时事评论家认为，护国主就职仪式与国王加冕仪式无异。克伦威尔的政府委员会希望恢复君主制来稳定社会秩序，因而故意设计一个尽可能接近君主制的就职仪式，接受传统王权象征的克伦威尔成为整个仪式的焦点。同时《议会请愿书》给予克伦威尔王朝世袭护国主的权利，这在就职仪式中特意进行了安排，站在克伦威尔背后的是克伦威尔的儿子、护国主继承人理查德和克伦威尔的女婿们。护国主的第二次就职仪式实际上宣布了一个新王朝的开始。7月1日又精心组织了克伦威尔的伦敦公开巡行，在欢呼声与钟声中传令官们宣布一个新的王朝开始了。在这次仪式中，克伦威尔护国主职位的王朝性、私人性本质充分展示出来：加冕宝座从教堂移到威斯敏斯特大厅，下院议长取代前王朝时代的坎特伯雷大主教，授予克伦威尔紫色长袍，上面镶嵌着貂与《圣经》，仪式中使用的剑与金色权杖，是封建王朝时代国王加冕仪式才使用的。虽然在此前的一系列演讲中，克伦威尔拒绝接受英国国王的称号，但是他的护国主授权仪式展示给人民的却俨然是一位君主，《圣经》、剑、权杖都是前王朝时代代表新教国王权力的符号，因此当时一些评论家把仪式称之为"君主授职的神圣仪式"①，克伦威尔的护国主政府正式走向复辟君主的过渡道路，奢华盛大的庆典仪式，强化了等级制权力关系和神授权力的神秘。

官方媒体也把护国主就职仪式宣传成封建君主的加冕仪式。官方印

---

① Carrington, *History of the Life and Death of ... Oliver Late Lord Protector* (Wing C643,1659), p.203.

刷品使用以前国王加冕的话语，来描写护国主就职仪式，它们宣传说克伦威尔被授予紫色天鹅绒长袍，上面有貂的图案，这是古老神圣的国王授职仪式的习惯，"根据他的威望与尊贵，人们以君主制的礼仪膜拜陛下"[①]，过去封建君主加冕仪式的辉煌与壮丽在这次仪式中全都体现了，"整个仪式由国家管理，仪式既辉煌与欢庆，又高贵与庄严"[②]。根据当时一本描写就职仪式的文献描写，克伦威尔就职仪式与君主加冕仪式非常相似。据记载，议长身穿宫廷朝臣的衣服，把《圣经》与权杖呈给克伦威尔。紫色长袍上是排列整齐的貂的图案，宝剑放在克伦威尔与议长之间的桌子上。当时的记者这样描写就职仪式：

> 殿下在法官、议会、高官面前，于威斯敏斯特厅宣誓就任护国主。除了没有王冠，所有的仪式就如同国王的加冕仪式一样。伦敦市长和委员们也都在现场，议会通过了新宪法，克伦威尔宣誓遵守。接下来克伦威尔接受了长袍、《圣经》、权杖、剑，只是没有王冠。[③]

詹姆斯·弗雷泽描写接下来的仪式，钟声响起，篝火点燃，所有表达民众快乐的东西都被设计出来，用以表达民众对政权的认可与配合。他尖锐地写道：

> 人们必须向这个邪神的像进行膜拜，否则的话，他们就得死。

---

① Laura Lunger Knoppers, *Constructing Cromwell: Ceremony, Portrait, and Print,1645-1661*, Cambridge University Press,2000, p.124.

② Laura Lunger Knoppers, *Constructing Cromwell: Ceremony, Portrait, and Print,1645-1661*, Cambridge University Press,2000, p.124.

③ Laura Lunger Knoppers, *Constructing Cromwell: Ceremony, Portrait, and Print,1645-1661*, Cambridge University Press,2000, p.125.

人们必须崇拜这个太阳。①

　　官方印刷品鼓吹，克伦威尔加冕为王是人民的选择，他们希望建立君主制，用君主制维护共和的价值观念。

　　克伦威尔政权的庆典仪式突出强调权力神授与封建等级制，标志着封建君主制礼俗文化在护国主时期的复兴。

三、封建君主葬礼仪式的恢复

　　克伦威尔的葬礼完全是封建君主葬礼仪式的效仿。克伦威尔刚一去世，在宣誓、祷告、祝福仪式结束后，查理被宣布为英格兰、苏格兰、爱尔兰及其所属领地的合法护国主，国务委员会宣布，英国所有人必须效忠查理，"为他祈祷，祈求上帝，保他平安"②。此后在威斯敏斯特、伦敦城门口、赞善里、齐普赛街国务委员会和高官出席的重大活动中，先后宣布查理为护国主的合法继承人。

　　为稳定克伦威尔去世后的政局，使查理的统治合法化，国务委员会的大臣们用最传统的方式即君主葬礼仪式为克伦威尔举办葬礼。他们查阅历史文献，了解以前的国王们是如何为先王举办葬礼的，并宣称将把克伦威尔葬礼办的比以往任何国王的葬礼都要隆重。约翰·张伯伦说，克伦威尔的葬礼是英国历史上最隆重的葬礼，"身穿黑色礼服者超过了9000人"③。詹姆士一世的葬礼花费不超过3万英镑银币，而克伦威尔的葬礼预计将耗

---

① Laura Lunger Knoppers, *Constructing Cromwell: Ceremony, Portrait, and Print,1645-1661*, Cambridge University Press,2000, p.126.

② Sharpe Kevin, *Image Wars : Promoting Kings and Commonwealths in England, 1603-1660*, Yale University Press,2010, p.519.

③ John Chamberlain, *The letters of John Ghamberlain*, Ed. Norman Egbert McClure, 2 vols., Philadelphia: The American Philosophical Society,1939, p.616.

资 10 万英镑，仅仅葬礼使用的服饰就接近 4 万英镑，大约需要 3 万码布匹。最终克伦威尔的葬礼以詹姆士一世的葬礼为范本。

盛大的葬礼显示君主的权力与威严，有助于等级秩序的确立。1625年在詹姆士一世的葬礼仪式中，查理处于中心位置，这是一种有意的权力挖掘，是为王位世袭服务的，它塑造了一个统一的、光辉的詹姆士形象，用来增强查理的王权，证明王位继承的合法性。詹姆士的仿真雕像被置于灵车上，灵车后面是徒步的查理，这是中世纪流行的国王身份二元性神秘观念的表达。仪式中的国王雕像与紧跟着的王位继承人，象征着王位与王权的移交，旨在巩固查理的国王地位。

克伦威尔葬礼对詹姆士一世葬礼仪式的借用绝不仅仅是一种美学模仿，事实上护国主的国务委员会企图利用克伦威尔的葬礼仪式，稳定和合法化查理的护国主政权，展示护国主权力从克伦威尔向查理的转移，但同时这种效仿封建君主葬礼仪式本身也在提醒人们：护国主政权是对真正王朝世系的篡夺。

仿照詹姆士一世，国务委员会聘请当时最好的画家制作克伦威尔的雕像，雕像制作完成后，克伦威尔的仿真人雕像放置在萨默塞特宫供人凭吊。本来计划在葬礼仪式举行之前，先在萨默塞特宫安放护国主遗体，结果克伦威尔的遗体已经从白厅被悄悄运走，除了他生前的侍从负责护送外，其他人都不知道此事。[①] 出现在萨默塞特宫的克伦威尔雕像，"身着皇家长袍或朝服，头戴王冠，权杖，就像国王一样"[②]。内德汉姆在官方新闻通讯报道称，克伦威尔的雕像身披朝服，一手拿权杖，一手拿宝球，这些都是封建君主的权力象征。

---

① Frances Verney and Margaret Verney, eds., *Memoirs of the Verney Family*, Vol. III. Biblio Bazaar, 2010, p.422.

② John Evelyn, *The Diary of John Evelyn*, Ed. E.S.de Beer. Vol.III, Oxford: Clarendon Press,1955, p.224.

在一切准备妥当后，克伦威尔葬礼仪式开始了。它充分利用封建君主葬礼仪式的视觉资源，展示的是一个神圣、威严的国王权力。送葬者队伍被精心安排与设计，旗帜、饰带、金银喇叭、鼓乐器一应俱全，甚至马都被盛装打扮，披着黑色羽毛装饰，克伦威尔生前的坐骑则身披镶有金银刺绣的红色天鹅绒。克伦威尔的雕像位于仪式的中心位置，"被安置在由徽章、旗帜装饰的战车上，六匹马身披长长的黑色天鹅绒和黑色饰物，队伍浩浩荡荡，自萨默塞特宫向西敏寺教堂挺进，沿途是排列整齐的军队"①。克伦威尔雕像身着紫色天鹅绒长袍，头戴王冠，威尼斯大使写道：

> 护国主实际上几周前就已经下葬了，他的塑像从萨默塞特宫出发，被送往威斯敏斯特教堂。它头顶王冠，手握权杖与宝球，还有其他象征王权的物品，坐在由六匹盛装打扮的马拉着的车上。②

仪式、肖像、灵车等都明显模仿封建君主的葬礼，克伦威尔在葬礼仪式上被当作国王供奉，是对封建时代君主的一种模仿。

克伦威尔的葬礼极其奢华，与克伦威尔生前那种谦逊、朴实的军人风格很不相符，保王党和共和派攻击这是新的偶像崇拜。克伦威尔葬礼的仪仗队伍实际上就是偶像崇拜的一种展示，如此盛大的偶像崇拜盛况是对克伦威尔偶像破坏者形象的一种巨大讽刺。

克伦威尔葬礼的权力展示最终证明是失败的，它走向了反面，人们攻击克伦威尔是模仿国王的冒牌货。同时虽然在形式上借用了封建君主葬礼的模式，但实际上克伦威尔的遗体并没有出现在仪式中，这实际上是护国

---

① Peter Mundy, *The Travels of Peter Mundy in Europe and Asia,* Vol. V. ed. Richard C. Temple and Lavinia Mary Anstey, London:The Hakluyt Society,1936, p.103.

② Peter Mundy, *The Travels of Peter Mundy in Europe and Asia,* Vol. V. ed. Richard C. Temple and Lavinia Mary Anstey, London:The Hakluyt Society,1936, pp.103,104.

主权力空洞性的一种暗示。克伦威尔葬礼不仅未能确立克伦威尔家族政权的地位与合法性，却适得其反，暴露了护国主地位与合法性的真正缺失。

> 当灵柩经过时，人们很容易感觉到，一个真正的国王即使裹着粗布麻衣，也比这个倾尽财力举办的葬礼更加正大光明。①

克伦威尔君主式葬礼激起人们的巨大不满。时人称，克伦威尔葬礼"是我所见过的最快乐的葬礼，没人哭泣，只听到那些遭到士兵轰赶的狗在叫，街上的人们在喝酒、吸烟"②。纪念克伦威尔的挽联也是仿国王式的，有挽联称，克伦威尔去世前曾出现了暴风雨。象征克伦威尔的雕像身穿君主服饰，目的是使查理政权合法化，但是适得其反，它引起共和主义分子与保王党的攻击，因而克伦威尔葬礼成为护国主政体非法性、意图复辟君主制的佐证。克伦威尔被保王党妖魔化，被攻击是一个有巨大野心的伪君子。

由于克伦威尔形象的日益帝王化，关于克伦威尔称王的传闻日益发酵，使其始终处于保王党宣传家的攻击中。克伦威尔的形象与统治风格促使人们越来越把他视为帝王，认为他图谋用克伦威尔家族取代斯图亚特王室家族。克伦威尔成为反对派攻击的焦点，他本人特别是身体缺陷成为被奚落、被嘲讽的话题。关于斯图亚特家族查理一世的记忆复兴了，查理一世成为教会、自由和人民的殉道者，王党派撰文怀念斯图亚特王朝和查理一世，他们发表了许多怀念查理一世生活与品格的文章，宣扬他的权力与品德。同时查理一世的儿子——查理二世的存在，使克伦威尔的地位面临

---

① Laura Lunger Knoppers, *Constructing Cromwell: Ceremony, Portrait, and Print, 1645-1661*, Cambridge University Press,2000, p.145.

② John Evelyn, *The Diary of John Evelyn*, Ed. E.S.de Beer, Vol.III, Oxford: Clarendon Press,1955, p.224.

着巨大挑战。克伦威尔及其拥护者竭力把查理二世宣扬为天主教徒的首领、自由与民族的敌人。但是查理二世被其支持者视为英国三王国的合法王位继承人，使其始终出现在公众视野中。王党派的文章把查理二世描写成虔诚、品德高尚、爱好和平的人，认为只有他才是上帝的唯一代表，只有他才能恢复英国的和平。克伦威尔最终没有成功地说服人民他的封号和权威的合法性，其中一个原因就是关于斯图亚特王朝的查理一世、查理二世的文本记忆的存在。

结　语

自共和国诞生之日起，英国就开始了塑造个人形象、缔造个人崇拜之路，到护国主时期权力的个人化趋势更加明显，个人崇拜达到顶峰，此时的政治文化呈现出明显的封建王权文化的特征，克伦威尔形象也日益封建君主化。作为维护社会与政治稳定的权宜之计，克伦威尔政权借用封建王权文化与符号，把克伦威尔塑造成如同封建君主一样具有超凡魅力的人物，填补了斯图亚特王朝被推翻后民族的心理空白。

护国主统治时期，克伦威尔一方面拒绝了议会关于为其加冕称王的建议，但另一方面又保留了封建君主式的个人权力，克伦威尔成为英国的"无冕之王"。这种拒绝加冕为王但又掌握个人权力的"无冕之王"形象策略是当时特殊政治形势下的产物，它既希望借用传统的王权文化与符号以期实现与保王党的和解，又希望通过拒绝加冕为王企图实现与共和派、宗教激进派的和解，因而从1653年到1658年护国主统治时期，英国取得了某种程度的和平与稳定，大多数英国人与护国主政权和平相处。

但是从长远看，无冕之王的形象打造就如同护国主政体的设立一样，只不过是维护英国社会政治稳定的权宜之计，而封建王权符号与封建礼制的复兴却为君主制复辟铺平了道路。

第四章

王朝复辟时期

形象由符号与价值观念构成，是政治文化的重要部分，君主或政权形象在操纵公共舆论、决定君主命运中起着举足轻重的作用。但是，对于1660年后斯图亚特王朝后期君主的公众形象，鲜有学者进行探讨，研究相对薄弱。造成这种现象的原因，主要在于辉格派史学长期垄断史坛与进步论的史学观念，以及该时期君主在宪政政体中地位下降的现实，导致学界长期以来对1660年后的英国君主及其政治文化关注不足，直到最近几十年，历史学家才从辉格派进步论的史学模式中解放出来，斯图亚特王朝后期的各位君主及其统治，开始进入史学家的研究视野，并且被重新认识与评价，但是对于他们的公众形象研究仍有待深入。①

第一节　查理二世的两面性形象与保王党的政治胜利

1660年英国斯图亚特王朝在经历内战与革命后复辟了，但是恢复革命前的旧式君主制已经不可能了。因而复辟王朝必须在新的形势下，塑造

---

① 目前涉足该领域的主要代表人物有：Tim Harris，M. Kights，Kevin Sharpe。See Tim Harris, *Restoration: Charles II and His Kingdoms,1660-1685*, London and New York,2005. M. Kights, *Representation and Misrepresentation in Later Stuart Britain: Partisanship and Political Culture,* Oxford,2004.

一种新的君主形象，确立新的文化权威，维护王朝统治。分裂的社会与分裂的政治文化，以及《宽赦宣言》与《多佛密约》引发的反天主教情绪，天主教阴谋案与排除法案引发的政治危机，塑造了查理二世既神圣又世俗、既传统又革新的两面性君主形象，君主形象的变化是当时英国社会两面性与过渡性特征的结果与体现。这种实用主义（或曰功利主义）的形象策略，有助于查理二世复辟政权度过危机而确立起来。

一、复辟王朝时期社会与文化的变革

"想象可以产生权威"[①]，本尼迪克特·安德森将民族定义为一种"想象的政治共同体"[②]。在近代欧洲民族国家的形成过程中，君主形象对于民族意识、民族认同的塑造与形成，起着至关重要的作用，同样它对于君主政权的稳定有着极为重要的价值。复辟王朝处于社会新旧交替的过渡阶段，是一个带有很大不确定性的时代，社会与政治文化的巨大变革，君主政权面临的新挑战，要求政权必须塑造新的君主形象。一方面，它要保持君主一定程度的神圣性、神秘性，特别是在不确定与危机时期，因为没有神秘面纱笼罩的权威，其处境往往是很危险的；另一方面，为适应新时代大众文化与美学品位，满足大众期待，政权又必须适应新的价值与美学观念，塑造大众化、世俗化君主形象。在这些形势下，就出现了既神圣又随意的两面性君主形象，这是由复辟时代的过渡性与不确定性决定的，是对时代的回应，有助于政权的巩固。

经过革命特别是查理一世被处决事件，英国君主的神圣性与君主权

---

① Kevin Sharpe, *Rebranding Rule: The Restoration and Revolution Monarchy,1660–1714*, Yale University Press,2013, p.93.

② 参见［美］本尼迪克特·安德森:《想象的共同体:民族主义的起源与散布》，吴叡人译，上海人民出版社 2005 年版。

威遭到极大削弱，复辟王朝重塑君主形象的任务异常艰巨。弑君不仅使查理一世身首异处，而且还削弱了人们对君主传统的天然敬畏感，根据当时著名的日记作家塞缪尔·佩皮斯记载，御用诗人在 1661 年主显节感叹，内战期间的英国国王们"不过是一个个普普通通的人，与你我无异"①。君主的自然权力学说与神圣权力学说受到质疑，人们对待权威的态度发生了变化，对君主及其君主制表现出更加理性的态度。霍布斯早在 1649 年就认识到，神圣权力及其本质不再是权威与忠诚的基础，他由此开始按照理性的、功利主义的原则，构建与设计统治与顺从的理性基础。从此人们对权威的思考、思维方式发生根本变革，对君主及其君主制的态度发生重大变化，王权神秘性受到理性审视，"神秘"一词被视为"迷信"，与"天主教信仰"同义。在排斥危机和教权阴谋危机期间，托利派和辉格派的论战再掀高潮，从正反两方面辩论王权的基础，结果导致人们可以自由讨论王权来自上帝还是人民，人们自由表达政治意见，包括对君主制的质疑。1681 年辉格派历史学家托马斯·赖默在著作《像风一样即将被吹散的政府》中，批评御用诗人与神学家所宣扬的神授王权论，"他们制造出来的（君主）形象常常是最粗俗的，被那些无知的俗人所膜拜。政客们总是喜欢制造偶像崇拜"②。辉格派攻击国王，嘲讽国王就是一个空招牌、一个符号，"君主的唯一用途在于，他就像一个暗夜下站在街道上，提着灯笼，招揽顾客的客栈掌柜"③。在两党激烈辩论与互相攻击中，王权的神圣性受到质疑，君主权威遭到削弱。同

---

① R. Latham and W.Matthews eds., *Diary and Samuel Pepys*,11 vols., Bell & Hyman Ltd.,1970, p.158.

② "A general draught and prospect of government in Europe, and civil policy shewing the antiquity, power, decay, of parliaments", in Donald G. Wing, *Short-title Catalogue of Books Printed in England, Scotland, Ireland, Wales, and British America,1641−1700*,2nd edn,4 vols.,1972−1998, R2426,1681, p.77.(以下简称 Wing)

③ Kevin Sharpe, *Rebranding Rule: the Restoration and Revolution Monarchy,1660−1714,* Yale University Press,2013, p.202.

时社会特权因在革命期间曾遭到激进派的猛烈抨击，因而复辟王朝时期它遭到严重削弱，人们对政府和社会上层的服从纽带松弛了，引发社会上层感叹"不幸而混乱的时代，产生了不理智的一类人……非理智使他们不愿服从法律和必要的统治手段"[①]。同时，价值观念也发生很大变化，史官威廉·达格多感觉，"徽章一直以来都是荣誉的标志，现在被很多人嗤之以鼻……贸易与金钱正在与封地争夺名声与威望"[②]。马基雅维利的思想逐渐被接受，人们认可了一个由准则与价值观念构成的政治领域的存在。这样，复辟王朝不得不在广大的社会、文化变革形势下重新塑造君主形象。

　　君主画像的商品化，导致君主权威经历去神秘化过程。自伊丽莎白女王统治时期开始，作为价格比较低廉的艺术品，君主的木刻画出现了大众化、商品化趋势，它们被出版与发售，伦敦一家专门经营木刻画印刷品的商铺由此发展成为一家贸易商行。[③] 随着 1640 年政治危机的出现，以及印刷文化的井喷，君主木刻画大量涌现。史料显示，民众希望能够拥有那些失去王权或者殉道者国王的画像，同时愿意收藏新国王的画像，因而查理一世与查理二世的木版画，以及王室、贵族和将军们的木刻画，随着严格的书刊检查制度的瘫痪，于 17 世纪 50 年代畅通无阻地流传，到斯图亚特王朝晚期，收集画像成为一种社会时尚。同时值得注意的是，美学正经历民主化过程，君主权威经历着去神秘化，莱尼女士的作品——国王查理的画像在当时颇有影响，成为一首流行诗中的插图。当时的木版画家亚历山大·布朗看到后感叹："看到君主的画像，我感觉自己正在这里窥视着

---

① Kevin Sharpe, *Rebranding Rule: the Restoration and Revolution Monarchy,1660-1714,* Yale University Press,2013, p.202.

② Kevin Sharpe, *Rebranding Rule: the Restoration and Revolution Monarchy,1660-1714,* Yale University Press,2013, p.202.

③ "In answer to their humble petition and address "(Wing, C3153A,1673), p.4.

他（指查理二世）。"① 他感到呈现在他面前的不是尊贵的陛下与神圣王权，而是艺术家、业余画家创作的作品，以往高高在上的国王与王权只不过是画家笔下的人造物而已。

分裂的政治文化与辉格派对君主制的攻击，使君主制在复辟时期饱受争议，恢复革命前的君主形象已经成为不可能。内战的血腥创伤记忆深刻影响着民族社会心理，复辟王朝建立后，内战记忆的派别性与对抗性导致复辟后王国的分裂与政党的分歧，以及英国人意识形态上的分裂。同时印刷品的泛滥加剧了政治文化的分裂，当时的历史学家纳尔逊在 1677 年写道："这是个胡说八道、大放厥词、妄加评论、肆意书写的时代……从未有哪个世纪像我们这个时代一样耳根如此不清净，整日有如此多新闻与消息灌进人们的耳朵。"② 国教教义不能再像以往那样能够垄断视听，政权反对派利用教坛和报刊传播其颠覆性思想，"新魔鬼的反动小册子散布在王国各个角落"③。印刷品不仅有助于政党的形成，而且公共领域充斥着传闻与新闻，推动了英国人由臣民变为能够自由辩论与表达意见的公民，有助于大众政治意识的形成。早在内战爆发后人们就可以自由讨论国家事务了，由此开启了自由辩论政治的时代，咖啡馆成为新闻传播、公共讨论的中心，受到人们的特别欢迎，在这里人们"对新闻的饥渴，犹如对新型饮料的渴望一样"④。咖啡馆使社会发生根本性变革，威胁到社会与政治秩序的稳定，公共领域成为真理与真相的仲裁者，公共意见甚至可以决定大

---

① A. Browne, "Ars pictoria, or an academy treating of drawing, painting, limning, etching", Wing B5088,1675, p.19.

② J. Nalson, "The countermine, or, a short but true discovery of the dangerous pinciples and secret practices of the dissenting party", Wing, N96,1677, p.3.

③ Kevin Sharpe, *Rebranding Rule: The Restoration and Revolution Monarchy,1660−1714*, Yale University Press,2013, p.205.

④ S. Pincus,"Coffee Politicions Does Create: Coffeehouses and Restoration Political Culture", *Journal of Modern History*, No.6, Vol. 67,1995.

臣与君主的命运。在 17 世纪 60 年代末的政治危机中辉格党就曾企图利用充分发展的公共领域，推翻查理政权，这可以从托利党关于辉格党领袖策划暗杀国王阴谋的指责中清楚地看到这一点，"利益与派别的分裂持续了七年……损害了国王与统治者的名誉，咖啡馆与酒馆频繁的聚会，旨在摧毁王国团结的纽带"[①]。当时的新闻自伦敦流出后，迅速进入各地咖啡馆，聚集在这里的民众就此进行高谈阔论，由此政治分歧与政治派别的斗争扩大到下层社会甚至最广大的乡村阶层，以至于有人感叹，"咖啡馆是本世纪的堕落"[②]。

科学的发展促使人们质疑君主的超自然能力，这对于神圣君主形象的塑造非常不利。复辟社会呈现出一定的现代性：科学、实验、世俗精神、性解放，自然界中超自然力量的影响开始受到质疑，国王的神秘性由此遭到削弱。1651 年伍斯特战役查理率领的保王党军队全军覆没，只有查理死里逃生，查理二世复辟王位后，坊间热议究竟是因为上帝的庇佑还是受到妇女的帮助才使查理保住了性命，从中可见人们对君主神圣性的质疑。在质疑君主权力神秘性的同时，世俗事务得到人们更多关注，复辟时期关于商业与贸易的话题非常普遍，斯林斯比·贝瑟尔于 1671 年甚至公开谈论商业贸易、民族利益与君主制之间的关系。[③]

尽管在辉格派史学文献中，查理二世形象不佳，但是实际上在当时大众记忆中他是积极的，"时至今日，皇家橡树的故事仍然被传唱，对世界来说，这简直就是上帝创造的一个奇迹"[④]。由于查理一世被处死以及共

---

① J. Nalson, "The Complaint of Liberty and Property against Arbitrary Government", Wing N95,1681, pp.3-4.

② Kevin Sharpe, *Rebranding Rule: The Restoration and Revolution Monarchy,1660-1714*, Yale University Press,2013, p.211.

③ S. Pincus eds., *A Nation Transformed: England after the Restoration*, Cambridge,2002, pp.272-298.

④ "A poem on the most edplorable death of the mighty monarch, Charles II, king of England, Scotland, France, and Ireland", Wing, pp.2701,1685, p.2.

和国的建立改变了英国的君臣关系，复辟后的英国人既希望国王是神，又希望他是人，在神圣与去神秘化（理性）之间进行妥协。查理在一定程度上满足了大众期待，认可大众习惯，参与大众娱乐与大众美学，以期获得大众与公共舆论的支持。因而查理塑造了平易近人的公众形象，是首个通过平凡形象策略以期追求人望的君主，他对大众亲近、开放，因为查理认识到，英国的社会政体与君主制已经被内战、弑君与共和国事件所根本改变，他必须调整统治与权力表述。这样做的结果加剧了社会与政治变革，以及人们对变革的态度，公开批评王权不再被视为叛国，从而被政权所接受，因而对于国王政权来说，争取公共意见与大众支持显得更为重要，因而查理二世在信函和公告中的自我表述是广听民众呼声的好国王形象，高高在上的传统神圣君主形象已经脱离现实。

但是，由于复辟社会的过渡性，君主不能完全揭开神秘面纱，因为在近代科学时代到来之前，没有神秘面纱遮盖的权威处境是危险的，特别是在政治危机、王权受到猛烈攻击时，因而在即位之初与政治危机等特殊时期，查理二世形象又出现一定程度的再神秘化趋势。复辟后，王国的分裂与分裂的政治文化，以及激烈的党派斗争，需要查理二世适应形势之需要，恩威并施。结果查理二世就像经过包装的明星，在不同角色间不断转换，塑造了游走在神圣与随意之间的君主形象。

二、随意与亲民的君主形象

长期的流放生活经历塑造了查理二世随意、亲和的性格与气质，善于妥协与合作的圆滑狡诈的处世艺术，以及与普通人打交道的出色能力。同时，复辟后复杂严峻的政治斗争形势，需要查理二世适应新形势。他继承并发扬了都铎王朝君主的统治风格，既恢复与强化君主权力的神秘性，同时又诉诸公众的支持，并且把二者有机结合起来，凭借成熟、老练的政治经验与手腕，查理二世在即位之初与政治相对稳定时期，塑造了亲民、开放、开明、随意、宽容、仁慈的君主形象。

首先，通过演讲、王室宣言、肖像画等形象表述形式，辅之以维护团结与统一的话语，摆出妥协、宽容、理性的姿态（忘记艺术），致力于塑造一个与议会合作、对大众开放的开明君主形象。

即位之初查理二世摆出一种寻求政治和解与合作的姿态，曾多次在下院演讲，凭借出色的演讲口才与感情饱满的表达，以及爱与维护团结的传统语言，缓和了王国政治分歧与分裂的形势，一定程度上平息了反对派的不满。经过内战与革命，复辟时期进入了神圣王权遭到审视与质疑的时代，查理二世把传统修辞运用到新时代，采取实用主义的形象构建策略，倡导温和、亲民、忘记与宽恕的价值理念，塑造开明、宽容的国父形象，以期适应新时代的政党政治，维护复辟后的国家统一。查理二世用君民互惠的亲切的演讲，富有情感与爱的语言，摆出开放言路、善于纳谏的姿态，创造出一种与议会合作与和谐的氛围。他多次在下院演讲，表示尊重议会，承诺"国王在议会中"，曾反复重申，"我无须告诉你们，我有多么爱议会……我从来不认为，没有了议会国王会感到多么快乐"[1]。倡导忘记艺术，摆出感恩姿态，表示自己关心百姓疾苦，关心民族利益，致力于公共福祉，他向下院承诺："除非有明显证据表明，大众生活并不困顿……否则我不会把议会补助金哪怕是一便士用于我个人生活的消费与支出"[2]。

大众是查理二世在政治上极力争取的对象，通过《王室宣言》、王室画像、加冕仪式，刻意塑造具有亲和力的君主形象。与以往国王相比，《王室宣言》格外受到查理二世的青睐，原因在于它的受众是广大民众。

---

[1]　Kevin Sharpe, *Rebranding Rule: The Restoration and Revolution Monarchy,1660–1714*, Yale University Press,2013, p.18.

[2]　*"His majesties most gracious speech, together with the lord chancellors, to the two houses of parliament, on Thursday the 13 of september, 1660"* Wing, C3073,1660, p.4.

《王室宣言》被要求在各地教堂宣读，其中国王的讲话被作为新闻在伦敦、各地流传，这是查理二世政权诉诸更广大公共领域的一种方式，它可以使国王直接面对最底层人民，不仅能够充分发挥查理二世出色的修辞表演才能，更重要的是，它是一种更加亲民的方式。"由于神的恩典，英格兰、苏格兰、法国与爱尔兰的国王——查理，对于所有亲爱的人民，无论其何种等级，致以亲切的问候"①，是对更广大的政治国家、正在崛起的公共领域进行直接的回应，旨在塑造一个爱民、亲民的君主形象，争取大众作出对国王有利的政治选择。查理二世的宫廷画家有意呈现并放大国王作为普通人的一面，以期拉近与大众的距离。查理二世的私生活混乱有目共睹，拥有多名情妇与私生子，但是查理二世并不反对他的私生活被曝光，宫廷画家对此也毫不避讳，极力表现国王平凡生活的一面，国王情妇与私生子的画像自由流传与买卖，实际上这是查理二世形象宣传的一种策略。查理二世非常崇拜亨利八世，后者先后有六个王后，这被查理二世视为男性气概的体现，所以查理二世希望通过个人私生活的宣传，释放内战与革命期间清教徒长期统治造成的英国社会被压抑的情绪，展示他的男性气质与男性魅力，从而增强其亲和力。查理二世的加冕仪式不仅对宫廷和贵族公开，而且还把走廊腾出来供城市市民观看仪式，信使官爱德华·沃克描述道："教堂里没有断头台，从南到北，为各阶层人士提供了座位，以便让他们见证这个伟大、神圣的时刻。"②当被授予王权时，查理二世效仿伊丽莎白一世"从椅子上站起来，起身转向王座的四个方向，面向全场各个方向发表讲话"③，表现出《布列达宣言》承诺的妥协与宽容的态度与精神，"国

① "A Letter from his majesty to the speaker of the commons assembled in parliament with his majesties declaration enclosed" Wing, C3096, 1660, p.1.

② E.Walker, A Circumstantial Account of the Preparations for the Coronation of His Majesty King Charles the Second and a Minute detail of That Splendid Ceremony, London,1820, p.82

③ J. Heath, "The glories and magnificent triumphs of the blessed restitution of his sacred majesty k. Charles II" Wing, H1335,1662, p.199.

王(指查理二世)的宽恕超过了历史上所有的国王"①。同样在入城仪式上，查理二世把自己表现成既神圣又平易近人的君主。因而当查理二世遭受健康问题以及伦敦发生大火时，人们为国王查理二世祈祷与祝福。

其次，适应复辟时代经济形势发展的需要，利用贸易与商业的修辞，实施实用主义的形象策略，塑造支持帝国扩张、支持贸易与商业的新帝王形象，帝国主题在君主形象中非常突出。复辟王朝建立后的大约10余年，贸易、理性、利益等词汇主导了社会与政治辩论，直到1678年的政治危机，政权极力表达国王对商业、贸易、帝国扩张的支持。1660年的宫廷御用诗宣传国王对殖民扩张、科学与艺术发展的支持，频繁使用贸易与商业等经济词汇，塑造一个新时代的君主形象。约翰·伊夫林和爱德华·沃克赞美复辟君主制实际上是贸易的复兴，君主成为商业帝国的领袖与民族帝国使命的领袖。德莱顿写道："从富有的贸易，到一个新的世界秩序，也是一个新的君主制秩序，一个从西印度到东印度的王国，一个没有界限的王国。"② 用帝国的语言描写复辟与国王，甚至赞美查理二世建立了一个新的罗马帝国，宣扬奥古斯都帝国主义。游记作家理查德·布隆姆宣扬英国的完美、快乐，以及君主制与国王们的特殊品质，他向读者保证："英国的君主制是如此自由与快乐。它保护工业的自由，但国王的权威绝对没有因此而被削弱，这一切都是因为我们有个伟大的君主，他没有把自己的人民当作奴隶去使唤。"③ 在查理二世统治时期，文学在表述与重建君主制的政治过程中，以及在读者的想象与感情中，都起着非常重要的作用，文学文化出现全面政治化，为查理二世控制文字表述提供了可能，想象与文

---

① E.Walker, *A Circumstantial Account of the Preparations for the Coronation of His Majesty King Charles the Second and a Minute detail of That Splendid Ceremony*, London,1820, p.114.

② Kevin Sharpe, *Rebranding Rule: The Restoration and Revolution Monarchy,1660-1714*, Yale University Press,2013, p.86.

③ Kevin Sharpe, *Rebranding Rule: the Restoration and Revolution Monarchy,1660-1714*, Yale University Press,2013, p.87.

学赋予权威以权力。同时，该时期的君主画像也在凸显帝国主题，强调奥古斯都帝国主义，画家安东尼奥·韦里欧被授意宣传帝国主义思想，叙事性绘画是 1660 年后的一大发明，为表现英荷战争的胜利与庆祝《威斯敏斯特条约》的签订，在安东尼奥·韦里欧的画作《查理的海上胜利》中，查理二世身着传统戎装，海神尼普顿管辖的水域暗指英国的海上胜利以及英国日益凸显的海上优势，查理二世乘坐贝壳状战车，用尼普顿的白马拉着①，表达了睿智国王统治下的海上胜利、和平与伟大帝国的主题，是对当时质疑国王外交政策的一种回应。

其次，在生活方式与态度上，查理二世有意保持开放、随意的姿态。人们经常见到他在侍卫陪伴下在圣詹姆士公园散步，路上见到行人，他会主动脱帽、打招呼，人们也经常看到他出入剧院。查理二世既参与精英的娱乐活动与美学追求，也参与大众娱乐与美学追求，"没有什么东西能赶得上让大众看到他们的国王认可他们的习俗，并参与他们的娱乐活动更令人高兴的事情了"②，在赛马中心纽马克特镇，"他（查理二世）出现在人群中间，人们同他打招呼，普通人可以借此机会拥抱国王，同国王近距离接触"③。更令人震撼的是，1666 年伦敦发生大火时，查理二世亲自参与灭火，"他不害怕以一个普通人形象出现而降低国王的身份，在最为显赫的日子里他看起来就是一个平民"④。查理二世鼓励人们收藏国王画像，借此保持与民众之间的情感联系，毫不避讳公开与情妇的关系，经常与情妇、私生子公开出现，甚至在公共场合与情妇表现亲昵。他曾授意宫廷画家彼得·莱利

---

① O. Millar, *Tudor, Stuart and Early Georgian Pictures in the Collection of H.M. the Queen*, London,1963, I, p.297.

② Kevin Sharpe, *Rebranding Rule: the Restoration and Revolution Monarchy,1660-1714*, Yale University Press,2013, p.189.

③ A. Browning ed., *Memoirs of Sir John Reresby*, Glasgow: Jackson, Son, and Company,1936, p.259.

④ Kevin Sharpe, *Rebranding Rule: the Restoration and Revolution Monarchy,1660-1714*, Yale University Press,2013, p.189.

为情妇及其子女作画，私生子也被授予公爵封号，并公开宣布他们的王室血统。佩皮斯等人都报道说，查理二世与情妇公开场合调情，宫廷诗与民谣自由流传王室生活的细节。复辟时期宫廷的性自由有助于树立新政权的形象，因为在当时的文化中，共和国、清教信仰是与禁欲联系在一起的，内战与革命期间，基督教节日和其他节日，比如五朔节、跳舞、周日娱乐活动等被正式宣布禁止，从1655年全国实行军事化管理起，英国各郡由军事宗教领袖进行统治，实行严格的道德检查。因而人们对于来自社会上层施加的严格的道德生活制度，没有多少好感甚至厌恶。1660年君主制复辟被普遍视为大众快乐的恢复，宫廷自由的性别聚会被认为是摆脱共和国派与清教徒约束的象征，甚至被看作是自由和自决的象征，是被压抑已久的精神与心理的一种释放。查理二世的私生活提升了他的大众形象，性与快乐成为积极的王权表述。在当时著名的辩论文中，性与王室的私生活代表父权，查理的私生活特别是与普通妇女的关系，起到了美化新国王人性一面的作用。

查理二世塑造的开放、友善、善谈的国王形象，保王党称之为"肉身天使"，赞颂他在公共生活中的积极形象，以及作为新时代国王谦卑、不骄纵、不狂妄品质的赞美，是对英国社会过渡时代下价值观念变化的重要回应。

查理二世统治时期君主形象出现重大转折，公众形象成为君主统治的主要艺术，君主形象呈现出一定程度的政党斗争的色彩，君主以更加亲民的形象出现在大众面前，这是大众政治影响的结果，君主形象的去神秘化趋势更加明显。但不容否认的是，在特殊时期查理二世形象则又出现重新神秘化与神圣化的趋势。

三、重新神圣化的君主形象

我们通常会认为，随着人们对君主与君主制认识与态度上的变化，以及内战与革命期间激烈宗教冲突的结束，在王朝复辟时期的文化中宗教语言的热度大大降低，关于民族国家的论述占据主导地位。实则不然。复辟时期的文化介于世俗与神圣之间，查理二世本人体现了该时期文化的这种模糊性、两面性、过渡性特征。虽然查理二世的演讲与宣言充满了理性语言，但是绝对没有抛弃《圣经》、信仰、神圣意志、天意等宗教词汇，宗教文本在该时期被充分利用，神学政治仍然有一定影响，特别是在 17 世纪 60 年代和 80 年代的危机时期，王权重新经历了神圣化，神圣主题与修辞在君主形象构建与宣传中非常突出，这是对特殊政治形势的回应，有助于查理二世政权度过危机。

首先，王国各地举行感恩仪式，为国王及其统治进行祷告，在这些仪式中查理二世作为神被人们膜拜。同时祷告利用《圣经》语言与天意论，从神学政治角度宣扬王朝复辟是天意，以及查理二世是上帝派来拯救英国的大卫。这些祷告词被广泛印刷与传播，它们宣扬国王的神性，把国王神圣化，以此确立王朝复辟的合法性。

复辟之初，查理二世政权要求全国公开举行感恩仪式，查理二世被表述成上帝授予的人民之王、神圣君主，供人民感恩与膜拜，"国王的权力是上帝授予的……所有的灵魂，都要服从更高一级的权力"[1]，感恩仪式借《圣经》人物大卫，赞颂国王查理二世的丰功伟绩。众所周知，大卫是《圣经》中的少年英雄，曾经杀死侵略犹太人的腓力斯丁巨人歌利亚，保卫了古以色列国。与查理二世相似，大卫也曾经被流放，在《圣经》故事中，他是上帝的代理人、选民国家的虔诚国王，恢复了古以色列国的团结与和平，"国王把我们从敌人的魔爪下拯救出来，让我们逃脱了腓力斯丁人的魔掌……国王回来了，来到了约旦"[2]，这些《圣经》段落在感恩仪式

---

[1] Kevin Sharpe, *Rebranding Rule: the Restoration and Revolution Monarchy,1660-1714*, Yale University Press,2013, p.38.

[2] Kevin Sharpe, *Rebranding Rule: the Restoration and Revolution Monarchy,1660-1714*, Yale University Press,2013, p.42.

被诵读。同时，感恩仪式炒作查理二世的流放经历，把查理二世比作大卫王，"上帝拯救了国王，万能的上帝仁慈地对待这块充满罪孽的土地，把我们从极度混乱中解救出来，让我们重新拥有了君主，上帝的仆人——国王查理"①。约翰·帕特森在感恩仪式上宣称："国王的回归，是黎明前黑暗后的日出，上帝的杰作。"②

政权要求人民在感恩仪式上为查理二世及其统治进行祷告。"在上帝的仆人——我们的国王查理的统治下，人们过着虔诚、平静的生活"③，祷告词赞美查理统治下的和平与统一，请求上帝保护国王，"我们最仁慈的君主查理二世，拥有神圣的权威，神圣的天意，请上帝保护他免遭残暴的敌人的攻击……让人民用尊敬与服从来服务国王……让天地间所有的恩赐与幸运，降临到我们神授的首领身上吧，他是上帝授予的……幸运将从他传递到处于和平、富足、繁荣中的最卑微之人"④。更为重要的是，祷告词被印刷与发行，从而使查理二世的神圣形象进入公共领域，直接面对更广大的公众。自1662年起，带有王室徽章的印刷品祷告词在英格兰和威尔士的所有教堂、大学、教区教堂、礼拜堂被诵读，英国人共同感谢上帝，"使国王复位，恢复了和平与繁荣；使国教摆脱了罪孽，重新回到上帝怀抱"⑤。与历史上的国王相比，印刷品使查理二世更广泛地进入公共领域，成为宣传对象，从而直接面对各阶层人民，既有低等阶层也有精英，国王进而拥有

① Kevin Sharpe, *Rebranding Rule: The Restoration and Revolution Monarchy,1660−1714*, Yale University Press,2013, p.45.

② Kevin Sharpe, *Rebranding Rule: The Restoration and Revolution Monarchy,1660−1714*, Yale University Press,2013, p.70.

③ Kevin Sharpe, *Rebranding Rule: the Restoration and Revolution Monarchy,1660−1714*, Yale University Press,2013, p.39.

④ Kevin Sharpe, *Rebranding Rule: the Restoration and Revolution Monarchy,1660−1714*, Yale University Press,2013, p.42.

⑤ Kevin Sharpe, *Rebranding Rule: The Restoration and Revolution Monarchy,1660−1714*, Yale University Press,2013, p.46.

了更广泛意义上的权力与权威。

与此同时，教坛也在大肆宣扬查理二世是上帝派来的神，是《圣经》人物大卫王，其流放经历被诠释为上帝磨炼其意志、使其更好地进行统治的神圣考验，王朝复辟被视为神意，是上帝对英国的拯救。法菲尔德和艾塞克斯郡的主教安东尼·沃克说："国王与真正宗教的回归，是重大而惊人的天意。"① 国王被宣扬为英国教会之父，随着教会与王权的进一步相互利用，教士重申王权的神圣本质，以及人民顺从国王的义务，成为君主制的最根本性支撑。不仅查理的生日和登基日成为宣扬神圣君主制的重要场合，周日特别是斋戒日、感恩日，感恩与祈祷的布道在伦敦和各教区教堂举行，宗教礼拜借助内战与革命期间民族一系列事件的叙述，以及罪孽与弑君的社会记忆，宣扬查理二世的神圣性。1682 年 5 月 25 日，本杰明·卡拉米提醒教民，这一天要感谢天意，没有经过流血与杀戮，"我们最仁慈的君主，连同公正的法律、自由、新教，在众人的期待下，恢复了……复辟赋予我们每个人忠诚国王的义务……如果我们再次失去国王，上帝就不会使其再次复位"②。卡拉米敦促人们为国王祈祷，感恩上帝让英国人重新拥有了国王，宣扬查理二世是上帝荣光普照众人的世俗工具：他的温和、公道、对人民的如父般呵护，"他是上帝保佑的，上帝把所有子民的心与情感都给了国王"③。北安普顿伯爵说："自从王朝复辟以来……这里举行了数以万计的祷告与布道，教导民众对国王要全心全意的忠诚。"④ 在复

---

① Kevin Sharpe, *Rebranding Rule: The Restoration and Revolution Monarchy,1660-1714*, Yale University Press,2013, p.70.

② Kevin Sharpe, *Rebranding Rule: the Restoration and Revolution Monarchy,1660-1714*, Yale University Press,2013, p.79.

③ E. Calamy, "A sermon preached before the lord mayor, aldermen, and citizens of London at bow-church on the 29th of may 1682" Wing, c216,1682, p.35.

④ Kevin Sharpe, *Rebranding Rule: The Restoration and Revolution Monarchy,1660-1714*, Yale University Press,2013, p.79.

辟时期的英国，印刷品数量暴增，大量的教士布道印刷品与书籍、报纸、最新的文章一起出现在咖啡馆的桌子上，布道在印刷物中占绝对垄断地位，当救赎、信仰与罪孽感仍然是人们日常生活的中心时，教士布道的作用与影响就不可被低估。到统治末期，教会已经把查理二世塑造成神圣不可侵犯的君主形象。

国家庆典仪式则致力于塑造查理二世王国保护神的形象。尽管查理二世以言行举止较为随意而著称，但他同时又是一个非常注重细节的人，"尊贵的封号、头衔，胜利与凯旋门，令人起敬的随从，这些对于国王的威严与权威来说都是必要的、合适的，易于获得大众的敬畏"[①]。爱与敬畏是君主统治的两大支柱，盛大的庆典仪式可以使权威神圣化，对大众起着威慑作用，保持人民的敬畏、顺从、爱戴，查理二世十分重视仪式，通过仪式证明王朝复辟的合法性。同时，仪式的大众性与合法权威之间有密不可分的关系，复辟王朝需要重建开放性的国家仪式与国家庆典，证明斯图亚特统治的合法性、君主的神圣性，恢复民众对君主的顺从与情感，因而查理二世的仪式，比任何时代都要隆重。在入城仪式中，查理二世被表述成"英国的奥古斯都"和"真理与和平"之王，宣扬他恢复了王国的爱与和谐；仪式突出和平与团结主题，赞颂查理二世维护英国的团结、和平与富足；宣扬查理二世是斯图亚特王朝的合法继承人、受上帝庇佑的爱民的君主。查理二世的加冕仪式异常隆重，爱德华·沃克说，它的庄严"在英王国，前无古人，后无来者"[②]。詹姆斯·希思报告说，"外国人自认，他们从未见过当时哪个大国，仪式如此隆重"[③]。他把加冕仪式前后

---

① Kevin Sharpe, *Rebranding Rule: the Restoration and Revolution Monarchy,1660–1714*, Yale University Press,2013, p.186.

② E.Walker, *A Circumstantial Account of the Preparations for the Coronation of His Majesty King Charles the Second and A Minute Detail of That Splendid Ceremony*, London,1820, p.194.

③ J. Heath, "*The glories and magnificent triumphs of the blessed restitution of his sacred majesty K. Charles II* " Wing, H1335,1662, p.194.

晴朗的天气视为上帝恩典的标志，"加冕仪式当天与其后几天，阳光普照……一滴雨都没有下，甚至前十天和其后多日，都是如此，庄严异常"①。当查理戴上王冠与指环，接受权杖时，贵族们宣誓，"我们将真心地忠诚……您，主耶和华，以及您的继承人，英格兰的国王，成为国王的忠诚的部下"②，加冕仪式旨在显示君主权力来自神授，宣扬忠诚君主的神圣义务。

其次，在政治危机时刻，教会积极鼓吹忠诚国王的合法性。教会宣传家由王权神授理论引申出忠诚国王的合法性，以及抵抗王权的非法性结论，打击辉格派，巩固王权的神学理论基础。在近代早期英国教会与王权是共生关系，国教是查理二世政权最积极的支持者，在政治危机时期，教会重新树立查理二世的大卫王式神圣形象，呼吁效忠神佑君主，忠诚国王成为教会宣扬的主题。1668 年亨利·奇利格在白宫布道，重申查理二世是大卫王再世，宣扬国王们是受上帝庇佑的。两年后在同样地点，约翰·莱克再次强调君主的神圣性，王室教堂牧师塞缪尔·加德纳呼吁教士们支持王权，"敬畏上帝，就让我们服从（君主）权威吧"③。1676 年，彼得伯勒的主任牧师詹姆斯·杜波特发表了题为《敬畏上帝，尊重国王》的布道。里彭的主任牧师托马斯·卡特赖特在约克郡四季法庭上布道说："国王是看得见的上帝，不服从国王者，也不会服从上帝，因为后者是看不见的国王。"④大量的布道与牧师劝诫教民，摈弃狂热，重新学习效忠国王的

---

① E.Walker, *A Circumstantial Account of the Preparations for the Coronation of His Majesty King Charles the Second and A Minute Detail of That Splendid Ceremony*, London,1820, p.78.

② Kevin Sharpe, *Rebranding Rule: The Restoration and Revolution Monarchy,1660-1714*, Yale University Press,2013, p.161.

③ Kevin Sharpe, *Rebranding Rule: the Restoration and Revolution Monarchy,1660-1714*, Yale University Press,2013,74.

④ Kevin Sharpe, *Rebranding Rule: the Restoration and Revolution Monarchy,1660-1714*, Yale University Press,2013, p.75.

义务，"用尊敬父母的态度……尊敬与效忠国王……敬畏其神圣的权力"[1]。国教与君主制和王权捆绑在一起，形成了共生关系。塞缪尔·帕克的《教会政体的论述》非常清楚地表达了这种观点，"假若这些神圣机构（指教会及其组织）被废除，良知不再为人们所坚守，那么所有的世俗政府将统统被视为非法……君主继承王位的权利基础也就丧失了，只有依靠武力才能继承王位了"[2]，这句话充分说明了王权与教会的共生性。17世纪60年代末期，对查理二世的批评与不满日益剧增，牧师布道的主题也愈加强调权威与服从，教会与王权的共生成为复辟时期政论的重要主题。在天主教阴谋案引发的危机期间[3]，教会重申国王的神圣本质，宣扬抵抗王权是一种罪孽，"一些人被赋予职位与权威，他们可以被称之为神，因为他们代表了人间的神圣权威……没有人会跟随上帝走向叛乱……上帝派遣国王，来引导我们，放弃国王，就是放弃了上帝的戒律"[4]。大主教圣安德鲁斯在被暗杀的几周前在下院布道说："王权神圣，国王不应该受到邪恶势力的攻击，不论它是罗马教权分子还是其他。"[5] 王室教堂牧师詹姆斯·比德尔称赞查理二世及其政权是"最神圣的人与最神圣的

---

[1]　Kevin Sharpe, *Rebranding Rule: The Restoration and Revolution Monarchy, 1660-1714,* Yale University Press, 2013, p.75.

[2]　S.Parker, "A discourse of ecclesiastical politie wherein the authority of the civil magistrate over the consciences of subjects in matters of religion is asserted" Wing, pp.459,2670, p.xliv.

[3]　1678年，亲辉格党的提图斯·奥茨制造了"天主教密谋"的谣言，宣称王后授意天主教神父，阴谋联合天主教信徒，正在策划一次暗杀国王查理二世的行动，以便使信仰天主教的詹姆士取而代之，天主教即将在英国死灰复燃。尽管这个谣言荒诞不经，大多数人还是相信了，其中甚至包括大部分议员，英国开始了长达三年的恐慌，并且更多谣言被制造出来，有的谣传法国和西班牙等天主教国家即将攻打英国，有的谣传英国的天主教徒已在秘密地屯兵准备暴动，有的则谣传天主教徒会再次在伦敦纵火，有的甚至谣传在下院附近听到挖掘的声音，英格兰人的反天主教情绪被煽动到了极点。

[4]　J. Goodman, "A sermon preached before the right honourable lord mayor and aldermen of london at the guild-hall chappel on decemb.18th 168" Wing, G1126,1681, Sig. A4.

[5]　J. Sharp, "A sermon preached on the day of the public fast, april the 11th,1679, at st.margarets westminster, before the honourable house of commons" Wing, S2984,1679,pp.34-35.

政府统治"①。

炒作国王圣徒式困境，以期赢得大众舆论的同情与支持，打败辉格派。自 17 世纪 70 年代起，因天主教阴谋案、黑麦屋阴谋案等事件，暗杀查理二世的消息不时产生与不断传播。查理二世及其政权利用这些谣传与事件所引发的大众恐慌心理、反天主教情绪与部分人的君主情结，炒作国王的人身安全受到威胁，争取大众支持。帕特森描写复辟君主查理二世的处境："以前从来没有哪个国王在如此困难的时代登上王位；从未有哪个国王有这么多不满情绪需要安抚……从未有哪个国王有如此众多看得见的与看不见的敌人，邪恶之徒结束了当今国王父亲的生命，时至今日这些邪恶的幽灵仍然没有被彻底地清除干净。"②莫里在布道中谴责那些反对国王者实际上就是反对上帝："上帝已经告诉我们，除了君主制我们别无选择，因为君主制是自然的……是根据神圣的制度而确立的。"③1683 年夏黑麦屋阴谋案④发生后，为削弱辉格党在大众中的政治影响，从而维护与巩固王权，王室公告《就针对神圣之人的叛国阴谋，陛下对所有深爱着的人民的宣言》重新用神圣王权的语言在所有教堂宣读，"上帝让所有人民看清了这些邪恶阴谋，这个宗派企图武力篡权，谋害国王与王位继承人……如果他们成功，整个王国……就会被其奴役"⑤。它把暗杀阴谋的失败归因于上帝的意志，从而宣

---

① Kevin Sharpe, *Rebranding Rule: the Restoration and Revolution Monarchy,1660−1714*, Yale University Press,2013, p.76.

② Kevin Sharpe, *Rebranding Rule: the Restoration and Revolution Monarchy,1660−1714*, Yale University Press,2013, p.70

③ G.Morley, "A sermon preached at the magnificent coronation of the most high and mighty King Charles the II" Wing, M2794,1661, p.33.

④ 1683 年一群反对约克公爵詹姆士继承王位的新教徒，计划在黑麦屋刺杀国王与詹姆士，让新教君主即位，史称黑麦屋阴谋案。

⑤ "His majesties declaration to all his loving subjects, concerning the treasonable conspiracy against his sacred person and government, lately discovered appointed to be read in all churches and chappels within this kingdom", Wing, C2998,1683, p.7.

扬王权的神圣性。1651 年查理二世在伍斯特战役中死里逃生也被表述为天意："上帝用一种特殊的方式在保护我们，表现在这次成功地拯救了我们，以及我至爱的兄弟、我可爱而忠实的人民。"① 在这份公告中，查理二世呼吁民众，同他一起加入全国性感恩日活动中。公告用天意论与天意话语写成，在全国教堂诵读，最后以感谢上帝与上帝代表——查理二世的仪式结束，在当时成了一种宗教仪式。统治末期查理二世用神圣脚本对黑麦屋阴谋案进行回应，维护王权，各地教堂回响着"国王是上帝所庇护之人"的布道与祷告。1681 年后，查理二世再没有召开议会，但是他却在一定程度上赢得了部分英国人的认可，这其中得益于国教教会对王权神圣、抵抗有罪的强大宣传。王室礼拜堂与各地牧师通过布道塑造了神圣化的国王形象，为绝对君主提供了强大的精神支持。到查理二世统治末期，英国国教不仅获得了高度统一，而且人们强烈的宗教认同有助于国王精神权威的复兴。

1679 年，随着政治冲突的加剧，激烈的政治观念的交锋再掀高潮，除国教教会人士外，王党派文人也加入了维护王权的宣传运动中，他们用神圣外衣重新对君主进行包装，"国王的权力可以追溯到亚当与造物主那里"②。1678—1679 年，保王党的诗文涌现，它们操纵了有关内战与复辟的社会集体记忆，以约翰·德莱顿为首的王党派宣传家把君主制重新神圣化，"陛下的至尊权威，以及上帝代理人地位，是受到上帝庇佑的，查理是神圣国王，权力来自上帝"③。查理二世统治末年，"当分裂派领袖们于各地煽动叛乱时，这些行走的唱诗班（指诗与民谣的吟游诗人），游走在

---

① "His majesties declaration to all his loving subjects, concerning the treasonable conspiracy against his sacred person and government, lately discovered appointed to be read in all churches and chappels within this kingdom" Wing, C2998,1683, p.7.

② Kevin Sharpe, *Rebranding Rule: the Restoration and Revolution Monarchy,1660－1714*, Yale University Press, 2013, p.53.

③ N.Thompson, "A collection of 86 loyal poems all of them written upon the two late plots" Wing, T1005,1685, p.149.

大街小巷，宣传国王的权利，鼓吹忠诚国王"①。史官弗朗西斯·桑福德在《英格兰国王的族谱史》中写道："国王们应该被尊为神，是人间活着的上帝。我们必须承认，对上帝的信仰从世世代代王位继承人的延续中得以加强……国王们的血脉集中在家族一成员身上，从而他们的权力不容置疑，人民的忠诚度也大为增强。"② 他鼓吹，斯图亚特王朝是受上帝庇佑与认可的家族，查理二世则是该家族的集中体现，他是上帝神圣计划的"活的纪念物"。桑福德由此警告国王反对派，"上帝把他（查理二世）从狮子与熊的魔爪下拯救出来，也会把他从腓力斯丁人的手中拯救出来"③，这样查理二世的经历被宣传为因上帝庇护而造就的奇迹。教权阴谋危机期间，王权理论再度甚嚣尘上，历史学家约翰·纳尔逊于 1678 年发表《国王和人民的共同利益》，攻击共和政体，称其从未为任何社会谋福利，而君主制是上帝为人类的福祉于公共利益而设计的杰作，"即使最遥远的大众领域，也因国王权威的惠泽……而变得富有活力……团结与忠诚，是王国和平、繁荣与快乐的源泉"④。当内战危险再次出现时，君主制拥护者开始重新强调自然的、父权的、神圣的王权，而非功利主义（实用主义）的王权。罗伯特·康士坦堡的《上帝与国王》总结道："《圣经》证明，君主制是唯一合法的政治统治形式，是上帝的创造物。"⑤ 约翰·布赖德尔发表文章，维

① Nathaniel Thompson, "A choice collection of 180 loyal songs all of them written since the two late plots" wing, T1003,1685.

② F. Sandford, "A general history of the kings of england, and monarchs of great britain, etc, from the conquest, anno 1066 to the year 1677" wing, S651,1677, sigs A—A2V.

③ Kevin Sharpe, *Rebranding Rule: the Restoration and Revolution Monarchy,1660—1714*, Yale University Press, 2013, p.64.

④ J.Nalson, "The common interest of king and people shewing the original, antiquity and excellency of monarchy, compared with aristocracy and democracy, and particularly of our english monarchy " wing, M93,1678, P.266.

⑤ Kevin Sharpe, *Rebranding Rule: The Restoration and Revolution Monarchy,1660—1714*, Yale University Press, 2013, p.66.

护国王，他说："我们应该感激他（查理二世），因为自国王复位以来，我们所拥有的所有和平、自由、公正、财产和财富，都是他在上帝的指引下给我们带来的。"① 更多文人加入维护君主制的宣传中，他们维护王权的神圣来源、父权的绝对性与斯图亚特家族的神圣性，君主被视为神圣、自然、绝对的。两大党派思想观念上的斗争，以查理二世为首的保王党的胜利而告结束，到统治末期，查理成为自然、神圣、绝对的君主，英国绝对主义的理论基础呈现出前所未有的牢固。

小　结

查理二世在后人看来是令人费解、充满矛盾的谜一样的人物，约翰·米勒称之为"最狡猾的国王"②，这是复辟王朝作为英国历史上一个过渡的、不确定性的时代塑造的结果，此时君主形象上的变化，是当时社会剧变的重要标志。长期的流亡经历，使查理二世深知轻信与坦率的危险，使他学会了掩饰与伪装的技能，与普通人打交道的能力，谨慎、克制、随和的品格与政治智慧，"他在公众面前能够保持克制，很少表现出某种情绪"③。他充分认识到，外在形象与大众认知在统治中的重要地位，因而他的形象能够根据形势、大众期待、政党政治的需要而不断转换，既表现君主的权威，同时又在表面上体现大众意见，呈现出既传统又新鲜，既神秘又普通的模糊性、两面性特点。两面性公众形象可以使他在新旧价值观念碰撞的时代，有足够的政治操作空间，可以面对不同利益诉求的听众、观众与读者，适应各种复杂政治经济社会形势。他本人以"欢乐王"、"快活

① 　J.Brydall, "Jura coronae his majesties royal rights and preogatives asserted, against papal usurpations, and all other anti-monarchical attempts and practices" Wing, B5260,1680, p.123.

② 　See J.Miller, *Charles II*, London,1991.

③ 　See R.Ollard, *the Image of the King: Charles I and Charles II*, London,1979.

王"闻名，获得多数英国人的拥戴。

当辉格派于 17 世纪 70 年代末向查理政权发起猛烈攻击，英国面临重新走向内战危险时，查理二世利用大多数英国人希望和平与秩序、避免再次内战的心理，以这种既拥有神圣王权又代表民众意愿的形象示人，因而支持国王的呼声高涨，使其打击辉格党的行为具有了合法性，最终在与辉格派的斗争中大获全胜，其政权顺利度过政治危机。

第二节　詹姆士二世天主教首领的形象与政权垮台

为恢复绝对主义君主制，詹姆士二世无视王朝复辟时期社会的变革，重申君主统治的神圣性，倡导封建贵族价值观念，强制推行实用主义的平衡宗教策略，公开皈依天主教，宫廷明显天主教化，塑造了天主教君主的公众形象。这种君主形象是复辟时期英国在宗教、外交、思想、文化分裂的集中体现，成为那个时代分歧与冲突的象征，它助长了教权阴谋论的盛行，加速了复辟政权的倾覆。

因辉格派曾长期主宰史坛，相比早期斯图亚特王朝，后期斯图亚特王朝被边缘化，该时期君主形象研究相对薄弱。[①] 詹姆士二世在历史著述中的形象长期以来由辉格党塑造，因而有失偏颇。研究发现，詹姆士二世实际上对于自己形象的关注，超过了以往大多数先王，在他执政与逃亡法国圣日耳曼宫期间，一直努力以一个神圣、合法、开明、高贵的君主形象示人。但是，他没有认识到国王个人宗教信仰的政治影响，醉心于宗教信仰自由与宗教宽容，结果塑造了天主教领袖的公众形象。在宗教政治仍然

---

① 目前研究后期斯图亚特王朝形象的学者和论著非常少，主要有 Anna Keay, *The Magnificent Monarch: Charles II and the Ceremonies of Power*, London, 2008。关于詹姆士二世、威廉三世和安妮女王形象研究几乎没有。

占有重要地位的复辟时期，这种形象不符合民族期待，其传达的政治讯息与民族利益背道而驰，加速了政权垮台。

一、合法、尊贵的君主形象与宗教宽容政策

鉴于排斥法案危机中不佳的公众形象，詹姆士二世继位后致力于合法、尊贵的君主形象塑造，强调自己是前国王查理一世的儿子以及前国王查理二世的兄弟，突出其王位继承的合法性与统治的神圣性。作为一种策略，他把加冕仪式选择在圣乔治日，不仅把自己的统治与圣徒联系在一起，凸显其神圣性，同时这一天也是前国王查理二世的加冕日，詹姆士二世企图借助 1660 年人们对王朝复辟结束内战的喜悦之情的历史记忆，来获得人们对自己加冕仪式的支持。诚然，当詹姆士二世从修道院返回威斯敏斯特大厅的途中，"一路上……锣鼓喧天，人头攒动，欢呼声响彻天地，祈祷国王长寿和繁荣的祷告声不绝于耳……表达着喜悦与满足"[1]。为显示君主权威，加冕仪式加入了军事检阅的元素，骑兵团队伍、精锐部队、近卫步兵早上五点，分别在科文特花卉广场、干草市场、林肯酒店广场、圣詹姆士公园广场集合，他们打着有金色王冠图案的皇家旗帜，准备往威斯敏斯特教堂进发。[2] 逃亡法国后，詹姆士二世及时改变策略，利用查理一世作为"殉道者"的名声，把自己的处境与其父在内战时的处境相提并论，塑造另一个殉道者形象。在祷告词中，他自称"大卫"、"斯图亚特国王"、"另一个殉道者，"以期引起人们的同情与支持。詹姆士及其王室逃亡后居住在法国圣日耳曼宫，这里曾是路易十四的王宫，它有 78 套房间、200

---

① F. Sandford, *The History of the Coronation of the Most High, Most Mighty, and Most Excellent Monarch, James II*, Bodleian Ashmole 1745,1687, p.107.

② F. Sandford, *The History of the Coronation of the Most High, Most Mighty, and Most Excellent Monarch, James II*, Bodleian Ashmole 1745,1687, pp.45-56.

多个仆人，① 圣日耳曼宫足以称得上是帝王居所，保持着王室应有的奢华生活。同时法王路易十四与詹姆士二世散步时总是表现得很谦让，他经常让詹姆士走在前面，两位国王也常常在凡尔赛宫和枫丹白露相聚叙谈，詹姆士二世及其儿子则仍然被欧洲各国君主看作是英国的合法君主与王子。

通过文本树立与传播君主权威，宣扬贵族价值观与展示美德，塑造君主的良好形象。流亡与即位之初，詹姆士二世利用自己曾在军队服役的经历，把自己塑造成献身国家与王朝的勇士形象，同时又有绅士风度、仁慈温和的王子形象，强调勇敢、善战、忠诚、果敢、仁慈的传统贵族品质。詹姆士二世曾撰写九卷本自传，"让子孙后代，知晓他的思想、言论和行为……同时还有给王子的建议"②，并且有证据证明，"自一开始，他就打算公开发表自传"③。在自传中，詹姆士二世宣扬封建贵族的价值观念，突出自己的贵族品质与军事业绩④，强调自己作为君主的高贵品质。他极力宣扬勇敢的行为与传统贵族品质，赞美英国人天然的勇气和勇敢的行为，赞美查理一世宁死不屈、以身殉教的勇气。他为自己高级军官的身份而自豪，把自己描写成奋勇杀敌、忠诚上级的伟大勇士和品德高尚的王子，炫耀自己曾勇敢救下波旁王朝的国王的经历；详细描写自己在荷兰战争中的英明战术，展现自己的勇敢、果断和尚武精神。在教权危机的叙述中，则展示詹姆士二世的果断、勇气与魄力，是处理危机的模范。同时，忠诚与献身国家的精神与品质得到强调，不忠诚与不尊重上级者被贬损，

---

① Edward Corp, *A Court in Exile: the Stuarts in France,1689—1718*, Cambridge,2004, chs 2—3 passim.

② J.Callow, *The Making of King James II: the Formative Years of Fallen King*, Stroud,2000, p.2.

③ Lytton Sells, *The Memoirs of James II: His Campaigns As Duke of York*, Bloomington, IN,1962, p.19.

④ 詹姆士二世曾被任命为最高海军大臣，在第二次英荷战争和第三次英荷战争中是皇家海军最高指挥官。1664 年荷兰殖民地新阿姆斯特丹被攻克后，改名为纽约（新约克），作为对他的战果的纪念。

詹姆士二世曾高度评价自己的军事长官蒂雷纳，他"文韬武略、勇猛顽强、战功卓著，曾数次力挽狂澜，拯救法国，从而获得了不朽的名声"①，借以表达自己的贵族价值观念。仁慈、宽容、忠诚的品质得到强调，自传多次表达了詹姆士二世对国王查理二世的推崇，他在教权危机胜利后曾给沙夫茨伯里改过赎罪的机会。总之，自传极力塑造英明、睿智、大胆、有主见，同时宽容与温和的王朝与国家拯救者的形象，而非固执、绝对主义的国王形象。

整顿宫廷，树立尊贵的王子与君主形象。光荣革命前，宫廷仍然是权力的中心，是显示国王权威的场所，同时也是展示国王形象的一面镜子，詹姆士二世的宫廷成为展示一个革新、严谨、勤勉、反对堕落的正面国王形象的场所。1672 年前，詹姆士二世的形象是积极的，他是欧陆战场上战功卓著的士兵，曾在洛斯托夫特战役中奋勇杀敌，出生入死，立下赫赫战功，因而复辟后一段时间曾经比国王查理二世更受欢迎。为转变查理二世时期君主与宫廷沉湎色欲的负面形象，继位后詹姆士二世拒绝婚外情，身边没有一个情妇，注意保护个人隐私，以一个洁身自好的已婚男子形象示人。同时，为树立宫廷良好形象，他宣布"绝不雇佣酒鬼、亵渎神灵者、赌徒……并警告说，任何人在宫廷内饮酒将被解雇，并且他经常劝诫丈夫要忠于自己的妻子"②。

但是詹姆士二世低估了宗教政治的重要性，忽略了国王个人宗教信仰的政治影响，实行宗教宽容政策，公开皈依天主教，并且宫廷日益天主教化，塑造了天主教宫廷与天主教国家首脑的公众形象，引起人民的恐慌、不满与反抗。自玛丽后，英国历史上尚无笃定的天主教国王，詹姆士二世曾在加冕仪式上庄严宣誓，要保持"光荣之王圣爱德华给予教士的法

---

① Lytton Sells, *The Memoirs of James II: His Campaigns As Duke of York,* Bloomington, IN,1962, p.127.

② J. Miller, *James II, A Study in Kingship*, Hove,1978, pp.121-122.

律、习俗和特权……维护王国福音书所确立的真正职业……以及这个王国古老的习俗"①，对主教们宣誓"保护与维护……教会的统治"②，并亲吻《圣经》，以示承诺。但是《宗教宽容法令》的颁布，使詹姆士二世日益被视为食言，不再被视为宗教与自由的保护者，而是宗教与自由的破坏者。

斯图亚特王朝复辟后，宗教思想在英国仍然具有强大的继承性、连续性，英国新教徒仍然持有强烈的反天主教情绪，此时的英国是一个宗教迫害的社会，"1660—1688 年间，大部分政治仍然由强烈的充满敌意的反天主教情感所主宰"③，天主教是"专制"与"迫害"的代名词。在查理二世和詹姆士二世时期，宗教偏见在塑造政治态度中仍然起着关键作用，新教徒仍然把天主教徒视为国王的敌人、新教和英国政府的敌人，因而压制天主教徒被认为是合理、正当、有效的教育手段，宽容则被视为负面属性。但是，为获得更广泛的支持，不疏远任何可能的支持者，詹姆士二世在宗教问题上实行实用性平衡策略，对罗马天主教徒实行宗教宽容。

首先，他从道德角度鼓吹信仰自由以及宗教宽容的伦理价值，反对迫害天主教徒，对政治激进的新教徒持有根深蒂固的不信任与怀疑。詹姆士二世曾告诫儿子："君民之间快乐的基础是自由自在，良知不被打扰。"④曾对威廉·特伦布尔爵士明确表达："法国迫害胡格诺教徒，是非基督徒的做法。"⑤詹姆士二世在写给女儿的信中表达了对于天主教徒的欣赏，他说自己之所以被天主教吸引，是因为"他通过观察发现，天主教徒信仰虔诚，奉献巨大：他们把教堂变得华美，同时比起新教徒，他们更为慷慨与

---

①   F. Sandford, *The History of the Coronation of the Most High, Most Mighty, and Most Excellent Monarch, James II*, Bodleian Ashmole 1745,1687, pp.87–88.

②   F. Sandford, *The History of the Coronation of the Most High, Most Mighty, and Most Excellent Monarch, James II*，Bodleian Ashmole 1745,1687, p.89.

③   John Miller, *Popery and Politics*, Cambridge University Press,1973, p.66.

④   J. Clarke, *the Life of James II*, II,2 vols., London,1816, pp.620–621.

⑤   Robin Gwynn, *Huguenot Heritage,* Brighton, UK: Sussex,2001, p.167.

仁慈，有更多的善举。他还观察到，许多天主教徒在皈依天主教后，改变了不良的生活习惯，成为一个好的基督徒"①。他本人在 1668 年皈依天主教后，努力改变生活方式，不再有情妇，信仰也比以前更加虔诚。在统治末期沦为阶下囚时，"他借来一本《圣经》，认真阅读，从中得到巨大愉悦，自此阅读《圣经》成为他生活的一部分……他否认自己被罗马教会抛弃……除教士和神父外，几乎没有人像他这样投入、虔诚地阅读这么多遍《圣经》。"② 基于对天主教徒的上述认识，他坚信，所有人最后都会接受罗马教的真理。诚然，詹姆士二世强调天主教的道德伦理，鼓励在布道中讨论道德规范，这对于后来威廉统治时期生活改革的推动有积极作用。同时，他不赞成法国迫害胡格诺教徒运动，据记载，"国王（詹姆士二世）虽然没有公开谴责迫害胡格诺教徒是非基督徒的、非明智的行为，但每当提起它，他总是很愤怒，并且对避难者非常好"③。

同时，从王国实际利益角度，宣扬信仰自由与宗教宽容的价值与意义。在 1687 年 4 月发表的《对所有热爱信仰自由者的光荣宣言》中宣称，"我非常希望自己的统治能够给人们带来快乐与幸福，从而使他们能够因信仰与义务而心甘情愿地加入我们中来"④，而实现这种全民团结的方法就是实行宗教宽容。这样宗教宽容就被提升到维护王国统一的策略高度上来。同时，用维护民族利益的说辞，表达对干预信仰、宗教迫害的憎恶，他列举了过去不宽容的宗教政策打击了外国商人积极性从而损害英国对外贸易的事例，认为实行宗教信仰自由更符合人民的物质利益。同时他引用以前四任国王统治的历史，说明宗教迫害既未能保证王国统一，也没有赢得和平，由此

① Gilbert Burnet, *History of My Own Time*, vol.3. Oxford University Press,1833, p.223.
② Diller, Lisa Clark, *Faith and Toleration in Late Seventeenth-century England*, ph.d,The University of Chicago, 2003, p.66.
③ Gilbert Burnet, *History of My Own Time*, vol.3, Oxford University Press,1833, p.81.
④ Kevin Sharpe, *Rebranding Rule, the Restoration and Revolution Monarchy,1660-1714*, Yale University Press,2013, p.245.

他宣布，遵守保护教会的承诺，保护教会和修道院的土地，恢复被解散修道院的地产，宽恕所有的不信奉国教者，以期获得更广泛的支持，赢得更高的人望。1688 年 12 月 22 日在《撤离罗切斯特的理由》中，声称自己并非有意发展罗马教权的势力，而是希望"那些与我持有同样宗教信仰的人们能够与其他英国人和基督徒和平共处，而不是像我目前一样被迫离开自己所热爱的国家"①，他宣扬宗教宽容将会使英国更伟大。詹姆士二世极力推动宗教计划，致力于宗教宽容，提高宗教地位至所有事务之上，宣扬罗马天主教是真正的宗教。1687 年宫廷天主教色彩更加明显，詹姆士二世与天主教神父交往甚密，部分天主教徒在军队中得到提拔。到詹姆士二世统治的最后几个月，天主教徒数量在宫廷中有了增加，詹姆士二世从而被人们视为宗教狂热者，"尽管他非常热爱权力，但是在他心中是第二位的。作为内心内在疾病的宗教狂热，腐蚀了他的政府与各项措施"②。詹姆士二世对英国的形势进行了误判，他自以为是地认为，人们可以理解他以及他的宗教信仰，相信自己说服人民的能力，相信能够获得人们的支持与忠诚，实则不然。

二、天主教宫廷与天主教首脑的君主形象

詹姆士二世保守的宗教政策，树立了天主教宫廷与天主教国王的形象。继承王位后，詹姆士二世把怀特宫旧的王家礼拜堂和温莎的圣乔治礼拜堂留给了新教徒，而自己在圣詹姆士宫做礼拜。怀特宫的新天主教礼拜堂落成后，在这里供职者都是天主教徒，包括乐师、神父、牧师、僧侣、耶稣会士，更为明显的是，詹姆士二世任命红衣主教霍德华取代弗朗西斯·特纳神父作为施赈人员，这意味着教堂将按照天主教仪式分发食物。圣餐礼

---

① Kevin Sharpe, *Rebranding Rule, the Restoration and Revolution Monarchy,1660-1714*, Yale University Press,2013, p.248.

② James Macpherson, *The History of Great Britain*, vol.1,2 vols., Dublin,1686, p.433.

严重违背英国的民族认同，自亨利八世宗教改革后，英国新教徒长期敌视罗马天主教，特别是圣餐礼，被视为教皇制度与专制之间的关系象征，是詹姆士二世绝对主义的符号。新教徒认为，天主教对宗教改革的拒绝，就意味着对新教政治价值观念的抛弃。他们担心，詹姆士二世宣布拥有绝对权力，要求人民绝对服从，这样他可能会把圣餐礼强加给人民，迫害与政治奴役接踵而至。另外，詹姆士二世也使用天主教神父作为助手，进行抚摸治病，这是对天主教的高度认可。虽然没有明显证据证明英国的改宗运动，但是詹姆士二世的礼拜堂和天主教神职人员在宫廷的存在，对占人口绝大多数的英国人而言，已经成为一个挑衅与威胁的象征符号。桑德兰伯爵认为，两年内英国将改宗天主教，教权将与威斯敏斯特建立联盟。①

天主教文化艺术与天主教礼拜仪式盛行于宫廷。詹姆士二世继位后，神圣家族、圣徒、天使与僧侣的画像开始出现在宫廷，天主教书籍开始在宫廷流传，同时天主教的圣方济会托钵僧、方济各会的修士、耶稣派自由出入宫廷。天主教文化在宫廷的流行引起人们的怀疑与不安，虽然国王形象没有出现根本变革，但是他支持天主教艺术，以至于很多人担心国王将引导国家走向偶像崇拜与迷信。

自继位之日起，詹姆士二世致力于怀特宫天主教礼拜堂的改造，不仅仅是为了舒适和方便，更是一种政治主张的表达。每月的第二个星期日的公开演讲后，国王都要在这里听弥撒曲，教堂的大门敞开，使这里成为一个公共空间。怀特宫内新建了一个小教堂，祭坛在教堂内占有特殊醒目的位置，通往东部大祭坛的是巨大的台阶和楼梯，专门为国王和王后通往祭坛仪式之用。祭坛的装饰高达 40 英尺，占据了小教堂的东半部分，"走过怀特宫内陛下教堂的祭坛……呈现在眼帘的是一只正在用自己的血喂

---

① John Gother, *An Agreement Between the Church of England and the Church of Rome*, London,1687, iii.

哺幼崽的鹈鹕，它象征着圣餐中……基督给予信徒的是自己的血"①，甚至连詹姆士二世的女儿玛丽公主都承认，这是一个"天主教礼拜堂"。② 怀特宫的新礼拜堂是宗教改革后的第一个天主教礼拜堂，"自宗教改革以来，这是英国君主建造的最奢华的宗教建筑"③，它使都铎王朝所有的王室建筑都黯然失色，让所有进入白厅内的新教徒感到震惊，他们很容易产生这种认识：这是一个天主教国王的宫廷。詹姆士二世对怀特宫的改造是对英国宗教改革的反动与倒退，容易使人们认为天主教不仅仅是国王的个人信仰，而且还是国教，这种认知在政治上是异常危险的。虽然国教的布道与仪式仍然存在，但是国教徒却感觉在宫廷宗教事务中被排斥、被边缘化了。王宫传统上就是一个显示王朝权威与尊严的象征，它的壮丽辉煌对于最高统治者来说是基本的、必要的，本来无可厚非，但是被詹姆士二世改造后的宫廷天主教色彩异常浓厚，被人们视为天主教的宫殿，逐渐成为人民疑惧的目标。

在詹姆士二世时期，天主教布道没有受到禁止，相反那些抵制宗教宽容政策的主教却受到镇压。自统治伊始，詹姆士二世和玛丽就允许天主教僧侣和耶稣会牧师在王室教堂布道。在天使报喜节当日索邦神学院博士约翰·贝唐进行了题为《神奇的圣母》的讲道，他督促人们"忠诚我们的女神……她给我们强大的保护，我们真诚希望她因拥有圣子而获得恩泽"④，他强调天主教神职人员的中间人角色，质疑与否定新教所主张的新教徒与基督之间的直接关系。神父菲利普·埃利斯在圣本尼狄克圣秩的

---

① Kevin Sharpe, *Rebranding Rule, the Restoration and Revolution Monarchy,1660-1714,* Yale University Press,2013, p.285.

② S. Thurley, *Whitehall Palace: An Architectual History of the Royal Apartment,1240-1698*, New Haven, CT, and London,1999, p.135.

③ S. Thurley, *Whitehall Palace: An Architectual History of the Royal Apartment,1240-1698*, New Haven, CT, and London,1999, p.133.

④ Kevin Sharpe, *Rebranding Rule, the Restoration and Revolution Monarchy,1660-1714,* Yale University Press,2013, p.305.

圣徒庆祝节日中，用夹杂大量拉丁文的文本赞美僧侣，鼓动"隐士们可以把掠夺走的东西，从现在拥有者的手中夺回来"①，这实际上公开主张恢复修道院在宗教改革中被没收的土地。其他布道则宣扬圣徒在灵魂救赎中的中间作用，歌颂隐士生活和教士的禁欲，攻击新教核心思想。圣方济各会神父约翰·艾雷直接攻击预定论，宣称"没有人能够知道自己应该得到爱，还是恨"②。更为重要的是，这些布道被王室印刷商印刷，经国王批准被发表，宣传自玛丽统治以来违背国教的宗教教义与生活方式。受到官方支持，其他天主教作者也争相印刷布道，宣扬圣女崇拜、偶像崇拜、独身主义等天主教教义的书籍以及耶稣会士布里多的书籍自由出售。为了给宗教宽容政策造势，詹姆士二世分别在 1685 年与 1686 年授权发表所谓的查理二世手稿，"我在哥哥的保险箱发现了他写的东西"③，这些手稿支持天主教会的权威，拒不承认英国国教是真正的教会，并感叹与罗马决裂引起的教会分裂。尽管它的真实性令人怀疑，但因其带有国王的纹章，因而它的发表被人们视为詹姆士二世最惊人的改宗行为，在人们眼中，詹姆士二世不仅仅是一个信仰天主教的国王，而且还是一个决心在英国恢复天主教的国王。

　　镇压七主教事件被人们视为詹姆士二世的英国改宗运动的前奏。英国国教教职人员对天主教以及非国教徒抱有极大的敌视态度，《信教自由令》④

---

① Kevin Sharpe, *Rebranding Rule, the Restoration and Revolution Monarchy,1660–1714,* Yale University Press,2013, p.306.

② Kevin Sharpe, *Rebranding Rule, the Restoration and Revolution Monarchy,1660–1714,* Yale University Press,2013, p.306.

③ R. Hutton,"The Religion of Charles II",in R.Smuts ed., *The Stuart Court and Europe*, Cambridge,1996, p.235.

④ 詹姆士二世于 1687 年 4 月 4 日在英格兰首次签发信教自由令，中止执行所有涉及宗教事务的刑事法律，在晋升文职或军职之前不再要求发宗教誓言。1688 年 4 月 27 日，詹姆士二世再次发布信教自由令，并要求伦敦的教会在 5 月 20 日、伦敦郊区的教会在 5 月 27 日及其随后两周宣读国王的谕令，反抗者将受到审判，被罢黜圣职与剥夺财产。5 月 19 日，七位主教启程前往白厅请愿，詹姆士二世指责七主教的请愿书是叛乱行为，七位主教辩护自己的行为绝不是对国王的反叛，仅仅请求国王收回诏令。

受到了他们的普遍抵制。他们认为该法令践踏了王国的法律，坎特伯雷大主教和其他六位主教甚至拒绝按照王令在自己的主教区宣读该法令，认为这个诏令是违法的。[1] 随后七主教向国王请愿，请求国王收回诏令。请愿书的内容被曝光，一字不漏地在大街小巷上流传。七主教的行为得到广大教众的高度赞扬，诏令因而受到人们的普遍抵制。詹姆士二世恼羞成怒，下令以煽动罪逮捕七主教，并进行公开审判，结果"吸引众多市民前来观看这一盛况，人们明显地表达同情"[2]。当法庭出示不利七主教的证据时，人群发出一片嘘声，当法庭做出无罪的判决时，审判庭内的欢呼声长达半小时。庆祝活动蔓延到街头，人们在圣詹姆士宫外焚烧教皇的头像，版画、奖章、小册子、新闻书把七主教称为英雄、殉道者。人们为七主教被无罪释放进行的庆祝活动，表明国王公审作秀行为的失败，詹姆士二世作为一国之君，其传统的法律和教会保护者的形象受到损失。

詹姆士二世最大的错误在于，不能把个人的宗教信仰与君主的政治角色分割开来，不能把他的精神性角色与世俗性角色区别开来，他的宗教政策与大多数英国人的期待偏离太大。因为自宗教改革以来，英国国教的地位是与最高统治者联系在一起的，人们希望詹姆士二世保持个人宗教信仰的私密性，但是后者却公开宣布皈依天主教，他因此成了英国最大的天主教徒，因而国教的地位面临危机，民族认同受到了巨大威胁。另外，詹姆士二世抛开议会，擅自终止了《惩治天主教徒法》，在各地建立天主教礼拜堂，解除主教亨利·康普顿枢密院大臣的职务，用国王自己的忏悔神父、耶稣会士取而代之。同时在军队中大力提拔天主教军官，并企图控制牛津和剑桥的莫德林学院，"国王提拔教皇派，允许教皇派书籍印刷、出售与公开传播，国王的橱子里有教皇文件……国王希望宫廷里有更多的

① J. Miller, *James II, A Study in Kingship*, Hove,1978, p.186.
② J. Miller, *James II, A Study in Kingship*, Hove,1978, p.187.

改宗者"①。并且有传言说，詹姆士二世要将爱尔兰送给路易十四。有些报道公开称，詹姆士二世代表的是法国的宗教与法国政治，他将消灭新教文化、新教信仰与有限君主制，单方面搁置宣誓法、惩治法和忠诚测试法，废除立法机关，这样做的后果不堪设想，"如果我们把国王的权力置于法律之上……那么人民将听由国王强暴人民的妻子，掠夺他们的财产，割断他们的喉咙。"② 这样，詹姆士二世的公众形象就与天主教紧紧捆绑在一起。

三、威廉派塑造与宣传詹姆士二世的负面君主形象

因其宗教政策及其公众形象，在英国人的认知里，詹姆士二世已经成为天主教的代表符号。荷兰执政威廉及其亲威廉派则利用英国公众的情绪，发起声势浩大的宣传运动，詹姆士二世的负面君主形象在英国公共领域很快占了上风。

早在威廉登陆英国前，荷兰画家与英国的辉格派就对詹姆士二世展开了史无前例的视觉宣传攻势，导致天主教阴谋论盛行，公众的反天主教情绪高涨。更为严重的是，最初的反天主教情绪最终变成了直接攻击国王本人。这场宣传运动摧毁了詹姆士二世此前经营的所有合法君主的符号，加速了詹姆士二世政权的垮台。

首先，在传统的文字宣传基础上，系统地攻击国王及其政策的视觉艺术形式开始出现。君主去神秘化趋势在文字宣传中更加明显，它质疑与否认神圣君主权力，重申君主选举制。沃灵顿的萨克福教区长伊拉兹马

---

① Diller, Lisa Clark, *Faith and Toleration in Late Seventeenth-century England*, ph.d,The University of Chicago, 2003, p.71.

② Howard D. Weinbrot,"Apocalyptic Satire, James II and Transubstantiation: Pulpit, Polemics and the Declaration of Indulgence", *Journal for Eighteenth-Century Studies,* No.3,Vol.39, 2016.

斯·沃伦在詹姆士二世继位后不久就曾经提醒他，有些人认为国王"只不过是一个多余的东西，一个过度生长的粉瘤，而非政治共同体的首领"[1]，神父沃尔曾在詹姆士二世与玛丽的圣詹姆士教堂提醒国王与王后，"王权已经失去了威严，不可思议地被削弱了，这动摇了最高统治权的基础"[2]。

实际上，自宗教改革以来，木版画就加入了攻击权威的宣传运动中，到詹姆士二世统治时期，视觉媒介则开始系统地攻击国王政策与王权，因而每当有重大事件发生，都会有相应的高雅视觉艺术与大众视觉艺术紧随出现。詹姆士二世统治末期，一系列反国王的纪念章开始流传，一枚名为"英国宗教之现状"的纪念章，攻击詹姆士二世的所有主张，指责他"渴望践踏信仰自由，违背加冕誓约，中止执行曾保证国家安全的有关宗教事务的刑事法律，放弃曾保证国家安全的宗教誓言"[3]。七主教案发生后，至少有六枚以此为题材的纪念章出现，其中有一枚称赞七主教的被捕是光荣的，是献身上帝事业的勇敢行为。该纪念章的背面是并排出现的太阳与月亮，分别代表对立的两极——国王和人民。一些相对粗糙的纪念章，为了更广泛地流传，借用了《国王圣像》中的图像和神话传说，把主教而非国王表达为教会的基石，有的则把七主教表达成代表黑暗中的信仰之光的昴宿星团。鉴于当时人们有佩戴伊丽莎白和查理二世的袖珍画像借以表达忠诚的习惯，作为讽刺，教士和世俗人士则直接把这些纪念章戴在脖子上，以示对王权的蔑视。攻击国王的版画与印刷品也广泛流传，以七主教审判案为题材的版画成为该时期国王反对者的强大武器。在一个大型的印刷品中，七个主教以金字塔型出现，其中金字塔顶上是大主教桑克罗夫特，祭

① Kevin Sharpe, *Rebranding Rule, the Restoration and Revolution Monarchy, 1660-1714,* Yale University Press, 2013, p.310.

② Kevin Sharpe, *Rebranding Rule, the Restoration and Revolution Monarchy, 1660-1714,* Yale University Press, 2013, p.310.

③ E. Hawkins, *Medallic Illustrations of the History of Great Britain and Ireland to the Death of George II* (1904-1911), plate LXV, 8.

坛上刻着启示录中的一句话："我手里的七颗星是七个教会的使者。"①其他的七主教版画上有的刻着"坚若磐石"，有的刻着"我们被镇压，但不会被摧毁"，表达维护国教及其支持者的决心。②另外，国王的忏悔神父爱德华·彼得在版画中则被归类到魔鬼阵营，从而被妖魔化。詹姆士二世时期版画与纪念章之间的主题相似，说明这是国王反对派精心谋划的系统的宣传运动，以七主教为题材的艺术品数量之多，表明人们对"殉道者"和"英雄"人物形象艺术品的市场需求之大。另外，人们对收藏七主教版画拥有广泛兴趣，收藏本身就是一种抵制与反抗权威的行为。

其次，发起质疑王子身份、否认其王位继承合法性的舆论攻势。在近代欧洲社会，现任国王拥有合法的王位继承人，这本身就是显示上帝恩赐以及代表合法国王身份的有力证明。1688 年 6 月 10 日詹姆士二世的儿子出生，意味着斯图亚特王朝与天主教国王在英国统治的延续。小王子诞生前，人们在消极顺从詹姆士二世的同时，期待詹姆士二世死后由新教徒、詹姆士二世的女儿玛丽继承王位，虽然传言王后怀孕，但是人们不相信，即使王后真的怀孕，考虑到她几次流产的经历，人们认为这次也应该以流产而告结束。因而小王子的诞生，击碎了英国人期待玛丽继位的希望，而且还使一些曾帮助威廉谋划干预英国事件者面临被判定叛国罪的危险。王子诞生引起国王反对派的巨大恐慌，他们的解决办法就是否认王子身份，宣称所谓的"王子"实际上是一个阴谋。他们对外宣称，天主教徒把一个冒名顶替的婴儿装在盘子里，带进产房，冒充王子，旨在颠覆新教、恢复天主教在英国的统治。这样，詹姆士二世统治末期，威廉派围绕着王子身份问题向詹姆士二世发难，展开了舆论宣传战。他们使用多种媒

---

① Kevin Sharpe, *Rebranding Rule, the Restoration and Revolution Monarchy,1660-1714*, Yale University Press,2013, p.312.

② Kevin Sharpe, *Rebranding Rule, the Restoration and Revolution Monarchy,1660-1714*, Yale University Press,2013, p.312.

体，营造质疑与否认王子身份的氛围，以此说服人民，保证玛丽与威廉继承英国王位。

英国亲奥兰治派则致力于寻找可疑证据，力证王后怀孕事实的虚假性与不可能性。他们指出，没有可靠的证人为王后生产的事实提供证明，同时在所谓的怀孕期间，王后身形纤细，仍然有月事。[1] 他们把这些信息发到荷兰，在那里印刷成小册子或传单，然后再运到英国进行散播，制造关于王子身份的质疑氛围。一本名为《假威尔士亲王》的小册子，散播有关王后的体重、哺乳期和月经周期的消息，引起人们对王子诞生的地点和时间产生怀疑。同时它宣称，天主教徒把一名婴儿偷运到王后产房，上演了"狸猫换太子"的闹剧。在一个讽刺性纪念章中，与王子一同出现在画面上的是国王的忏悔神父爱德华·彼得，他正躲在橱子后向外偷窥[2]，暗指天主教神父彼得制造了王子诞生的阴谋。而荷兰的纪念章则直接对国王、王后、王子进行人身攻击，在其中一枚纪念章上，枯萎的玫瑰暗指国王与王后的不育，玫瑰的旁边是刚刚发出的嫩芽，但它不是长在玫瑰的枝干上，而是来自远处[3]，这实际上就是质疑王子的王室血统。在一幅名为《摇篮中的王子》的版画中，"一名外国神父伸出黑手，紧紧搂着王后的腰，给后者一个淫荡的、好色的拥抱"[4]，这实际上暗示王后生活淫乱，以及质疑小王子的身份。因缺少有力证据，国王一方始终未能提供王子身份合法性的证据。

最后，宣传威廉继位及其统治的合法性。与近代早期其他危机一样，决定 1688 年革命结果的不仅是战场上的胜负，而是人心所向，詹姆士二

[1] Kevin Sharpe, *Rebranding Rule, the Restoration and Revolution Monarchy,1660-1714,* Yale University Press,2013, p.316.

[2] A. W. Franks and H.A.Grueber, *Medallic Illustrations of the History of Great Britain*, I,2 vols.,1885, p.630.

[3] A. W. Franks and H.A.Grueber, *Medallic Illustrations of the History of Great Britain*, I,2 vols.,1885, p.631.

[4] R. Sharp, *The Engraved Record of the Jacobite Movement*, Aldershot,1996, p.2, plate75,11.

世与威廉都认识到文字、符号的力量与战场上的武器同等重要。虽然就单纯的军事力量而言，优势在詹姆士二世一边，因为詹姆士二世的军队人数是威廉的两三倍。但是早在登陆前，威廉就已经着手准备舆论战了，宣扬对英国干预行为的合法性。1688 年 9 月 30 日《海牙宣言》宣布，威廉继承英国王位是"为了保护英国的新教，恢复王国的法律与自由"①，它谴责詹姆士二世违背了保护教会与法律的承诺，列举了詹姆士二世的罪状：滥用豁免权、擢升天主教徒与教会委员会、破坏莫得林学院的权利、侵犯新教徒的尊严与地位。同时宣言指出，阴谋家"使用明显的可疑证据"②宣布王子的诞生，威廉干预英国是因为"英国众多贵族恳请出面相助，盛情难却，不忍推辞"③。它宣布出征英国的目的只有一个：按照古老的宪章，选举一个自由、合法的议会，恢复教会与合法政府，"把王国的和平、荣耀、快乐重新建立在一个稳定的基础之上"④。除了针对英国民众进行宣传之外，威廉还发表了一份针对英国舰队军官和士兵的声明："你们是上帝派来，拯救自己摆脱教权制和奴隶制枷锁的力量……因此我希望你们怀着虔诚之心，拯救你们自己、你们的国家和宗教。"⑤ 当奥兰治准备起航时，他的军队主舰悬挂的是英国国旗，国旗上面的题词是"英国新教徒的宗教和自由"，下面的题词是"我将永远保卫它"⑥，以此宣扬干预英国行动的正

---

① T. Claydon, William III's "Declaration of Reasons" and the Glorious Revolution, *Historical Journal*,39(1996), pp.87-108.

② Kevin Sharpe, *Rebranding Rule, the Restoration and Revolution Monarchy,1660-1714,* Yale University Press,2013, p.319.

③ Kevin Sharpe, *Rebranding Rule, the Restoration and Revolution Monarchy,1660--1714,* Yale University Press,2013, p.319.

④ Kevin Sharpe, *Rebranding Rule, the Restoration and Revolution Monarchy,1660-1714,* Yale University Press,2013, p.319.

⑤ W. Speck, *Reluctant Revolutionaries: Englishmen and the Revolution of 1688.* Oxford,1988, p.83.

⑥ Kevin Sharpe, *Rebranding Rule, the Restoration and Revolution Monarchy,1660-1714,* Yale University Press,2013, p.320.

义性。

威廉的军队在行进四天后，进入埃克塞特市，为显示权威及其干预英国行为的合法性，威廉及其军队举行了声势浩大的入城仪式。麦克尔斯菲尔德伯爵率领 200 人的骑兵队组成了仪仗队，其中大部分人是英国乡绅，以此显示英国人对威廉的支持。同时，仪仗队中还有来自荷属美洲殖民地大农场、头上插有白色羽毛的 200 名黑人。在由芬兰人和拉普兰人组成的军队后面，50 名乡绅打着写有"上帝和新教"字样的奥兰治亲王的旗帜，后面是骑马的奥兰治亲王威廉。当时的大字报写道："自从有君主以来……历史上没有哪次入城仪式比大英雄奥兰治进入埃克塞特的仪式更加威武与壮观。"[①] 当然，在这次入城仪式中，威廉被塑造成新教英国的救星形象。

在威廉舆论战的攻势下，詹姆士二世在继位前所赢得的英雄名声受到贬损，在双方的斗争中优势逐渐倒向威廉。当詹姆士二世出逃以及他的军队撤离索尔兹伯里时，威廉的军队则在挺进伦敦过程中未受到任何抵抗。约克和诺丁汉的贵族、乡绅和民众纷纷倒戈，爆发了反国王的起义。起义者宣布，拒绝相信与接受国王做出的任何承诺与妥协，抵抗暴君是正当防卫，而不是叛乱[②]，甚至安妮公主也倒向威廉。詹姆士二世众叛亲离，逃亡法国。国王出逃事件造成极其不利的政治影响，一方面它似乎印证了所谓的天主教阴谋论，另一方面詹姆士二世销毁议会召集令状，把御玺丢进泰晤士河，这些行为本身意味着国王詹姆士二世主动放弃了统治王国的义务，置人民于危难与混乱而不顾，逃亡行为本身把他之前努力经营的好形象全部否定了。

1688 年 12 月 18 日，威廉举行了进入伦敦城的入城仪式。仪式的主题是权力与团结，他乘坐的马车由六匹佛兰德斯马拉着，急速驶入伦敦

---

①   Kevin Sharpe, *Rebranding Rule, the Restoration and Revolution Monarchy,1660-1714,* Yale University Press,2013, p.321.

②   J. Miller, *James II, A Study in Kingship*, Hove,1978, p.202.

城，长长的骑兵队紧随其后，英国的上流人士或乘坐马车，或骑着马前来迎接，欢呼声不断。入城仪式实际上在表达这样一种政治主张：詹姆士二世已经放弃英国，统治英国的权力由此转移到奥兰治亲王手中，并且亲王获得英国人的全力支持。

为证明其统治的合法性，塑造英国合法君主的形象，入主英国后威廉政权继续推行文化宣传运动，"约有2000本书籍与文章出版或发表"[1]，旨在加强威廉和玛丽的权力与统治。1688年底一部名为《伟大的奥兰治亲王威廉的历史》的著作发表，它宣称威廉来自德国最伟大、最古老的家族，是"一个拥有众多美德、毫无瑕疵的亲王"[2]。托马斯·赖默在《奥兰治亲王的远征》中，用尽所有代表传统王权的符号来赞美威廉，把他比作希腊大力神赫拉克勒斯、太阳神、朱庇特与耶稣，"上帝一样的人，开始统治英国"[3]。在这场声势浩大的宣传中，威廉形象完成了由入侵者到上帝选民的拯救者的重要转变。

小 结

17世纪斯图亚特王朝复辟时期，英国的公共领域渐趋成熟，因而在严重的政治危机与激烈的政治斗争中，政治领袖的公众形象有时比战场上的武器更有威力，在相当大程度上影响着政治斗争的结果。比起制度与机构、政党组织或者政策，统治者的命运在一定程度上取决于自己的公众形

---

[1] M.Goldie,"The Revolution of 1689 and the Structure of Political Argument: An Essay and an Annotated Bibliography of Pamphlets on the Allegiance Controversy ", *Bulletin of Research in the Humanities* 83,1980.

[2] Kevin Sharpe, *Rebranding Rule, the Restoration and Revolution Monarchy,1660-1714,* Yale University Press,2013, p.325.

[3] Kevin Sharpe, *Rebranding Rule, the Restoration and Revolution Monarchy,1660-1714,* Yale University Press,2013, p.325.

象以及与大众的情感纽带，因而统治者能够随着形势的变化不断调整自己公众形象的能力，很大程度上影响与决定着他们的命运。与查理二世不同，詹姆士二世没有根据复辟时期形势的变化及时调整自己的君主形象，而是一味地坚持并宣扬君权神授论，鼓吹其父查理一世的封建价值观念。同时他也没有认识到他作为英国教会领袖的角色与他的个人宗教信仰、宗教宽容政策之间的矛盾与冲突，忽略与低估了宗教政治在决定大众对政权认知中的重要影响，他个人的天主教信仰与信教自由的宗教政策使他在英国公众认知中树立了一个天主教首脑的形象。

实际上自英国宗教改革起，英国人一直就有敌视天主教的传统，"新教徒对天主教的敌意已持续一个多世纪，它不会轻易消失……因为大多数新教徒不认为自己的认识是错误的"①。新教信仰一直是英国君主们加强民族凝聚力、确立政权合法化的工具，詹姆士二世不顾民族情感与情绪，强制推行宗教宽容政策，确立天主教徒在英国的合法地位，这些政策与行为为詹姆士二世树立了天主教徒首脑的形象，使其成为 17 世纪斯图亚特王朝复辟时代分歧与冲突的集中体现与象征符号，削弱了君主与民众之间的传统情感纽带，詹姆士二世作为君主难以获得整个民族的支持，相反引起民族的猜疑。为防止英国改宗天主教与恢复专制君主制度，托利党与辉格党摒弃前嫌，发动政变，邀请荷兰执政威廉前来统治英国。上至安妮公主，下至普通百姓，对威廉的干预几乎没有进行抵抗，"除了天主教徒，威廉的入侵几乎得到了所有英国人的普遍支持"②。在众叛亲离的窘迫形势下，詹姆士二世被迫弃位逃亡。

---

① John Miller, *Popery and Politics*, Cambridge University Press,1973, p.249.

② Steven Pincus,1688: *the First Modern Revolution*, New Haven, CT:Yale University Press,2009, p.224.

第五章

晚期斯图亚特王朝时期

因光荣革命的政变性质、王位继承理由的牵强，以及岛国与生俱来的排外情结，英国人不喜欢威廉三世，并且质疑其王位的合法性，"英国人对威廉的态度来了一个大转弯，最初的兴奋情绪很快降温，转向公开指责"[1]，威廉政权面临国内外敌人的频繁挑战，他本人也频繁遭遇暗杀阴谋。但最终威廉不仅成功维护了王位与光荣革命的成果，而且还组建英国史上最庞大的海军舰队，发动了大规模的海外战争，大大提升了英国的国际地位，维护了欧洲的权力均衡。威廉政权成功的原因很多，但其中一个不容忽视的因素是辉格党的有力宣传，他们在公共领域为威廉竖起一座丰碑，把国王最好的一面展现给国人。

第一节 威廉三世辉格党化的形象与政权的稳定

经过 17 世纪中叶的内战与革命，到该世纪末英国君主的个人影响日趋衰落，政党在国家政治生活中的地位与影响逐渐增强。尽管光荣革命后的政党政治向来受到学界关注，但是该时期的政党政治文化却长期遭到忽

---

① Manuel Schonhorn, *Defoe's Politics: Parliament, Power, Kingship, and "Robinson Crusoe"*, Cambridge University Press,1991, p.46.

略。造成这种现象的主要原因在于：自 20 世纪中后期起学界开始对辉格党的历史诠释模式进行反思与批判，辉格党的政治文化从而一同受到了冷遇。[①]

17 世纪末，英国政党政治文化正在形成。由于依靠军队与政变获取英国王位，以及连年海外征战造成高额的税收负担，威廉政权的合法性遭遇质疑。为维护革命成果，辉格党致力于文化霸权的建设，发动宣传攻势，笼络文人，为威廉塑造了一个推翻暴政、维护英国人政治与宗教自由与民族利益的合法君主形象，维护与巩固了威廉政权。威廉的公众形象带有明显的辉格党色彩，这既是辉格党文化霸权的结果，也是英国君主立宪制本质的体现。

一、君主个人影响日益衰微

威廉出身荷兰，对英国政治文化缺少了解与兴趣，并且入主英国后长期率军海外征战，结果英国人对君主的认知、君主与人民之间的情感关系发生了重大变化，国王与宫廷作为民族文化中心的地位逐渐丧失，它们在国家政治中的影响与地位日渐衰微。

首先，宫廷作为英国的社会、政治、文化中心的地位进一步衰落。经过内战与革命的冲击，以及光荣革命后国王称号和权力产生自贵族与议会，17 世纪末君主制进一步去魅化，君主及其权力的神秘色彩日趋淡化。

威廉入住英国后，前宫廷大臣几乎一半被撤换了，很多荷兰人被加官晋爵，身居高位，其中最为典型的是威廉·本廷克和阿诺德·乔斯特·范吉佩尔，前者 1689 年被封为波特兰公爵，后者于 1696 年被封为阿

---

① 目前，研究斯图亚特王朝政治文化的学者主要是马克·奈茨。Mark Knights, *Representation and Misrepresentation in Later Stuart Britain: Partisanship and Political Culture*, Oxford U.P.,2005. 作品从政治文化的角度研究政治史，认为该时期的政党政治宣传充斥着欺骗、谎言、诽谤、非理性，造成大众判断真相的困难。

尔比马尔伯爵。荷兰人被提拔引起英国人的怀疑与不满，他们开始散布国王与荷兰宠臣的同性恋传闻，尤其是与本廷克的不正常关系的言论闹得沸沸扬扬。丑闻与岛国本身的排外情绪，玷污了宫廷作为道德中心的形象与名声，招致人们对宫廷道德堕落与政治腐败的进一步猜疑，因而当英国人被要求节衣缩食支持海外战争时，他们嘲笑宫廷是"荷兰佬、宠臣与中饱私囊者的飞地"[1]，詹姆士分子抨击宫廷是一个"不受良知约束、肆意纵欢、沉溺非正常活动的地方"[2]。

宫廷庆典与仪式是维系君主与政治精英关系的纽带，也是君主获得大众支持的重要手段。但是威廉大部分时间不在宫廷，宫廷庆典活动更是少之又少，宫廷失去了以往的威严与气势。因不能有效履行民族中心的象征性功能，宫廷作为民族政治与文化中心的符号以及神圣君主制的中心地位逐渐丧失，英国的民族文化中心从宫廷转向伦敦，君主的象征性文化权威随之衰落。

其次，君主作为民族情感中心的地位正在走向衰落。君主的权威在很大程度上与君主个人的男性气质有很大关系，拥有一个鲜明的男性气质与形象，或者创造一个这样的公众形象，对于君主权力合法化至关重要。但威廉并不符合当时英国社会文化中的理想男性标准，他身材矮小，弓腰驼背，鹰钩鼻，长相丑陋[3]，并且自幼体弱，患有哮喘病，对英国人而言，威廉在外形上缺少个人魅力，据记载，玛丽公主第一次见到威廉时，哭了整整一天半。[4]不仅如此，威廉性格羞怯、冷漠，脾气暴躁，沉默寡言[5]，是英国史上最

---

[1]　T. Claydon, *William III and The Godly Revolution*, Cambridge,1996, p.92.

[2]　W. J. Cameron, ed., *Poems on Affairs of State: Augustan Satirical Verse,1660-1714,*9 vols., New Haven, Connecticut,1971, V, xxxvii,37-38.

[3]　D. Kuchta, *The Three-Piece Suit and Modern Masculinity: England,1550-1850*, Berkeley, CA:University of California Press,2002, p.10.

[4]　S. Baxter, *William III*, London,1966, p.248.

[5]　Thomas Stackhouse ed., *An Abridgement of Bishop Burnet's "History of His Own Times",* London: J.M. Dent,1906, p.298.

内向的国王。威廉继位后抛弃了英国传统的王权符号，放弃国王的抚摸治病特权，缺席政治精英的社交活动，远离精英社交圈，多次拒绝关于举办宫廷庆典的建议，甚至缺席玛丽女王的葬礼。玛丽女王去世后，威廉更加深居简出，甚至隐居起来。结果在公共领域君主的话语权丧失了，威廉的人望衰落，英国君民之间的感情纽带松弛。

因远离大众，威廉及其政策不仅得不到支持，而且引起英国人的质疑与不满，这在 17 世纪 90 年代经济困难时期尤其突出。因为与欧洲最大的军事强国法国的敌对，大量的法国战舰和私掠船给英国海上贸易造成巨大打击。据粗略估计，17 世纪 90 年代初，英国对外贸易的商船数量下降了 50%—60%[1]，进出口税、土地、食盐、啤酒、麦芽、婚丧嫁娶等税收负担却增加了一倍[2]，与法国的战争导致海上贸易中断，1693—1699 年英国出现食物短缺。经济困难造成民众生活困难，引发普遍的焦虑、恐慌与不满，经济萧条遂成为重要的公共讨论话题，从酒馆到咖啡馆，从民谣到诽谤文，有关经济问题的意见广泛传播。据统计，自革命爆发至复辟王朝期间的 30 余年中，提交到下院的有关经济问题的请愿书仅有 100 份，但从 1690—1702 年的 10 余年，则上升到近 600 份。[3] 更为严重的是，经济问题很快政治化，这在英国历史上十分罕见。贸易和财政困难被归因于政府，人们开始攻击政府的腐败与贪污，罗伯特·斯菲尔德、威廉·霍奇斯发表 20 多个小册子，指责一些阴谋集团借战争之际中饱私囊。[4] 在奥格斯堡

---

[1] P. K. O'Brien,"The Political Economy of British Taxation,1660-1815", *Economic History Review*,2nd ser., xli, (1988).

[2] Perry Gauci, *The Politics of Trade : the Overseas Merchant in State and Society,1660-1720*, Oxford University Press,2001, p. 212.

[3] M. Knights,"Parliament, Print and Corruption in Later Stuart Britain", *Parliamentary History*, xxvi, 2007.

[4] Brodie Waddell,"The Politics of Economic Distress in the Aftermath of the Glorious Revolution, 1689-1702", *English Historical Review*, Vol.130, No.543,2015.

同盟战的初期，威廉曾派遣 9 万英国军队去欧陆支援荷兰和德国，托利党因而批评他在欧洲大陆上投入兵力是为了保护荷兰，而在海上投入兵力太少，未能保护英国日益增长的贸易帝国，他们得出结论说，英国参与的欧陆战争不是维护英国利益，而是借机把英国纳税人的钱转移到荷兰。人们质疑威廉对英国国家利益的忠诚，嘲讽他是"荷兰人的国王"[1]。更为严重的是，阴谋论在英国兴起，有人把经济困难归因于威廉的贪婪与专制，认为威廉入主英国的目的是想成为专制君主[2]，一些匿名作者撰文警告世人，认为威廉的计划是先把英国人变成乞丐，最终把他们变为奴隶来驱使。1694 年的一个小册子写道，在威廉统治下英国人眼睁睁看着"我们的钱给了同盟国，我们的船被法国劫掠，我们的商品运往了荷兰，我们的青年被屠杀，我们的粮食运到了外国粮仓，当我们忍饥挨饿时，外国人却吃着我们的面包"[3]。

据统计，17 世纪 90 年代，城镇暴动明显增加，至少爆发过 40 次粮食暴动、数次消费税骚乱[4]，另外还有领不到薪水的船员、被遣散的士兵、失业的纺织工也发生过数起抗议与骚乱。经济困难的政治化，导致不满与批评在公共领域流传，威廉被反对者视为暴君，给英国人带来了贫穷和奴役。由于对军事与外交事务过多专注，忽略对公共领域的管理、引导与经营，威廉时期英国君主在公共领域的优势地位逐渐丧失。这样，随着光荣革命后英国君主制本质的改变，以及君权神秘色彩的继续淡化，君主与人

---

[1]　Brodie Waddell,"The Politics of Economic Distress in the Aftermath of the Glorious Revolution, 1689−1702," *English Historical Review*, Vol.130,No.543,2015.

[2]　R. Shoemaker, *The London Mob: Violence and Disorder in Eighteenth-Century London*, London,2004, p. 112.

[3]　Gascoigne, *Cambridge in the Age of Enlightenment: Science, Religion, and Politics from the Restoration to the French Revolution*, Cambridge University Press,1989, pp. 69−184.

[4]　Abigail Williams, *Poetry and the Creation of a Whig Literary Culture 1681-1714*, Oxford University Press,2005, p.205.

民之间的情感纽带遭到腐蚀，而 17 世纪 90 年代的经济困难则加强了这种趋势，威廉获得英国人的认可与感情变得更为困难。

在君主个人影响日衰的同时，政党影响日甚，辉格党确立起文化霸权。为了回报辉格党在光荣革命中给予的政治和财政支持，同时也为了获得议会对欧陆争霸计划的支持，威廉需要维持与辉格党的良好关系。因此威廉继位后，对国家财政和行政结构进行了重组，国家权力和财富集中在辉格党集团手中，"辉格党贵族、政客、主教获得了分配资源的权力"①。这些辉格党政要利用所掌握的资源与权力，延揽文人，宣传辉格党的价值观念与政治主张，确立辉格党的文化权威，哈利法克斯伯爵查尔斯·蒙塔古、萨默斯男爵约翰、多塞特伯爵查尔斯·萨克维尔等都积极支持辉格党文化。许多文人被辉格党招徕后，不仅获得政府的财政资助，而且还在重要的政府部门比如财政部或者外交部担任公职。当威廉面对着国王身份认同危机，辉格党文人不遗余力地为威廉政权摇旗呐喊，宣扬光荣革命的合法性，为光荣革命与威廉政权进行辩护，正如威廉所说："政治家与作家、国家意识形态与文学之间的联系紧密，很显然，政党与诗文实现了联合。"② 为适应新的形势，辉格党文人塑造了威廉新的君主形象，并且在公共领域进行大力宣传，"辉格党文学在当时很受欢迎"③，同时压制批评与不满。威廉政权得以稳固，归功于辉格党人的有效宣传，是辉格党政治文化的胜利。

---

① Brett D. Wilson,"The Whig Interpretation of Poetry", *Eighteenth-Century Life*, Vol. 34, No.3, Fall 2010.

② J.Tosh,"Hegemonic Masculinity and the History of Gender", In Masculinities, *Politics and War: Gendering Modern History*, edited by S. Dudink, K. Hagemann, and J. Tosh,41−58, NewYork: Manchester University Press,2004, p.15.

③ R. Bucholz, *The Augustan Court: Queen Anne and the Decline of Court Culture*, Stanford University Press,1993, p.30.

二、拯救英国的英雄国王形象

如前所述，无论就外形还是性格而言，威廉都不符合当时理想国王的标准，同时与法国的争霸战争要求国家财政与军事资源和权力高度集中在国王手中。为弥补威廉外在形象的不足，加强统治的合法性，增强政权的文化权威，辉格党为威廉塑造了英雄国王形象。

在前近代社会的英国，君主个人魅力在政治统治中占有重要地位，具有男性气质的君主可以让人们产生敬畏与顺从，因而理想国王的共同特征就是具有明显的男性气质，或曰男子气概。在古今中外的历史上，政治秩序一般被视为社会性别秩序的延伸，"男性气质往往被视为一种政治品质"①，很显然，威廉的气质与性格不符合当时社会文化中的理想君主标准。更重要的是，威廉没有生育子女，更无男性王位继承人，而这些正是君主作为男性大家长权威的有形标志。此外17世纪末伦敦流行男性礼仪文化，对于男性来说社交活动具有重要的政治意义，特别是就君主而言，保持一定的社交活动是政治统治所需，是维系君主与政治精英情感的纽带。但对于这些社交活动，威廉表现得很被动，他既不参与伦敦精英的社交聚会，更很少去剧院。②从某种意义上看，威廉不符合当时英国人对君主作为男性大家长的角色期待，社会上甚至出现了嘲讽威廉无生育的言论，神父拉尔夫·格雷泽在《加冕谣》中讥讽道：

与他的父亲和叔叔们相比，威廉是一只不正常的动物。③

① R. Gray,"The Coronation Ballad", In *Poems on Affairs of State*, edited by W. J. Camerin, 39−45. Vol.5. New Haven: Yale University Press, 1971, p.73

② Mark Knights, *Representation and Misrepresentation in Later Stuart Britain: Partisanship and Political Culture*, Oxford University Press,2006, p.13.

③ Mark Knights, *Representation and Misrepresentation in Later Stuart Britain: Partisanship and Political Culture*, Oxford University Press, 2006,p.13.

他不仅嘲讽威廉未能生育的事实，同时散布有关威廉同性恋的传闻。

自 1689 年开始英国与法国的长期争霸战争，促使英国进行了财政与军事革命，结果巨额战费与庞大军队导致人民的税收负担加重，据统计 17 世纪 90 年代英国年均税收 364 百万镑，是 1689 年英国国家收入的两倍。① 尽管税收增长超过了经济增长的速度，但仍然无法保障军费开支，国债应运而生，1697 年政府的国债高达 1670 万镑。② 战争还给予国王极大的战时决策权，引起英国人对专制王权的担忧，甚至连威廉在议会中的最积极支持者哈利法克斯侯爵在 1692 年都感叹道：

> 战争赋予威廉巨大的财政与军事资源，使其成为像路易十四那样的绝对主义君主。③

在对外战争政策遭受质疑与抨击的情况下，为加强政权与战争政策的合法性，适应 17 世纪 90 年代英国外交政策的重大转变及其大规模的对外扩张活动的新形势，同时弥补威廉外形上的男性气质不足，维护其作为君主的权威与尊严，辉格党开始塑造一个具有强大男性气质的国王形象。

首先，战争文化致力于战场英雄的国王形象宣传。由于战争与战场自古以来就被视为最能彰显男性气质的地方，与军事和战争相关的品质也向来是男性气质的核心要素，同时英雄可以使大众对军事领袖产生敬畏，因而英雄形象在欧洲一直是树立君主个人权威与塑造良好公众形象的传统方法。

奥格斯堡同盟战争的爆发，引发公众对战争新闻的需求，"即使英国

---

① *Halifax: Complete Works*, ed. J. P. Kenyon, Baltimore: Penguin Books,1969, p.21.

② P. M.Handover, *A History of the London Gazette 1665–1965*, London: HMSO,1965,p.22.

③ J. G. A. Pocock, *The Machiavellian Moment*, Princeton University Press,1975, pp.423－461.

没有直接参与的战争，英国人也表现出浓厚的兴趣"①，因而1688年后英国出版物锐增，其中大部分是因英国的对外战争而诞生的，它们绝大多数支持战争或者进行战争宣传，"很多有关战争研究的新闻报道、史书、回忆录、期刊出现了"②。战争报道主宰了17世纪90年代的新闻领域，战争文化随之崛起，男性气概与军事征服在威廉时期的战争年代被更加紧密地联系起来。

官方报纸在宣传威廉的对外战争方面起着非常重要的作用，它突出宣传威廉在战场上的勇猛与果敢，称赞他是拯救欧洲的大英雄与新帝国首领。为了使威廉的对外战争获得议会支持，哪怕是一场小的战场上的胜利都被夸大，甚至出现虚假的军事报道，片面强调威廉的军事谋略与勇敢，淡化英军的战争伤亡，夸大法国军队的人员损失。在官方报纸的战争报道中，每一场激烈的战役都有威廉的英勇事迹，他总是出现在战场最危险的地方，既是指挥有方的出色将军，也是冲锋陷阵的勇敢战士。同时每一场战役的胜利，都被归因于上帝对国王威廉的庇佑，"拿骚之战最终表明了上帝在联盟一方"③，天佑论加强了威廉民族拯救者的形象。

辉格党文学是宣传国王英雄形象的重要载体。1688年后，辉格党在政治斗争中占据优势，政党政治日趋明显，文化、文本、符号、社会空间都成为辉格党进行政党斗争的场所，其中辉格党文学在当时非常流行，对威廉进行了辉格党化的形象塑造。为了政党政治斗争的需要，宣传辉格党的政治主张与价值观念，辉格党文学为威廉塑造了一个为维护英国国家利益而出生入死、英勇无畏的英雄形象，以此压倒批评、不满和反对政权的声音，表达辉格党海外扩张与殖民争霸的主张，确立辉格党的文化霸权。

---

① Kevin Sharpe, *Rebranding Rule: The Restoration and Revolution Monarchy,1660-1714,* Yale University Press,2013, p.397.

② Andrew Lincoln,"The Culture of War and Civil Society in the Reigns of William III and Anne", *Eighteenth-Century Studies*, Vol. 44, No.4, Summer 2011.

③ Kevin Sharpe, *Rebranding Rule: The Restoration and Revolution Monarchy,1660-1714,* Yale University Press,2013, p.378.

17 世纪 90 年代辉格党文人发表数百篇诗文，歌颂威廉在欧陆战场上的胜利，赞颂其英雄主义气概。同时战争颂诗大量涌现，它们歌颂威廉的军事功绩、英勇事迹、男性气概与品质，光荣革命被浪漫化，威廉则被英雄化，被宣传为继承英国骑士传统的英雄国王。在英国参与的每场战役中，威廉都被赞颂为英雄，被称为战神的儿子，给英国带来了无上的荣耀，詹姆士派则被贬斥为法国的狐朋狗友。英国在拿骚战役中的胜利，使辉格党获得了大肆宣传威廉的机会，他们赞颂威廉比阿喀琉斯和埃阿斯还要勇敢，歌颂其英雄主义的史诗骤增。

辉格党控制的教会也大力宣扬战争精神，把参战的勇气、支持战争的热情宣扬为男性品质的重要标准，"拿起武器、保卫国家是最明显的美德"①。它推崇尚武精神，视征服与杀戮为英雄主义，宣传威廉是维护英国人的自由与英国民族利益的英勇的军事领袖，而不是英国征服者或者入侵者。1696 年 2 月暗杀威廉的阴谋，使辉格党主教们认识到威廉及其政权面临的危险，他们纷纷撰文，赞美英国海战的胜利，感谢上帝对威廉的庇佑，"整个欧洲有理由放声高歌，他（威廉）的个人安全就是对欧洲的拯救"②。当威廉率军向欧陆进发时，主教马修·帕里斯借机宣扬威廉的功绩，指出战争使威廉更加光荣与伟大，呼吁英国人珍惜威廉统治下的神圣生活。

总而言之，17 世纪 90 年代辉格党的战争文化把攻击、力量与勇气定义为自然、内在的男性品质，它把一个优秀士兵所应该具有的品质都集中在被塑造的威廉形象上，"威廉被描绘成一个战士国王"③，其目的在于通过赞颂威廉的勇猛与力量，塑造其英雄形象，维护威廉的权威与威望。

---

① Craig Rose, *England in the 1690s: Revolution, Religion, and War,* Oxford: Blackwell,1999, pp.18–62.

② Kevin Sharpe, *Rebranding Rule: The Restoration and Revolution Monarchy, 1660–1714*, Yale University Press,2013, p.370.

③ Kevin Sharpe, R*ebranding Rule: The Restoration and Revolution Monarchy,1660–1714*, Yale University Press, 2013, p.370.

　　第二，教会及其宗教活动致力于新教武士国王的形象宣传。自亨利八世宗教改革以来，教会就成为政权重要的宣传机器。威廉时期，全国性的宗教感恩仪式与斋戒活动比复辟时期多得多，教坛、布道与祷告不仅传播辉格党的意识形态、价值观念与政治主张，而且还成为宣传新教国王形象的重要载体。在与法国进行的近 10 年战争中，政权要求各地教堂都必须定期举行感恩仪式与斋戒活动，每遇前线取得较大的战役胜利，国内都要举行盛大的宗教庆祝活动，布道与祷告成为庆祝活动的重要组成部分。它们把威廉神圣化与英雄化，宣扬英国对外战争的神圣性，颂扬威廉对英国乃至欧洲和平的拯救，突出其英勇品质与战功，塑造威廉新教武士国王的形象。

　　教会用天佑论诠释英国与威廉在对外战争与国内政治斗争中的胜利，塑造威廉神圣的英雄形象。1695 年 4 月的感恩祈祷中，牧师称威廉是一位得到上帝恩典从而赢得战争胜利的军事领袖，赞颂他"拯救了英国，使其摆脱了罗马教权与专制王权"[1]，恢复了宗教与律法，称颂威廉是上帝派遣来解救英国的工具，英国与欧洲大陆同盟国之间的联盟是上帝与基督徒战士的联盟，反法国际战争是一场圣战。同年的另一祷告称颂威廉及其英国海军舰队在重建欧洲和平、维护真理中的杰出贡献，祈求上帝保佑威廉，使其在战争中免遭敌人的人身伤害。1696 年的圣餐仪式赞颂威廉开启了伟大事业，给英国人带来了长久的和平与真正的宗教，"他把上帝的恩典带给了我们，让我们过上安宁的生活"[2]。1696 年的感恩仪式感谢威廉给王国带来的和平，感谢上帝对英国的庇佑。在纽卡斯尔还有其他城市的感恩仪式中，牧师都称颂威廉是上帝派来拯救英国的救星。1695 年刺杀威廉的阴谋未遂，同年 4 月举行的感恩仪式把刺杀威廉的阴谋败露归因于

---

[1]　Kevin Sharpe, *Rebranding Rule: The Restoration and Revolution Monarchy,1660–1714*, Yale University Press, 2013, p.370.

[2]　Kevin Sharpe, *Rebranding Rule: The Restoration and Revolution Monarchy, 1660–1714*, Yale University Press,2013, p.370.

上帝对神圣国王的庇护，主教约翰·史崔普在布道中说：

> 感谢上帝拯救了我们最仁慈的陛下，挫败了一场恐怖、野蛮的阴谋，使王国避免了被入侵的危险。①

当时在教堂中的教徒共同祈祷："让我们永远不要忘记上帝曾经多次保佑了陛下及其人民。"② 一篇祈祷文感谢上帝对威廉的恩赐，"特别是感谢他最近对威廉的庇佑，揭露了那些邪恶的、残忍者的计划"，祈祷"上帝改造威廉的敌人，使越来越多的人效忠国王"③。

为了实现宣传效果的最大化，教会下令印刷祷告手册，并在全国范围内进行发放，供人们在教堂与家中进行礼拜所用，随着祷告文在王国各地的吟诵，教会塑造的新教国王形象广为流传。当威廉在爱尔兰与詹姆士分子进行战斗时，英国人每周三和周五都要为前线军队进行祈祷，祈求上帝保佑英国舰队，祈祷在海外征战的国王不要被敌人的暗箭与炮弹击中，教徒们祈祷"上帝显灵，保佑我们取胜吧"④。王国各地所有教区的人们聚集在教堂，共同为国王与英国军队祈祷，这种仪式一方面加强威廉支持者的决心，另一方面也可以争取政权的怀疑者。因为宗教仪式营造了整个王国团结与统一的氛围，影响大众对威廉及其政权的认知，比起被动的听者，在教堂举办的感恩仪式与祷告其影响更为深刻，不分阶层与政党的

---

① Kevin Sharpe, *Rebranding Rule: The Restoration and Revolution Monarchy, 1660-1714*, Yale University Press, 2013, p.370.

② Kevin Sharpe, *Rebranding Rule: The Restoration and Revolution Monarchy, 1660-1714*, Yale University Press, 2013, p.370.

③ Kevin Sharpe, *Rebranding Rule: The Restoration and Revolution Monarchy, 1660-1714*, Yale University Press, 2013, p.372.

④ Kevin Sharpe, *Rebranding Rule: The Restoration and Revolution Monarchy, 1660-1714*, Yale University Press, 2013, p.370.

教徒们聚集在一起，用他们自己的语言，吟诵国王授意、主教拟定的祈祷词，共同为国王祈祷，为国家的团结与统一、为战争前线的将士们祈祷，其影响是可想而知的。约翰·史崔普在感恩国王躲过阴谋的感恩仪式的布道中曾说：“这些被反复诵读的祈祷，其影响是巨大的。”①1691年肯特郡的大蒙盖姆教区长曾说：

感恩祈祷与斋戒、集会与吟诵祷告，聚在一起的教徒们齐喊“阿门”，这是对光荣革命合法性的认可。②

威廉不是依靠世袭而是依靠政变登上王位的国王，王国各地人民共同为他与他的军队祈祷，这是对其合法性最有力的辩护词。英国人对合法君主才忠诚，因而祷告使威廉的统治神圣化。

总之，威廉时期的英国确立了以对外扩张与战争为核心的财政军事国家及其行政管理体制，权力集中成为不可避免。同时17世纪欧洲大国之间的争霸战争，形成崇尚荣誉与英雄的社会文化，威廉因长期亲率军队出征欧陆，日益被视为英国军队的总司令。英雄国王的形象就是这种特殊历史条件下的产物，旨在确立威廉维护英国民族利益的英国国王的身份认同，回击关于威廉是篡位的异邦人的指责。

三、反对专制、维护自由的宪政君主形象

对外战争赋予国王威廉较大的权力，但是权力的集中又引起人们对

---

① Abigail Williams, *Poetry and the Creation of A Whig Literary Culture 1681-1714*, Oxford University Press, 2009, p.97.

② Kevin Sharpe, *Rebranding Rule: The Restoration and Revolution Monarchy, 1660-1714*, Yale University Press, 2013, p.381.

专制统治的担忧，所以辉格党在塑造军事英雄国王形象的同时，又树立威廉节制、道德、虔诚的宪政君主形象。

威廉继位后，英国长期的海外战争，造成军队与官僚机构臃肿，政权遭受抨击，甚至有人指责威廉比前国王还要专制。特别是在威廉统治的后四年，随着与法国战争的结束，以及 1697 年《利斯维克和约》的签订，对威廉政权的批评与质疑更加强烈。因此辉格党除了强调威廉的勇武品质外，还需要凸显其谦逊、节制的宪政君主品质，一方面回应对威廉政权的指责，另一方面也宣传辉格党关于君权有限、议会至上的宪政主张。

首先，强调威廉维护自由、反对专制的品质与功绩。由于传统宪政文化的影响，近代早期英国流行国王二分法思维，国王被分为两大类即暴君和明君，后者指尊重习惯与法律、维护人民自由与权利的国王，在英国人与英国文化中名声与威望较高，被视为好国王。为维护威廉政权的权威与立宪君主制，辉格党把威廉塑造成反对专制、维护自由的宪政国王形象，称颂其维护英国自由、权利与宪政的丰功伟绩。

辉格党用宪政发展的历史观诠释光荣革命与威廉继位，把二者置于宪政与专制政体之间长期斗争的历史长河中，视其为英国宪政传统发展的必然阶段以及英国古老宪政传统的延续与发展，视威廉为英国宪政的保护神，称颂其可以与历史上的英王亨利七世、亨利八世、伊丽莎白女王齐名。

辉格党强调威廉与英国王室血统上的一脉相承，以及他对英国宪政传统的继承。它称威廉是"光荣女王伊丽莎白的直接继承人"①，斯图亚特王朝则从民族历史中被直接抹掉了，威廉继位被比作《圣经》中的创世记，英国宪政借以复兴与新生，同时光荣革命则被辉格党诠释为英国宪政传统

---

① Kevin Sharpe, *Rebranding Rule: The Restoration and Revolution Monarchy, 1660–1714*, Yale University Press, 2013, p.389.

本身的自然回归，不是外力强加的结果。主教约翰·蒂洛森在感恩仪式的布道上宣称，威廉维护了英国的宗教自由和宪政自由。威廉·威尔逊在四季法庭的布道中宣称，威廉拯救了英国，使英国人摆脱了教权和专制权力的控制。牛津大学也赞颂威廉拯救了英国与人民，维护了王国的自由，剑桥学者称颂威廉是英国自由、信仰、法律的伟大恢复者与维护者，把威廉比作《圣经》中的人物，对其进行神圣化，称他是大卫再世、半神圣的英雄，解放了专制奴役下沉默的人民，是缪斯女神和美惠女神的统治的再次来临，并预言在威廉的统治下，英国黄金时代即将到来。其他一些诗文把威廉置于英国历史与神话传说中，把他比作古罗马英雄与罗马皇帝比如奥古斯都、亚历山大、恺撒，"躲过敌人的枪林弹雨与暗杀阴谋，他的幸免于难说明他是受到天意支持与守护天使保护的国王"①。有些诗文则把其美化为一个半神人物如摩西和大卫，正在拯救一个遭受教权和专制统治的苦难国家，是天命国王、上帝庇佑的儿子和改革者，正带领英国人摆脱专制法老詹姆士二世的统治而走向自由。

为强调威廉对自由与宪政的维护，教士把英国与法国的争霸战争诠释为自由与专制之间的对决，英国海外战场的胜利则被宣扬为对专制君主的遏制与扩张，以及对欧洲自由与权利的维护，它"折断了暴君的棍棒……我们应该给予国王全力支持，感谢上帝选出的国王"②。呼吁英国人对威廉的海外战争给予积极支持，"人们表达对国王感激与爱戴之情的时刻到了，因为（威廉）是欧洲的仲裁者、正义的赞助者、欧洲权力的维护者"③。

---

① Kevin Sharpe, *Rebranding Rule: The Restoration and Revolution Monarchy, 1660–1714*, Yale University Press, 2013, p.390.

② Kevin Sharpe, *Rebranding Rule: The Restoration and Revolution Monarchy, 1660–1714*, Yale University Press, 2013, p.386.

③ Kevin Sharpe, *Rebranding Rule: The Restoration and Revolution Monarchy, 1660–1714*, Yale University Press, 2013, p.386.

其次，突出其谦逊、节制、虔诚的宪政君主形象。大力宣传国王的道德品质，称赞其为有节制的国王。因独特的政治文化传统的影响，谦逊、温和、节制的品质在英国一直被视为美德，具有这些品质的国王与政体则受到尊崇。17 世纪末的英国需要塑造一个道德国王的形象。如前所述，威廉即位之初，很多英国人质疑其王位的合法性，同时因对外战争增加了人们的税收负担，政府遭到了铺张浪费、管理不善、奢侈腐败的指责。因此，辉格党在塑造威廉英雄国王形象的同时，也注重对威廉宪政品质的宣传，尤其是奥格斯堡同盟战争结束后，威廉作为英国对外战争军队总司令的角色丧失了，人们对他的关注不再是战场上的胜负，而是他对国内问题的处理，这种形势要求辉格党文人必须完成从英雄国王向道德国王形象的塑造。

博内特早在威廉加冕仪式的布道中就称赞威廉对人民追求自由的尊重，赞颂他是一个不依靠专制权力而维护真正宗教、驱赶阴霾日子的伟大拯救者，是"道德高尚、虔诚、温和、仁慈的真正英国国王"①，突出其温和、仁慈、节制、正确、公正的品质。主教威廉·威尔逊在感恩节的布道中赞美威廉的虔诚、公正品质，称颂他的权威是建立在公正的基础上。主教西门·帕特里克赞颂威廉维护了英国的宗教自由与宪政自由，称颂其维护了"我们的祖先用鲜血换来的自由"。②

教会作为传统的政治宣传机器，在威廉统治时期成为辉格党塑造君主形象的重要工具。1689—1702 年间英国确立了很多纪念重大事件的民族节日，政府要求各地在这些节日上要举办斋戒与感恩仪式，其间主教要进行布道，斋戒与感恩仪式得到了公众支持与积极参与，在英国大

---

① Tim Harris, "Propaganda and Public Opinion in Seventeenth-Century England." in Jeremy D. Popkin ed., *Media And Revolution*, The University Press of Kentucky, 1995, p.12.

② Kevin Sharpe, *Rebranding Rule: The Restoration and Revolution Monarchy, 1660−1714*, Yale University Press, 2013, p.392.

众中产生了重大影响，是树立威廉宪政君主形象的重要手段。自威廉继位起，感恩活动的规模与频次是史无前例的，主要赞颂威廉对上帝的虔诚、对人民的仁慈，宣扬威廉是人民之父，是上帝在人间的代表。威廉登上英国王位，被教会宣扬为上帝对信仰虔诚的英国人的庇佑。除了虔诚与仁慈的品质外，教会还宣扬威廉的克制品质，因为16、17世纪的文化，日益强调自我克制是男性的表现。同时，对威廉的克制、自律品质的宣传，旨在树立一个不同于复辟王朝、全新的道德君主形象。吉尔伯特·伯内特在1689年纪念火药阴谋日上，极力称颂威廉宫廷的道德革新：

> 我们现在拥有了一个国王和女王，希望他们的榜样力量可以让我们受到好的影响，让我们成为真正的好人，就像他们的统治让我们感受到真正的快乐一样。①

他赞美威廉关心公共福祉、革除宫廷腐败、实施道德改革的决心，宣扬威廉与腐败的复辟王朝进行了决裂。1694年，玛丽去世后，宫廷道德宣传的重点由玛丽女王转向国王威廉，称其不仅拯救"英国人的肉体，同时还拯救英国人的灵魂"②，大肆宣传威廉按时在王室教堂做礼拜，效仿玛丽女王进行虔诚的祈祷，身边都是虔诚的大臣和牧师，甚至玛丽女王去世后，威廉深居简出的隐居生活，也被诠释为克制、温和、仁慈的品质。斋戒与感恩仪式，是成功塑造威廉道德国王形象的一种宣传策略，取得了较好的效果。据当时人报道，伦敦政府要求人

---

① Narcissus Luttrell, ed., *A Brief Historical of State Affairs from September 1678 to April 1714*, II, Cambridge University Press, 2011, p.513.

② Tim Harris, "Propaganda and Public Opinion in Seventeenth-Century England", in Jeremy D. Popkin ed., *Media And Revolution*, The University Press of Kentucky, 1995, p.21.

们严格遵守斋戒，7月13日是斋戒日，有人因打保龄球而被罚款，甚至有人被关进监狱①，当时著名的编年史家纳西塞斯·卢特雷尔记载，在国耻日和感恩日，所有的商店都关门歇业，"斋戒得到了人民发自内心的支持"②。

　　值得指出的是，在政府的授意下主教的布道被官方印刷与发行，成为辉格党宣传宫廷道德改革与威廉宪政品质的强大舆论工具。从威廉继位以来，大主教吉尔伯特·伯内特就下令，宫廷布道要全部出版，除了王室宣言和信函，教区牧师还必须宣读宫廷布道。伯内特曾计划，宫廷布道必须保证教徒人手一册。主教佩尔斯和威尔逊的布道出版后，分别在约克和诺丁汉出售，书商约瑟夫·豪出售奥恩沙姆·丘吉尔布道复本的印刷权。这些革命布道出版后，传播广泛且迅速，很快就主宰了图书贸易市场，平装本布道成为最重要的宫廷宣传媒介。据记载，查理二世时期，平均每年只有3篇新的布道；詹姆士二世继位后，一直到1686年，一篇都没有，到威廉时期，宫廷布道猛增，1689年9篇，1690年20篇，1691年20篇，1692年14篇，1693年14篇，1694年22篇。③ 这些宫廷布道夹在图书中，被出版商邮寄给图书消费者，同时也被张贴在墙壁、告示牌上，在酒馆、咖啡馆里也有布道书，来这里休闲的人们也会翻阅，整个17世纪90年代，宫廷布道非常流行。1695年特尼森的2篇布道再版发行，1694年夏普的布道再版3次，1698年则重印，威廉·贝弗里奇的布道再版多次，成为斯图亚特王朝后期的畅销书。感恩布道在王国各地被传诵，威廉的名声随着这些布道传遍了大街小巷，成为"世

---

① Edward Arber ed., *The Term Catalogues:1688—1709*, London,1903—1906.

② Kevin Sharpe, *Rebranding Rule: The Restoration and Revolution Monarchy, 1660—1714*, Yale University Press,2013, p.391.

③ Kevin Sharpe, *Rebranding Rule: The Restoration and Revolution Monarchy, 1660—1714*, Yale University Press,2013,p.403.

界上最好的、最伟大的君主，所有英国人应该感谢他。任何批评政府的图书与小册子以及任何损害我们这个时代伟大恺撒（指的是威廉）统治的言论都应该被禁止"①。宫廷布道被辉格党用来掩盖对国王与政权的质疑，回应反对派关于威廉专制的批评与指责，粉饰国王和人民之间的友好关系。

通过强大的宣传攻势，辉格党把威廉包装在合法外衣下。1696 年暗杀威廉的阴谋败露后，辉格党再次掀起维护威廉的浪潮，"在国外战场上，他（威廉）是伟大与光荣的，因而在国内他应该受到认可与尊敬。威廉具备一个国王应该拥有的所有品质，是继承王位的最佳人选"②，威廉与女王玛丽的肖像出现在墙壁、桌子、陶器、纪念章、钱币上。辉格党文化在 17 世纪 90 年代已经占据明显的优势地位。

17 世纪 90 年代威廉政权实际上面临着巨大挑战。法国作为欧陆最强大的国家拒不承认威廉继承英国王位的合法性，转而支持詹姆士二世复辟，英国与法国由此展开了大规模的战争，这就是英国的王位继承战。战争一方面导致英国的税收急剧攀升，严重影响到英国的贸易与工业发展，同时该时期出现了连年的粮食歉收，致使一些城镇发生了骚乱；另一方面，在英国国内出现了支持詹姆士二世复辟的运动，他们甚至策划暗杀威廉。但是最终威廉在英国的统治不仅没有被推翻，反而更加巩固。1688—1702 年的 14 年间，议会批准了 5.9 亿英镑的税收以供政府开支，威廉统治时期英国政府的财政支出共 7.2 亿英镑，年均 500 万英镑，这相当于詹姆士二世时期年均财政收入的 5 倍③，这些数字说明

---

① R. W. Harris, *England in the Eighteenth Century,1689–1793: A Balanced Constitution and New Horizons,* London: Blandford Press,1963, p.29.

② Kevin Sharpe, *Rebranding Rule: The Restoration and Revolution Monarchy, 1660–1714*, Yale University Press,2013,p.385.

③ Abigail Williams, *Poetry and the Creation of a Whig Literary Culture 1681–1714*, Oxford University Press,2009, p.107.

威廉的政策特别是对外战争的政策得到了国人支持，这为英国赢得对法战争的胜利与取得海上优势地位提供了条件。不可否认，威廉的政策得到国人支持很大程度上得益于他的英国拯救者与合法的君主形象。辉格党利用文化霸权优势，在威廉面对国内外强大挑战的危急时刻，在公共领域把威廉塑造成一个受人爱戴的合法君主形象，这对威廉政权至关重要，以至于后来英国的首相沃波尔说："这些爱国者（辉格党人）成功拯救了英国。"①

小　结

17 世纪末威廉统治时期，英国正在向代议制政体转变，政党在英国政治生活中的影响越来越大，公共领域日趋活跃与成熟，1688 年至 1702 年威廉去世，英国先后有 2 万部作品出版②，其中政论性论著猛增，其数量仅次于宗教书籍，国家大事成为咖啡馆、俱乐部等公共空间的每日话题，政党政治文化开始形成。威廉因长期征战欧陆，待在国内的时间极少，以及性格内向与不擅长演讲，因而在民族共同体的想象中，君主的核心地位逐渐被政党所取代。出于与托利党斗争的政治需要，辉格党通过树立威廉的君主形象，借以表达自己的政治主张与价值观念，从而使威廉的公众形象具有明显的辉格党化特征。17 世纪末英国君主公众形象的政党化特征，是君主个人以及宫廷文化日益衰微、政党文化影响日甚的结果，是英国最高统治权由国王转向议会的体现。

---

① Kevin Sharpe, *Rebranding Rule: The Restoration and Revolution Monarchy, 1660-1714*, Yale University Press,2013,p.385.

② Abigail Williams, *Poetry and the Creation of a Whig Literary Culture 1681-1714*, Oxford University Press,2009, p.107.

第二节　安妮女王调和色彩的形象与政权的稳固

18 世纪初斯图亚特王朝晚期的英国，是一个承前启后的时代。1702年继承英国王位的安妮女王，为维护光荣革命的成果，巩固政权，采取了务实的策略和态度，把女王称号既归于王室家族的出身与血统，也归于议会的任命，树立了一个斯图亚特家族合法王位继承人包装下的宪政君主形象。它既表达对光荣革命所确立的立宪君主制原则的接受，又突出其王位继承原则的正统性。这种看似矛盾的君主形象，维护了光荣革命所确立的宪政原则，同时又弥补了内战与宫廷政变对保守的英国人造成的情感创伤，使其获得了两大政党与大多数英国人的支持，在公众中拥有很高的人望，维护与巩固了政权。

1702 年英国国王威廉三世去世，按照议会的《王位继承法》的规定，安妮继承了英国王位。作为虔诚的国教徒，安妮相信她的即位是上帝的安排，是上帝意志的体现即王权神授，并且她相信国王拥有神圣力量。但同时她又清醒地认识到英国君主制已经发生了重大变革，宪政君主制发展是大势所趋。此外，法国国王路易十四敌视光荣革命，不承认英国王位易主的现实，宣称英国前国王詹姆士二世的儿子詹姆斯·弗朗西斯·爱德华·斯图亚特才是英国合法的王位继承人，对安妮王位的合法性不予承认。以詹姆士二世为首的詹姆士党人，一直企图实现斯图亚特王朝的二次复辟。因而詹姆士党人及其支持者法国对安妮政权构成强大威胁。在这样的国内外形势下，为确立王位与政权的合法性，女王的政权与政策必须体现光荣革命所确立的宪政原则与价值，但出于维护王位的合法性与稳定政权统治的权宜之计，又要维护体现王位继承的正统性。安妮女王的形象就承载着这样的政治功能，是斯图亚特王朝末期既有继承又有发展的过渡性社会的体现，有助于国内和平与稳定的实现，以及新教汉诺威家族对英国王位的顺利继承。

但是长期以来安妮女王没有得到学界的足够重视，更没有得到公正评价。她很少为后人所知，也从未入选英国著名历史人物名单，相比英国历史上的其他女王伊丽莎白一世和维多利亚女王，安妮的传记非常少，她的演讲几乎不为人所知或者引用。同时她很少出现在当今的电影或者电视中，即使偶尔出现也是一个肥胖、年迈、被人左右与控制的普通妇女形象。史书通常这样描述安妮："异常肥胖……患有痛风，不得不被抬着去参加加冕典礼……她唯一的嗜好就是吃。她的丈夫则嗜酒如命"①，她被视为一个在出色男人堆里的平庸女人。造成这一现象的原因在于辉格党史学的长期霸权以及传统的社会性别歧视。

一、温和、节制、不擅权的宪政君主形象

在前近代社会，人们往往认为，君主个人的性格与其统治风格有很密切的关系，安妮利用女性化特质突出的性格特点，努力树立一个节制、不擅权、拥有宪政品质的君主形象。这是安妮充分认识到光荣革命后君主立宪制的发展趋势，以及她是根据议会的《王位继承法》而继承王位的现实的反映，换言之，她的王位是议会给予的，因此她必须向议会作必要妥协，她的君主形象是对光荣革命所确立的宪政原则的确认。

（一）君权神授的观念与君主的权力更加衰落

安妮继承王位时，君权神授的观念与君主的权力日趋衰落。1688 年光荣革命中，安妮背弃她的父亲即斯图亚特国王詹姆士二世，这本身就是

---

① C. Roberts and D. Roberts, *A History of England: Prehistory to 1714*, 2nd. Prentice Hall,1985,1:404.

对神圣君主权力观念的巨大否定。威廉统治英国后，因继承王位的理由比较牵强，以及为获得议会对战争的支持与保证新教徒继承英国王位，不得不向议会作出妥协，接受议会对王权的限制，放弃国王特权，英国君主制的本质已经产生了改变。同时，威廉对君主权力的表述与形象不太注重，没有能够及时回应英国人的期待，加之岛国民族天然的排外倾向，因此在大多数英国人的认知中，威廉是荷兰人的国王，他的英国国王的身份一直没有获得大多数英国人的认同；由于对英国文化缺少足够的认识与了解，威廉也不太注重君主权威的展示，导致英国国王与宫廷作为民族想象共同体的中心地位削弱了。这样英国正经历一场巨大的社会心理变革，英国人对君主制认知以及君主与臣民之间的情感关系发生了变化，威廉越来越不受英国人欢迎，君主的神秘性与神圣性遭到极大削弱。17 世纪 90 年代，越来越多的英国人认为，国王的称号和权威来自议会和人民，而不是神圣的王位继承权，因而人们对政党的忠诚超越了对君主的忠诚。

在这种情况下，重新塑造一个适应形势发展需要的良好君主形象成为安妮政权的重要任务。在塑造良好君主形象问题上，安妮既有优势，也有劣势。首先，与前任国王威廉三世相比，安妮占有独特优势。相比鳏夫威廉，安妮仍有生育王位继承人的可能，并且安妮是詹姆士二世的女儿、查理一世的孙女，是合法的王位继承人，王位继承的合法性是威廉三世所缺少的。同时安妮投射了当时理想家庭主妇的性格：安静、羞涩、节俭、虔诚，用切斯特菲尔德伯爵的话说：

> 安妮女王总是那么虔诚、忠贞、正统。[1]

---

[1]　Philip, Earl Stanhope, *History of England Comprising the Reign of Queen Anne until the Peace of Utrecht,*1701−1713, London: J. Murray,1872,2:310.

并且安妮女王与乔治亲王夫妻恩爱。沉静与内敛的性格，使她避免了前国王詹姆士一世和查理二世曾遭遇的关于骄奢淫逸的指责。女王比较节俭，王室人员相对较少，宫廷债务比较低。另外，安妮对安立甘教的虔诚众所周知，因而很多人认为这是英国君主由查理二世的道德腐败、詹姆士二世与威廉三世的异端信仰走向正常的开端，代表了一个好的发展趋势。幸福的婚姻使得安妮深受欢迎，人们常常把她与她浪荡的叔父查理二世和她的父亲詹姆士二世做比较。安妮的这些性格特征与宪政君主的政治品格是非常契合的。

当然，安妮的个人条件在塑造君主形象方面也存在着劣势。比起前国王们，安妮不够聪明，外形不够优雅，身材臃肿，行动迟缓。早在即位之前，人们就指责安妮肥胖、贪吃，"安妮公主像男人吃得一样多"[1]，在英国文化中，贪吃被视为缺乏自控力的表现，人们经常把贪吃与愚蠢联系在一起。作为未来的王位继承人，安妮对身体外形的管理不善，曾经引发人们对她缺少自律、如同贪婪食物一样将会贪图权力的政治品质与能力的联想。甚至在安妮即位后，人们对她的外貌与身体的谈论也没有中断过，人们似乎已经不能把安妮的身体与她的性格和能力分开。安妮在清楚认识到自身不足的基础上扬长避短，把自身的劣势转变为优势，展示给人们一个亲民、温和、自律、不擅权的君主形象。

（二）女王形象突出其宪政品质

安妮女王继承的是一个宪政君主制。从统治伊始，她就接受自前任统治开始的议会对王权的限制，在位期间从未受到滥用国王权力的指责。

在君主制下，国王本人及其个性是王权的最重要表述。在婚姻生活中，安妮自律与节制，她与乔治亲王夫妻恩爱，在人们的眼里是一位贤妻

---

[1]　A. Hampson, *The English at Table*, London: Collins, 1944, p.33.

良母，而君主的政治统治往往被视为私人生活中个人品格的延伸与表现。同时安妮的政治主张与政策实践也是温和的，她从未公开宣扬神圣王权理论，也从未刻意向人们灌输君主权力的神秘感或者敬畏感，自担任女王以来，表现出对宪政君主制的完全接受，多次表达对议会的感情与尊重，当时的书商约翰·邓顿曾说，安妮"用热情、友好、亲切的讲话征服了议会"①，被当时的人认为是王朝复辟以来最受欢迎的女王。

她在任期间，英国继续组织领导了反法大联盟，募集了巨大的资金，派遣大量军队和海军，战胜了欧陆当时最强大的国家法国，尽管英国正在被后革命的政党纷争所困扰，但女王却成功阻止了太阳王路易十四的野心。安妮政权的成功，不是依靠专制与暴政，而是善于把权力授予大臣，"以前没有哪个斯图亚特国王，能够像安妮一样，如此熟练地把王权授予给人的能力"②。安妮是英国历史上第一个成功的宪政君主，面对野心勃勃的政党，她通过授权与宪政节制的模式，尽力保证后革命政权的安全，她把战争权交给当时最伟大的战士马尔博罗公爵，把财政权授予最伟大的财政家格尔多芬伯爵，把议会管理权授予最伟大的政治家、牛津伯爵罗伯特·哈利。更重要的是，安妮能够根据议会中大多数党的意愿选择战争或者媾和，1702 年任命马尔博罗伯爵指挥英国军队，1711 年解除他的职位。前者使英国取得了辉煌的军事胜利，后者给王国带来了和平。1710 年签订了《乌特勒支条约》，解除了法国对大国均势格局的威胁，获得了直布罗陀，控制了地中海与西印度群岛的蔗糖贸易；同时获得了西班牙在美洲的奴隶贸易垄断权。它不仅保证了英国的贸易增长，而且为 19 世纪英国的海上与贸易优势以及工业霸权的建立奠定了基础。

---

①　J. Browne, *The Royal Prophetess: or, Israel's Triumphs over Jabin King of Hazor,* An Heroick Poem, ESTC N012795,1706, pp. 39—47.

②　Carole Levin, *Queens and Power in Medieval and Early Modern England,* University of Nebraska Press; Ebsco Publishing,2009, p.21.

　　加冕仪式是确立王位合法性的传统手段。不同于斯图亚特的前国王们，安妮的加冕仪式没有强调她的斯图亚特家族世系，而是突出其新教宪政君主的特征。因为托利党和詹姆士党都曾宣称，安妮即位代表神圣权力的斯图亚特君主制的回归。加冕仪式则强调她的合法性首先是建立在光荣革命所确立的宪政原则基础上，斯图亚特家族血统是第二位的。加冕仪式效仿威廉与玛丽的加冕仪式，而没有效仿 1685 年天主教徒詹姆士二世的加冕，表示对威廉和玛丽王位的承袭，以及对威廉时期政治制度的认可与延续。

　　宣誓是整个仪式的关键。它曾是 1689 年争论最激烈的问题，核心是关于契约的性质：加冕仪式上君主誓言是上帝于君主的契约，还是君主与人民之间的契约？詹姆士二世的支持者认为，国王在政体之上，因而不受法律的约束。辉格党则认为，君主权力来自人民，因此加冕誓言是国王与政体之间的约束性盟约，辉格党丹尼尔·惠特比曾说：

　　　　英格兰的国王是凭借原始契约而成为国王的，原始契约是国王经过加冕仪式上宣誓后，国王与人民签订的。①

　　因而安妮的加冕誓言是君主与政体之间的正式契约，誓言要求女王保护教会与国家，根据议会立法进行统治，遵守法律，实施正义，维护上帝律法，宣扬上帝福音与新教，誓约本身强化了王权的宪政基础，拉开安妮与被废除的天主教国王詹姆士二世之间的距离。新教原则也是加冕仪式所有意强调的。安妮是第一个被要求在加冕仪式上接受考验的君主。加冕之前，她需要发布旨在于禁止天主教徒担任公职的反对圣餐礼与圣人崇拜的宣言，这个要求在以往的加冕礼上是没有的。安妮宣布，圣餐礼上的饼

① Daniel Whitby, *An Historical Account of Some Things Relating to the Nature of the English Government*, London,1690, p.43.

与酒不是耶稣的肉与血的变体，圣母玛利亚崇拜或者其他圣徒崇拜都是偶像崇拜与迷信。该宣言是公开反对天主教弟弟及其支持者的宗教忠诚宣言和重要声明，宣布了新女王作为反对教权的国教维护者角色，以及公开表明支持新教汉诺威家族的王位继承，确保自己作为坚定的新教徒的名声。加冕布道显示安妮女王对王权宪政维度的强调，主持加冕布道的牧师夏普避而不谈斯图亚特王朝，因为担心会削弱安妮根据宪法即位的主张。夏普的讲道集中在英国历史上的四个人物：国王卢修斯、皇帝康斯坦丁、亨利八世和伊丽莎白，这些人物的功绩在于宗教：卢修斯是第一个欧洲基督教国王，君士坦丁是英国血统、罗马的首个基督徒皇帝，亨利八世确立了英国国教，新教繁荣在伊丽莎白时期。通过把安妮与这些人物做比拟，夏普的意思是在安妮统治下，英国国教将再次繁荣。同时，引用英国历史上的这些人物，这是在诉诸托利党民族主义者，他们称颂安妮是荷兰王之后的英国本地女王，因此布道旨在强调安妮的国教母亲角色，强调安妮的义务就是维护新教国家。把安妮置于一个既强调爱国主义又强调新教主义的框架中，同时唤醒托利党的传统主义与辉格党的宗教、宪政改革。夏普的布道成功平衡了辉格党言论与托利党言论。整个加冕仪式力图把安妮描写成宪政君主、新教继承的支持者。

简言之，安妮对自己的公众形象非常重视，官方宣传的首要目标就是保证安妮是根据成文法登上王位的君主，这一目标体现在各种典礼、宗教仪式、印刷物、奖章等物质文化的艺术品中。

其次，强调宽容、仁慈、温和的品质。与之前的女王伊丽莎白一世相比，安妮的形象更有母性气质，富有人情味，因为仁慈、宽容、温和的政治品质在一个母亲身上体现得最为明显。安妮利用肥硕的身体与典型的女性性格，把自己塑造成一个关心人民、用仁爱进行统治、充满母性关怀的"人民之母"形象。其中王室公告承载着这样的功能，很多人禁不住感叹道：

公告令人动容，她（指女王）向她热爱的人民保证，人民的
安宁、快乐、富足是她唯一的牵挂。①

在这里，女王表现的是关心人民福祉、爱民如子的人民母亲形象，
母性成为女王最吸引人的品质。该时期的布道、演讲与给女王的请愿书宣
扬的主题就是安妮的母性，有人是这样描写 1706 年女王在纽马克特镇的
巡行的：

来自该郡各地的人们成群结队前来看望他们的女王殿下，
他们祝愿女王长命百岁，祝愿她的统治快乐。不论在什么地方，
女王显得很高兴出现在人们中间……人们把女王看作他们共同
的母亲。②

牧师称赞安妮具有高尚的品格：虔诚、睿智、慷慨、仁慈、节俭、宽
容。书商约翰·邓顿在王室家族的传记中，首次向读者披露安妮的性格：
虔诚、节制、稳重、谦逊，称颂她是好妻子、好主妇，有责任感，衣着朴
素、平易近人，具有统治智慧，致力于人民的福祉。他认为，晚期斯图亚
特君主们留给人们的不好的记忆与专制行径在安妮统治下将会一扫而空，
女王用正义与仁爱之心和温和政策实施统治。他预言，安妮的统治将给英
国带来更大的光荣，女王将为自己赢得尊敬。一首献给女王的题词中赞美
安妮是好女人、顺从的妻子，在家中尽责、智慧、节俭，在国外取得辉
煌战绩，在国内实行贤明统治。据统计，女王雕像在数量上远远超过威廉，

---

① Kevin Sharpe, *Rebranding Rule: The Restoration and Revolution Monarchy, 1660–1714,* Yale University Press, 2013, p.665.

② Carole Levin, *Queens and Power in Medieval and Early Modern England*, University of Nebraska Press; Ebsco Publishing, 2009, p.20.

这说明安妮的人气很高，这些雕像主要来自地方，表达地方社会对女王的忠诚。各地都有女王雕像，切斯特、格拉斯哥，在反法战争胜利后以及苏格兰和英格兰统一后树立的雕像，把女王表述成民族统一的象征符号，"对大多数人而言，安妮的雕像……是保证和谐与民族统一的象征"①。这些雕像符合安妮自己的希望：在政党政治与政党竞争中，置身党派斗争之外，作为一个所有英国人的母亲与大英帝国的象征。就像伊丽莎白女王被比作"圣女王"一样，安妮被比作"乳母"，二者都符合各自时代人民的期待。

实施宗教宽容政策，树立仁慈、宽容的英国人共同母亲的形象。近代早期君主的形象与名声是和他或她作为正义的守护人与教会的最高首脑分不开的。伊丽莎白女王实行温和的宗教政策，缓和了宗教派别之间的激烈冲突，塑造了统一的英国教会领袖的形象，成为全体英国人都认同与拥戴的女王，不仅维护了教会的团结，而且还维护了国内和平。安妮希望在宗教政策上成为第二个伊丽莎白，成为所有英国人拥戴的公正君主。

就个人感情而言，安妮是虔诚的国教徒，以宽容、仁慈著称，1704年把王室收入中的首捐税与什一税捐给教会，用于补贴穷困教士的生活。在她统治时期，兴起了修建教堂的热潮，1711年通过了在伦敦新建50个教堂的立法。②早在即位前安妮虔诚地坚守安立甘教的信仰及其宗教仪式，在即位后不久的议会演讲中安妮表示：

> 我将坚定维护英国教会的利益与信仰，支持那些真心维护国教者。③

---

① Kevin Sharpe, *Rebranding Rule: The Restoration and Revolution Monarchy, 1660–1714,* Yale University Press,2013, p.601.

② M. H. Port ed., *The Commission for Building Fifty New Churches:* The Minute Books, 1711–1727, A Calendar, London Record Society,23,1986.

③ Kevin Sharpe, *Rebranding Rule: The Restoration and Revolution Monarchy, 1660–1714,* Yale University Press,2013, p.636.

安妮认为君主权威是与教会分不开的，因而她把自己表现成安立甘教的女王。但是就政治目标而言，女王的理想就是像伊丽莎白一样，既是国教的维护者，也要对非国教徒宽容，希望在国教徒与非国教徒、托利党与辉格党之间保持平衡，维护教会团结，成为统一的英国教会首脑与全体英国人的领袖，而不是某个派别的领袖，这也是她为自己确立的理想女王形象。

这样，即位后安妮实行温和的宗教政策，保持英国教会的团结。1705年安妮登基纪念日上的布道，多塞特郡斯托克盖腊德教区牧师理查德·斯蒂芬斯说：

> 你们有这样一位女王，她把教会当作最宠爱的孩子揽入怀中，同时又张开宽容的臂膀搂住淘气的孩子。①

他认为，英国人再也不用为国教会担心了，因为与以前的国王们不同，女王在用心呵护着它。在安妮统治时期，英国教会各派基本保持和谐关系，基本实现了女王的目标。一篇匿名文章的题词中说，"激烈的冲突已经停止，温和的宗教路线正在繁荣"，赞美女王是世界上最温和的女王，她顶住了极端分子的叫嚣，保护了英国教会的团结。② 剑桥基督圣体学院的主教约翰·沃勒在讲道中对教徒们说，女王付出这么多心血，目的就是希望我们在感情上把国教会放在与女王等同的位置。牧师亨利·科尔曼称女王是第二个伊丽莎白与公正的君主，1713 年的女王加冕日纳撒尼尔·霍夫说，安妮对教会的爱护与支持，为后人树立了榜样，是教会的慈母。

---

① Kevin Sharpe, *Rebranding Rule: The Restoration and Revolution Monarchy, 1660-1714*, Yale University Press, 2013, p.636.

② Kevin Sharpe, *Rebranding Rule: The Restoration and Revolution Monarchy, 1660-1714*, Yale University Press, 2013, p.637.

> 如果所有人都像女王那样，我们就拥有一个圣徒的王国。①

实际上维护国教会的至尊地位与实行宗教宽容政策是矛盾的，因而女王极力压制两党的宗教问题争论，亨利·萨克维里事件就是典型的一例。萨克维里主张，不能宽容不从国教者，抨击女王的宗教宽容政策损害了女王作为所有人的教会领袖形象，辉格党政府对其发起弹劾。在萨克维里事件中，女王采取了两面派策略：一方面支持辉格党大臣弹劾萨克维里；另一方面又对辉格党施加压力，确保萨克维里不会受到严厉惩处，旨在保持党派之间的团结，保持国内的和平。坎特伯雷的教士代表拉尔夫·布鲁姆赞美女王重振了衰落的基督教精神，维护了教会团结。1713年纳撒尼尔·霍夫牧师赞美没有子女的女子安妮：

> 陛下似乎已经把爱护与情感全部都给了英国教会。②

安妮作为教会乳母的形象树立起来了。女王用自己的行动证实了自己的安立甘教的女王，以及民族教会领袖的形象。从查理一世以来，英国教会没有哪个君主能够像安妮那样坚定维护安立甘信仰与安立甘教会。纳撒尼尔·霍夫赞美女王个人的虔诚，详细列举安妮尊重教会的法律、王室公告，她对教会的慷慨与任命教职。霍夫坚信，不仅当时那一代人，而且世世代代"都会与我们一样，以同样的理由、同样的义务与忠诚，同样的感激与感情，称呼女王为教会的乳母"③。

---

① Kevin Sharpe, *Rebranding Rule: The Restoration and Revolution Monarchy, 1660–1714*, Yale University Press,2013, p.640.

② Kevin Sharpe, *Rebranding Rule: The Restoration and Revolution Monarchy, 1660–1714*, Yale University Press,2013, p.640.

③ Kevin Sharpe, *Rebranding Rule: The Restoration and Revolution Monarchy, 1660–1714*, Yale University Press,2013, p.640.

经历了长期的内战与动荡后即位的安妮，希望像一个多世纪前的伊丽莎白一世一样，成为全体英国人共同拥戴的女王。为此她极力弥合长期内战与分裂造成的英国各教派、各党派之间的分歧，政策的温和性与调和性特别明显。这样，尽管女王在个人感情上更倾向于托利党，但是她的形象把她表述成为整个国家利益的维护者，是安立甘教与民族的母亲，而不是某一个政党的支持者，她把自己置身于党派斗争之外，避免从属于某个政党，从而保证了人民的忠诚与情感，"尽管之间存在派别与分裂，但是在对待女王方面，我们没有分歧，也没有派别之分，我们共同拥戴女王"①。安妮被誉为英国人的真正乳母、上帝似的共同母亲，被称为"第二个伊丽莎白"与"天使的化身"。

二、大众化、世俗化的女性形象

自都铎王朝以来，英国君主们大多强化人们对君主及其权威的神圣感与神秘感的认知，但安妮把自己表述成一个平凡的人，一个被病痛折磨的羸弱的人。她的画像也更多地体现出作为女王她的人性一面，而非神性的一面。除宫廷诗人外，大多数英国人把她看作是一个病弱的普通女人，而非女王，"可怜、矮胖的安妮女王……看起来不像是大英帝国斯图亚特王朝的最后一位合法君主"②。这种大众化、世俗化的形象，实际上是安妮诉诸公众，追求人气的一个策略。因为经历过内战与革命的荡涤，斯图亚特王朝后期君主的神圣地位在英国遭到极大撼动，理想的君主应该是一个亲民、爱民的人，而不是遥不可及、高高在上的神。同时 18 世纪初大众

---

① Kevin Sharpe, *Rebranding Rule: The Restoration and Revolution Monarchy, 1660–1714,* Yale University Press,2013, p.575.

② K. Sharpe, *Selling the Tudor Monarchy: Authority and Image in Sixteenth-Century England*, New Haven, CT and London,2009, ch. 10.

政治日益崛起，公众与公众意见在政治生活中的重要性日益突出，这就需要君主形象表达与代表更广泛的公共价值。

首先，诉诸公众成为政治统治的一部分。晚期斯图亚特时期的英国处于向代议制社会转变的时期。17世纪70年代后，议员选举成为常规、经常性的政治活动，据统计1679—1716年平均2.5年议会就要选举一次，选民投票因而比以前频繁，选民人数在晚期斯图亚特时期的增长明显，1715年25万男性参与投票，占成年男性的20%左右。[1] 到安妮时期，议员比以前更加具有代表性，选民在选举过程中的自主性较前也有明显增强。另外，1689—1713年期间的长期对法战争，促使英国进行了财政革命，军队规模的扩大史无前例，1710年英国有4.8万海军，而1660年为2万，1630年为1万。[2] 为保证庞大军队的给养，国家税收需要相应增加，17世纪90年代战争期间每年平均税收是364万英镑，是1689年之前英国每年国家税收总数的两倍。[3] 当国家税收增长的速度超过了经济增长的速度，需要进行财政改革，公共财政应运而生。1697年国债是167万英镑，1713年上升为3600万英镑，1720年为500万英镑[4]，国债由大众购买，建立在公众信任的基础上。17世纪90年代英国发动大规模、半全球的对法战争，缺少由公众支持的国债和信贷是无法进行的。公共财政体制下，公众意见赋予股票甚至货币本身以价值，公众在国家中的重要性增强了。同时，印刷业的繁荣，使公众的重要地位提高了。1695年《书刊审查法》被废除，

---

① F. O'Gorman, *Voters, Patrons and Parties: The Unreformed Electoral System of Hanoverian England 1734–1832*, Oxford,1989, tables4.2 and 4.3.

② M. Braddick, *The Nerves of State, Taxation and the financing of the English State 1558–1714*, Manchester,1996, p.31.

③ P. K. O'Brien,"The Political Economy of British Taxation,1660–1815", *Economic History Review*, 2nd ser., Vol.41,1988.

④ Mark Knights, *Representation And Misrepresentation In Later Stuart Britain Partisanship And Political Culture*, Oxford University Press,2006, p.14.

对地方出版业产生了重大影响，1701 年诺里奇印刷发行英国第一份地方报纸，该年有 13 家地方报纸发行，首都伦敦则有 18 家。① 印刷品不再仅仅作为交流手段，还是政治工具，在关于政治经济的辩论、有关股票和贸易的印刷新闻的印刷品推动下，公众的重要性日益突出，被置于国家事务的裁判官地位，公众不仅仅是非工具性（非功利性）旁观者，还是政治过程的积极参与者，通过民意调查、信贷、请愿书、签名信等方式，公众具有相当的力量影响公共事务。因为在斯图亚特后期选举与政党政治文化盛行，公众作为政治仲裁与合法化力量被诉求，它们不断被要求对公共事务进行判断，从而参与政治过程，国王和教会等传统权威遭到削弱，由公众部分地进行了权力填补。

安妮清楚意识到公众与公众意见的重要性，任内大力诉诸公众，塑造世俗化、亲民女王形象。演讲成为她的重要宣传媒介，借此把自己表述给下院议员与人民，是她最直接的表述与形象工具。安妮是出色的议会演说家，曾经历过内战与复辟时代的外交官罗伯特·索恩韦尔爵士感叹，我从未见过哪位女性能够如此优雅地讲话。当时的著名作家丹尼尔·笛福说：

> 陛下很高兴在议会演讲，这是面向全王国人民的演讲，影响广泛。②

为争取两党的支持，女王尽可能兼顾到两党的立场与感情，因而她的演讲既主张宗教宽容，又坚持安立甘的国教地位，旨在平息两党的分歧与论争，维护王国的团结与统一。王室公告在历史上是国家宣传机器的基

① J. M. Price, "A Note on the Circulation of the London Press 1704−1714", *BIHR*, Vol.31,1958.
② Daniel Defoe, *A Challenge of Peace: Address'd to the Whole Nation*, London,1703, sig. A2 r .

石，现在被安妮作为公关工具，女王的演讲与王室公告，被印成宽幅传单进行出售，从而传播到王国各地。当时一份王室公告仅需花费 1—2 便士，一般人都能买得起，那些无力购买的极度贫困者，可以在教堂与公共场所听到王室公告的宣读。由此安妮的演讲影响之广可想而知。

女王画像缺少传统君主肖像画的那种威严，呈现出大众化与世俗化的特征，这是君主个人权力衰落的体现。安妮的画像把女王表述成一个普通与朴素的人，几乎与中产阶级的家庭妇女没有区别。由于安妮对艺术不太感兴趣，没有有效利用象征性表述强化君主权威。同时当时文化提倡艺术形象要忠于事实，安妮本人肥胖、病弱，不是容貌出众、举止优雅的女性。因而安妮在位时期的画像很少，且质量与水平不高，在斯图亚特王朝的君主中，安妮留给人们的印象最少，因为她没有通过画像显示其王室血统，也没有用画像宣传女王权威，安妮的画像缺少传统封建君主的威严与神秘性，比较接近中产阶级的妇女形象。除了即位初期有部分登基画，之后安妮的肖像画就很少了，1708 年后宫廷主要画家就再没有为她作过画。

在亚历山大·范·盖伦描写女王前往议会的画中，女王仅仅在由骑兵和卫兵护卫的马车窗子上露出一张脸[①]，在这幅画的其他地方再也看不到女王的身影。而查理二世与伊丽莎白的加冕画中，他们位于整幅画的中心，让观看者产生震撼的感觉，而在安妮的这幅画像中，女王几乎被抹掉了。在彼得·蒂勒曼的《上院中的安妮女王》画像中，安妮在长长的透视线的后面就座，其身影在画中显得非常渺小，她在这幅画中不是主要人物，观者在这幅画中看不到君主的神圣权威，这是议会君主制时代到来的体现。当时金属版印刷技术在英国有了很大发展，但是没有像当时的诗歌那样把安妮描写成英国的女英雄和女皇来赞颂。同时在当时收集木

---

① 　O. Millar, *Tudor, Stuart and Early Georgian Pictures in the Collection of Her Majesty The Queen*, London, 1963, No. 488, p. 167.

版画成为时尚，英国木版画的质量也达到一个新高度，但是带有女王头像的版画却寥寥无几，并且印刷质量不高，无论在数量上还是质量上都逊色于先王们。这从一个侧面说明，安妮女王时期君主不再是民族视觉文化的中心。

此外，宫廷在国家事务和民族生活中的重要性也削弱了。实际上，这种趋势在威廉时期就已经出现了。怀特霍尔宫从 1530 年至 1698 年间是英国国王在伦敦的主要居所，是欧洲最大的宫殿，拥有超过 1500 间房间，是英国王权的重要象征。1698 年发生大火，几乎全部被毁。安妮虽然最初计划重建怀特霍尔宫，但是因为财政问题最终未能如愿。1704 年一位诗人感叹往昔王宫的衰败与荒凉，并发出这样的疑问：

这座废墟，是否是君主权力衰落的不祥预兆呢。[1]

安妮即位后，她和乔治亲王自 1695 年以来居住的圣詹姆士宫成为王室官邸，虽然曾有扩大王宫建筑的计划，包括建设会议室、会客厅以及带有长长柱廊、通往王宫大门的警卫室[2]，但最终该计划未能付诸实施。按照安妮的授意，圣詹姆士宫成为皇家礼拜堂，安妮自己出资在这里添置了一张新祭坛桌与围栏。除此之外，圣詹姆士宫基本再无其他变化，导致它缺少传统宫廷的威严与宏伟的气势，却成为安妮的正式官邸。[3] 从美学角度看，安妮与王室的审美比威廉时期更加趋向家内化，他们不再刻意追求王宫的宏大与威严，而更倾向王室家庭生活的舒适与方便，安妮在位时期詹姆士宫没有大兴土木，没有建设新的建筑物来纪念斯图亚特王朝。

---

[1]　Kevin Sharpe, *Rebranding Rule: The Restoration and Revolution Monarchy, 1660–1714,* Yale University Press, 2013, p.602.

[2]　H. Colvin ed., *The History of the King's Works,* V, 1660－1782, London, 1976, p. 237.

[3]　H. Colvin ed., *The History of the King's Works,* V, 1660－1782, London, 1976, p. 237.

　　同时，安妮对肯辛顿宫很感兴趣，即位后的数周开始在肯辛顿宫建设占地 30 英亩的巴洛克风格的园林。自 1703 年起，扩建肯辛顿宫建筑物的计划拟定，1704 年 6 月，按照女王的授意约翰·范布勒爵士起草计划在宫内建设一个橘园①，里面将建造一个多个凉亭、别墅以及其他附属建筑，建造费用高达 6000 英镑，这说明安妮计划在此居住，1705 年据地志学大使约翰·鲍瓦克记载：

　　　　前任国王与女王的大部分闲暇时间是在这里（肯辛顿宫）度过的，他们很喜欢这里的轻松环境……现任陛下与亲王，也很喜欢在天气好的时候，来这里住上两三天，这里所有建筑都尽最大可能按照适合居住的标准而设计。②

　　内战前与复辟王朝时期，除了怀特霍尔宫之外，王室主要宅邸还有汉普顿宫与温莎城堡。1529 年亨利八世进驻汉普顿宫并开始扩建，自此它成为英国皇室官邸，亨利八世为了容纳下 1000 多名贵族和仆人在一个地方吃饭，修建了一个大厅——白厅，这座大厅以其宏大的面积、精致的橡木浮雕天花板以及大量的装饰品，一直以来被认为是全英国最美丽的厅堂。威廉三世和玛丽女王把汉普顿宫作为王室居所，并计划把它作为新的王室政府中心。安妮女王时期，汉普顿宫的地位开始下降，用于该宫园林建设的开销骤降，安妮与乔治亲王几乎从未在这里留宿过。③ 安妮把威廉生前为汉普顿宫院里预订的雕像退掉，并拒绝了修缮喷泉花园的建议。④

---

① 　H. Colvin ed., *The History of the King's Works*, V,1660–1782, London,1976, p.192.

② 　Kevin Sharpe, *Rebranding Rule: The Restoration and Revolution Monarchy, 1660–1714,* Yale University Press,2013, p.603.

③ 　S. Thurley, *Hampton Court: A Social and Architectural History*, New Haven, CT and London, 2003, p. 213.

④ 　H. Colvin ed., *The History of the King's Works,* V,1660–1782, London,1976, p.174.

温莎城堡是英国王室的重要宅邸，但是安妮女王对其扩建与修缮仅仅是因为它的象征意义。安妮曾被皇家建筑史学家称为"在斯图亚特王朝君主中，唯一一个把温莎视为自己的家的君主"①，安妮即位第一年在温莎城堡修建的花费是威廉担任英王期间在温莎城堡花费总和的两倍，安妮用于温莎城堡的花费大部分是内部装饰与装修上。安妮之所以在温莎城堡的修建上出手阔绰，是因为它的古老历史与象征意义，它是嘉德勋位庆典仪式的举办地，被斯图亚特王朝国王们视为圣地，查理二世就曾把它作为恢复君主制连续性与神圣性的象征，是查理一世埋葬地与圣乔治教堂的所在地，可以说是怀特霍尔宫烧毁后英国最好的宫殿。1708 年，乔治亲王去世，安妮花了很长时间住在温莎城堡外的小房子里，而没有住在城堡，这说明在安妮心里，真正的家，不在王宫，而是王宫外。安妮与王室从古老的宏伟王宫撤离，到一些更加适合家庭生活的环境，这既是宫廷与王权衰落的体现，同时又削弱了宫廷和王权在国家事务中的重要性，必然导致宫廷在民族文化中的衰落。女王时期很少发布王室公告，即使发布，也是一页纸篇幅，更像是例行公事，并且价格低廉，成为众多印刷物的一种，不再是普通人难以看到的珍稀物。

安妮的女王形象是英国在斯图亚特王朝后期君主与君主权力去魅化进程中的重要阶段与重要体现。18 世纪初，英国人对君主的认知产生了更为深刻的变化，他们不再把君主视为不朽的神，而是一个也会经历生老病死的人，君主的权威正在走向衰落。随着该时期公共领域更加活跃，小册子与小册子文化大量产生与繁荣，君主不再受到人们的敬畏，引起当时保守人士的担忧，牧师托马斯·克纳格斯在布道中抱怨：

> 当下任何一个人都胆敢议论女王必须做什么，如何统治国家。②

---

① H. Colvin ed., *The History of the King's Works*, V,1660–1782, London,1976, p. 333.

② Kevin Sharpe, *Rebranding Rule: The Restoration and Revolution Monarchy, 1660–1714,* Yale University Press, 2013, p.650.

三、正统的王位继承人形象，以此维护政权稳定

安妮的王位继承权，不像过去我们所认为的，在当时具有完全的合法性，关于她的继承权问题成为当时各政治派别激烈争论的话题，特别是遭到詹姆士二世支持者的质疑与挑战，对于政权的稳定与英国的和平构成了一定威胁。出于巩固政权之现实需要，安妮采用了实用主义的策略，在塑造立宪君主形象的同时，又按照王位继承的正统原则，利用自己的王室血统以及英国传统的王权符号和文化，特别是伊丽莎白女王的形象与记忆，塑造正统、合法的斯图亚特王朝国王形象，确立王位与政权的合法性，维护国内和平与稳定。

（一）对安妮王位合法性的质疑与挑战

安妮是根据 1689 年的《权利法案》和 1701 年的《王位继承法》而登上王位的，换言之，她的王位不是来自斯图亚特家族的王位世袭权，而是来自议会的成文法。但是由于她是前国王詹姆士二世的女儿，所以一些人特别是詹姆士二世的支持者（以下简称"詹姆士党"）宣称安妮的王位是世袭而来，鼓吹安妮王位的合法性来自她的斯图亚特王室血统，这种主张的政治意图很明显，那就是宣称詹姆士二世的儿子詹姆士·弗朗西斯·爱德华·斯图亚特（以下简称"爱德华"）才是王位的合法继承人，以期实现斯图亚特王朝在英国的二次复辟。

因而围绕着安妮王位合法性依据的争论，实质是政治斗争与意识形态斗争，该问题决定着未来英国王位继承的人选与一些政治派别的命运。由于安妮唯一存活下来的儿子格洛斯特公爵威廉王子在 1700 年也夭折了，安妮已经没有子嗣继承英国王位，斯图亚特王朝就此绝嗣。如果安妮是根据成文法由议会任命的，那么根据议会制定的《王位继承法》，安妮死后，英国王位由德国汉诺威家族继承。但是如果主张安妮是根据世系血统继

承王位的，那么爱德华就是合法的王位继承人。并且 1701 年 9 月詹姆士二世去世后，法国国王路易十四宣称爱德华是英国国王詹姆士三世。强硬的詹姆士党人认为，爱德华才是真正的王位继承人，安妮与威廉一样都是篡位者，安妮是汉诺威家族的走卒，其王位是非法的。部分温和的詹姆士党认为，安妮即位为斯图亚特王朝复辟提供了机会，他们把安妮看作是爱德华的代理人，是爱德华即位的先驱，安妮即位本身就是斯图亚特王朝二次复辟。

安妮政权受到法国与詹姆士党人的攻击。法国计划恢复詹姆士二世王位，并发起了一场宣传运动。詹姆士二世的肖像画和奖章在英国广泛传播，上面的题字称詹姆士二世为英国国王。① 同情詹姆士二世的思潮再度泛滥，1704 年，在耶稣会士弗朗西斯·桑德斯的论文集《国王詹姆士二世的生活》被译成英语，在梅德斯通出版，售价两先令，它称颂詹姆士二世是一位虔诚的好国王。1708 年的颂诗谴责篡夺王位者与废黜合法国王者都将下地狱。詹姆士被称作圣徒，1706 年的一首诗宣扬詹姆士二世的清白无辜，称赞他爱护人民、舍命为国。法国计划支持詹姆士二世入侵英国，并宣布詹姆士二世的儿子为英国王位的继承者。詹姆士党人是安妮王位的最大威胁。安妮非常重视自己的公众形象，因而在宣传宪政君主形象的同时，为维护政权的稳定，又用传统的王权符号塑造斯图亚特王朝女王形象，维护王位的合法性。

（二）复兴传统的宫廷仪式

借助传统的封建宫廷仪式，宣扬安妮至高无上的身份、地位与权威，强调对斯图亚特王朝世系的合法承袭与延续，树立正统王位继承人形象，证明王位的合法性，作为对詹姆士党关于安妮篡位之说的回击。

---

① R. Sharp, *The Engraved Record of the Jacobite Movement*, Aldershot, 1996, pp. 12,49,61.

　　因忙于对外战争，以及对英国王权文化缺乏了解，威廉对宫廷仪式的重要性认识不够，所以在他统治时期宫廷仪式的地位被削弱了。安妮则不同，她的英国公主的身份，以及自小就受到英国宫廷礼仪文化的熏陶，她的继位为复兴英国传统的宫廷礼仪、弥补前任威廉作为一个来自异国的君主给英国人的民族情感造成的创伤提供了机会。所以安妮即位后，尽管她本身的性格是羞怯、内向的，身体也比较弱，以及君主制本身面临着变化与衰落，但她没有忽略国王的表现，而是利用宫廷仪式，团结、代表整个民族国家，努力扮演国王角色，最终获得很高人气。

　　自威廉继位以来，英国宫廷作为社会、文化、政治中心的地位衰落了。议会的定期召开与政党的组织化，宫廷的影响与权力逐渐转向了政党与政客，宫廷不再是上层阶级的聚会地，不再是让人敬畏的威严之地。同时，威廉的宫廷代表的是一个党，而非全民族的宫廷。安妮即位后，全面复兴宫廷仪式，表现君主的威严，希望借此平息政党纷争，成为所有英国人的女王。

　　首先，加冕仪式在形式上是传统的，象征着英国王位合法的自然延续。仪式选择在 4 月 23 日即圣乔治日举行，这是一种有意的安排，因为它曾是斯图亚特前国王查理二世与詹姆士二世的加冕日。如同传统的宫廷仪式一样，安妮的加冕仪式不仅隆重与壮观，更重要的是神圣而庄严。考虑到王国内部存在的分裂现实，仪式的重点是确立女王的合法地位，加强女王与臣民之间的情感。上午 10 点左右，贵族进入威斯敏斯特厅，女王端坐华盖下，司仪官向女王献上宝剑与马刺，王冠、徽章和《圣经》在威斯敏斯特准备就绪，以备仪式之用。一切准备就绪后，典礼队伍开始向威斯敏斯特教堂挺近。在鼓乐队的后面是内务部的侍从官、大臣、法官以及以乔治亲王为首的贵族们。在宫廷侍卫官与侍女的护卫与陪同下，女王乘坐低矮的敞篷马车，方便人们观看，"女王身着深红色天鹅绒的王袍与嘉德勋位绶带……女王头上满是黄金与钻石饰品"①。典礼队伍所经之处，街道两旁的房屋内挤满了观众，欢呼声响彻云霄。在西敏寺，祭坛上摆放着徽章、连祷文和经文，约克大主教宣讲《旧约·以赛亚书》第 49 章第 23 段："列王必做你的养父，王后必做你的乳母。"布道之后，女王宣誓，主教为女王献上《圣经》，女王俯身亲吻主教们，接着举行圣餐与最后的祈祷。之后典礼队伍返回威斯敏斯特厅，女王戴上了象征着至高无上的身份与地位的王冠。接着是女王与新任官员和贵族共同出席宴会，象征着君主与贵族们和下院议员的联合。然后女王回到圣詹姆士宫款待民众，典礼最后以篝火、彩灯和鸣钟而结束。加冕仪式上女王作为万众瞩目的焦点，成为民族想象的中心与民族象征。

感恩节是安妮时期庆祝前线胜利的宫廷节日，是加强女王权威、塑造女王受人民爱戴形象的重要场合。自从伊丽莎白算起，安妮是首个亲自到圣保罗教堂出席感恩仪式的君主，在前往大教堂前的仪仗队行动前，安妮先在圣詹姆士宫接受贵族的赞美问候。据记载，1702 年 11 月 12 日是安妮即位以来的首个感恩节，早上 8 点，两院议员乘坐马车率领着由大法官庭的成员、法官们组成的队伍，后面是女王，由王室典礼大臣和宫内扈从们、主要的宫内官员、未婚侍女和约曼侍卫们护卫。安妮穿着紫色王服，身披嘉德勋位绶带，乘坐马车，从圣詹姆士教堂前往伦敦城的入口坦普尔栅门，然后经鲁德门，到圣保罗教堂。在教堂门口典礼官们迎驾，女王下车后由骑兵统帅和宫务大臣手持宝剑护卫，进入唱诗班。唱诗班西面是祭坛，安妮在祭坛对面的王座上落座，贵族、下院议员、仆从、伦敦市长与官员在王座周围的椅子上就座。随后的祈祷活动不仅感谢上帝，而且还歌颂女王。仪式结束后，女王返程同样壮观，在鲁德门上悬挂着金字塔形灯

---

① Kevin Sharpe, *Rebranding Rule: The Restoration and Revolution Monarchy, 1660–1714*, Yale University Press,2013, p.616.

饰，以及组成的"征服者"的字样。这次仪式成为以后庆祝布莱尼姆战和拉米伊战的胜利，以及《乌特勒支条约》签订而举行的感恩节的范本。仪式向公众开放，伦敦市民的高声欢呼是仪式的突出特点。据 1706 年的感恩节报道，伦敦街头的阳台上挤满等候观看晚上篝火和火把的人们，甚至在女王的仪仗队伍经过的街道上，一些酒馆老板打出广告，出租房间和阳台供人观看。中殿律师学院门口附近的袜商在庆祝拉米伊战胜利的感恩节前打出广告说，"现有容纳 16—18 人聚会用的阳台一间，带有墙壁装饰精美餐厅，予以出租"①。1713 年感恩节前的一则广告宣传说，出租空房子，供人们观看前往圣保罗大教堂的女王。从中足见宫廷仪式与女王在民众心目中仍然占据重要地位，他们带着对女王殿下的忠诚与情感观看典礼活动。除了伦敦，在王国各地人们通过印刷品，带着崇敬、爱戴和忠诚的心情，阅读感恩仪式的报道，感受仪式的盛况。尽管对法战争的代价巨大，但这些庆祝前线胜利的感恩节成为举国欢庆的民族节日，把安妮塑造成受欢迎的女王、民族象征，以及保护教会的女英雄，因为在圣保罗大教堂以及在往返教堂的队伍中，女王被主教们和王室小教堂的主教们所簇拥，在教堂里他们在女王身边就座。

安妮时期还复兴了嘉德勋章日，嘉德勋章有悠久的历史，由英王爱德华三世于 1348 年设立，是英国地位最高最古老的勋章，只有极少数人能够获得，其中包括英国国君和最多 25 名在世的佩戴者。这是英国宫廷传统的庆典活动，除了举行宗教仪式与布道外，还有前往温莎的盛大游行队伍，都铎王朝伊丽莎白女王与斯图亚特的前国王们特别是查理一世，都非常重视嘉德节，威廉由于忙于对外战争，经常缺席嘉德节，当时作为公主的安妮曾不满地说：

---

① 　R. Bucholz, *The Augustan Court: Queen Anne and the Decline of Court Culture*, Stanford, CA,1993, p. 345.

国王（指威廉三世）对嘉德勋位典礼活动毫无兴趣。①

即位后几天，安妮就举行骑士团会议，增补嘉德骑士成员。在汉普顿宫和圣詹姆士宫、温莎，女王定期举行嘉德骑士团会议，为新当选的骑士举行授勋仪式，女王自然是授勋仪式的中心。当时《宪报》与大多数报纸对嘉德勋章怀有浓厚兴趣，经常报道谁将当选为嘉德骑士团成员、关于选举会议和授勋的传闻。1712 年一首诗在感叹嘉德勋位在过去的衰落后，赞颂女王复兴了古老的嘉德勋位，把它抬高到前所未有的地位，"它是给予令人敬仰的爱国者的荣誉，勇敢的英国人戴上它将更加耀眼夺目"②。

2 月 6 日是安妮诞辰日，它也被隆重庆祝，当天贵族要前往宫廷向女王道贺，教堂要举行宗教活动，诗人要撰写纪念与称颂女王的颂诗，晚上还有表演与娱乐活动。1702 年，编年史作者写道：

> 20 年来，宫廷从未举办过如此盛大的活动。到乔治亲王去世之前，每年的文献在记载宫廷事件中都会用盛大或者异常华丽等字眼，以及关于贵族、乡绅华贵衣服的记载。③

1703 年 2 月 6 日女王诞辰日，王国上下举国欢庆，隆重庆祝女王诞辰，到处是人山人海，烟花齐鸣。安妮的最后一个生日，《英国水星报》描写了伦敦和威斯敏斯特的庆祝活动，人们用响起的钟声、火把、灯饰以及其他表达欢乐的方式，表达对女王的敬意。庆祝女王生日不仅在伦敦，伦敦

---

① R. Bucholz, *The Augustan Court: Queen Anne and the Decline of Court Culture,* Stanford, CA,1993, p. 345.

② Kevin Sharpe, *Rebranding Rule: The Restoration and Revolution Monarchy, 1660–1714,* Yale University Press,2013, p.623.

③ R. Bucholz, *The Augustan Court: Queen Anne and the Decline of Court Culture,* Stanford, CA,1993, p.216.

近郊南岸区举办音乐节庆祝女王诞辰。1704 年罗彻斯特镇，人们用成桶的啤酒、鸣钟、篝火、烟花庆贺女王生日。1713 年女王病重不能亲自出席庆祝活动，但是在德文郡，在阿克明斯特、汉宁顿与科利顿，各地民众仍然用篝火、音乐、烟花和大量的饮品庆祝女王诞辰。在当时日益诉诸宣传的时代，宫廷娱乐活动被广泛报道，"普通民众在这些庆祝活动中看到女王受到如此尊敬与拥戴，激励着他们表达对女王的敬意与忠诚"①。正如一个世纪前伊丽莎白女王的登基日被热烈庆祝一样，安妮女王诞辰活动既是女王的公众威望的一个反映，同时又加强了女王的威望。这些庆典活动被写成新闻进行印刷与报道，在这里安妮女王被宣传成正在崛起的英帝国的胜利女皇。1706 年女王诞辰日，在音乐演奏会中，一首名为《英国的光荣》的诗写道，欧洲和亚洲甘愿被大不列颠和女王安妮踩在脚下，合唱队则唱道：

她开拓了英国的疆土，让我们向她表达服从与忠诚吧。②

在君主制日趋去魅化的时代，安妮仍然被称为"大英帝国盖世无双的神圣女王"。

（三）塑造"第二个伊丽莎白"的形象

伊丽莎白女王在位时期领导英国打败了强大的西班牙，维护了英国的安全，提高了英国的国际地位，在英国人心目中赢得了很高威望，在她去世后强大领袖的形象早已深入人心。安妮政权借用英国人对伊丽莎白的集体记忆，宣扬安妮在推动国家统一、领导对外战争中的功绩，塑造"第

---

① R. Bucholz, *The Augustan Court: Queen Anne and the Decline of Court Culture,* Stanford, CA,1993, p.218.

② Kevin Sharpe, *Rebranding Rule: The Restoration and Revolution Monarchy, 1660–1714,* Yale University Press,2013, p.624.

二个伊丽莎白"的形象，确立王位和政权的合法性。

首先，歌颂安妮在推动英格兰和苏格兰联合中的贡献，塑造维护国家统一的首脑形象。苏格兰是詹姆士党的重要根据地，先后支持詹姆士二世与爱德华在英国复辟斯图亚特王朝，是有可能从北方进攻英国的国家。光荣革命后，苏格兰议会废除英格兰君主，不承认光荣革命后的英格兰立宪君主制，与英格兰处于潜在的战争状态，威胁到新教汉诺威家族对英国王位的顺利继承。因而对英国来说，独立的苏格兰是危险的，与前国王们一样，安妮认为与苏格兰联合，对于保证英格兰的安全、发动对法战争和新教汉诺威继承都是至关重要的，因此推动英苏联合是安妮的重要政策目标。1702 年 3 月 6 日安妮在议会演讲中说，苏格兰与英格兰的联合，就整个不列颠岛的财富、强大、安全来说，都是最重要的事务，为推动英格兰与苏格兰联合作出贡献者无上光荣。1707 年《苏格兰并入英格兰》的联合法案通过的当天，大量的致谢信、布道、颂诗与文章称颂安妮，把联合的贡献归于女王。贾尔斯·登特在感恩布道中说，此前曾有那么多的国王都为两王国的联合而努力过，但最终都失败了，"在上帝的帮助下……女王完成了这个杰作"①。理查德·艾伦在讲道中说，真正推动两王国联合事业的人是女王。弗朗西斯·哈钦森在圣埃德蒙兹伯里大教堂对前来做礼拜的教徒们说：

> 通过我们伟大、出色女王的努力……数千年来我们祖先为之奋斗的梦想，在我们这个时代终于实现了。②

约翰·贝茨在伦敦东部的哈克尼区讲道中说，为了人民福祉与保护

---

① Kevin Sharpe, *Rebranding Rule: The Restoration and Revolution Monarchy, 1660–1714*, Yale University Press, 2013, p.641.

② Kevin Sharpe, *Rebranding Rule: The Restoration and Revolution Monarchy, 1660–1714*, Yale University Press, 2013, p.641.

国家安全，女王推动了两王国联合，自此大英帝国将成为铜墙铁壁。诗人则称颂道，两王国联合的实现，像是上帝的杰作。查尔斯·达比和刘易斯·西奥博尔德在歌颂联合的诗集中，把联合比喻成新生命的诞生，称其是女王的孩子、皇家的后代。剧作家、诗人埃尔卡纳·塞特尔称，两王国联合的计划来自天国，安妮完成了上帝的杰作。理查德·埃诺克宣称，建立在两王国联合基础上的大英帝国，在女王安妮的统治下是安全与快乐的。一首无名诗称赞，英国人的光荣将会是永恒的。一传单上的诗说：

> 目前伟大的安妮只是不列颠岛的女皇，但不久的将来，整个欧洲都会在大英帝国的统治之下。①

塞特尔称颂联合将使大英帝国无坚不摧。当时人们普遍认为，苏格兰并入英格兰，是安妮统治时期最大的成就，甚至比布莱尼姆和拉米伊两大战役取得的胜利更加光荣。安妮被称赞为带领英国走向光荣未来的民族领袖，"是人间最光荣、最有声望的女王"②。

其次，歌颂女王时期英国对法战争的辉煌业绩，把前线的胜利归功于女王，把多戈的胜利抬高到伊丽莎白打败无敌舰队一样的地位，塑造了安妮象征性军事领袖的形象。安妮延续了威廉的反法战争政策。因为法国不承认威廉三世和安妮王位的合法性，因而对安妮来说，稳固统治与保证汉诺威继承英国王位的关键是赢得对法战争的胜利。由于性别、性格与身体条件的限制，把安妮塑造成像威廉一样驰骋疆场的前线军事指挥官形象是不现实的。但在英国历史上伊丽莎白一世虽然也是女性，

①　Kevin Sharpe, *Rebranding Rule: The Restoration and Revolution Monarchy, 1660–1714,* Yale University Press,2013, p.641.

②　Kevin Sharpe, *Rebranding Rule: The Restoration and Revolution Monarchy, 1660–1714,* Yale University Press,2013, p.666.

却树立了国家军事领袖的强大形象，安妮政权效仿伊丽莎白一世的宣传策略，突出安妮作为民族精神象征在对外战争胜利中的巨大作用，从而确立安妮象征性军事领袖的名声与威望。多戈胜利后两天，安妮签署王室公告，下令举办感恩节，全体英国人都要参与相关的宗教活动。过去该仪式是在白厅的皇家礼拜堂举行，属于王室的私人活动。而安妮把皇家感恩节的主要仪式安排在圣保罗大教堂，并且公开举行，皇家礼拜堂的唱诗班与乐师在过去只有举行加冕仪式时才会公开亮相，而这次也参与了仪式，被亲历者誉为"一场由烟火助兴的音乐盛宴"。感恩节之所以转到圣保罗大教堂举行具有重要的象征意义，历史上唯一一次在圣保罗举行的公开感恩仪式是 1588 年伊丽莎白庆祝打败无敌舰队胜利的感恩节。安妮这么做的意图很明显，那就是把多戈的胜利抬高到与一个世纪前打败西班牙无敌舰队一样的位置上，把自己比作伊丽莎白女王，"在历史上，只有在伊丽莎白时期才在这里举行过这样的活动，陛下效仿的是记忆中不朽女王伊丽莎白一世，因此我相信陛下的统治将会是辉煌而光荣的"①。安妮直接参与了感恩节的策划。这次感恩节仿照古罗马凯旋仪式，乐队和民兵举着缴获而来的法军旗帜穿过伦敦城，比利斯托尔则早已竖起了一个拱形凯旋门迎接安妮的到来。据一篇关于感恩节的文章记载：

> 在仪仗队伍经过的街道上，一些民众从自家窗户和阳台里打出标语和挂毯，以示庆祝。②

仪式所用的祈祷书在印刷前由安妮亲自审阅。按照女王的授意，埃

---

① Joseph Hone, *Literature and Party Politics at the Accession of Queen Anne*, Oxford University Press,2017，p.107.

② Joseph Hone, *Literature and Party Politics at the Accession of Queen Anne*, Oxford University Press,2017，p.108.

克塞特主教乔纳森·特雷劳尼爵士选择《约书亚记》中的一段作为仪式讲道的内容：

> 只要紧紧跟随耶和华——你们的上帝，就像你们今日所做的。你们要继续对他保持忠心。你们推进的时候，主已经把又强又大的民族赶走，没有一个国家能够抵挡你们。[1]

这次感恩仪式的烦琐比较符合安妮的心意，它表达了安妮的政治观点与态度。

安妮下令把从多戈截获的战利品铸成硬币，作为宣传女王军事功绩的工具。奥蒙和鲁克在多戈劫掠西班牙运宝船的战利品，直接被送往了铸币厂。按照女王的授意，铸币厂厂长艾萨克·牛顿在铸币安妮头像下刻上大写的"多戈"字样，不过为突出女王形象，它比安妮的头像要小。这些硬币的铸造，一方面是对奥蒙德和鲁克战役的纪念，"让后世英国人记住这一伟大行动"[2]；另一方面，这些硬币也承载着巨大的政治功能：把女王的形象与英国强大的军事力量联系起来，把战利品变成了普通人能够经常看到与使用的通货，歌颂女王在位时的功绩，影响人们对战争的认知。牛顿每年都要铸造带有"多戈"字样的银币，实际上这样银币的原料不是来自多戈的战利品，学者研究发现，多戈的战利品根本没有那么多。[3] 牛顿显然有意夸大英国前线胜利的成果，其用意是借用银币宣传女王作为军事领袖的形象。抱着同样的目的，后来牛顿又发行多戈湾英国舰队的奖章。

---

[1] Jonathan Trelawney, *A Sermon Preach'd before the Queen, and Both Houses of Parliament*: *At the Cathedral Church of St. Paul's Nov.12,1702*, London,1702, pp.13-16.

[2] H. W. Turnbull and others eds., *The Correspondence of Isaac Newton*,7 vols., Cambridge University Press,1959-1977, iv.p.404.

[3] Henry Kamen,"The Destruction of the Spanish Silver Fleet at Vigo in 1702", *Bulletin of the Institute of Historical Research*, Vol.39,1966.

多戈胜利后，英国的新闻记者、小册子作者、诗人发起了一场全面的新闻宣传运动，在大众想象中夸大英国的胜利。英国在多戈的胜利一时间成为人们茶余饭后的重要谈资，"多戈，不仅成为人们酒桌上的话题，也是新闻与传闻文章的标题"①，甚至有广告宣传要出售一套从多戈带回的扑克牌，售价是 1 先令。在这场宣传运动中，女王被塑造成英国象征性的军事首领，"重振了英国古老的荣誉和光荣"②，两党的宣传家都把多戈的胜利归功于安妮。托利党认为，安妮即位以及她作为英国军事力量的象征地位是赢得战争胜利的关键，安妮即位是英国命运的转折点，英国军事实力自此得以重新振兴，指责威廉统治时期英国对外战争的失利。辉格党宣传家笛福称颂安妮是一位受到政治精英的赞美与人民由衷祝愿的宪政君主，称赞她知人善任，把行政权与军权交给大臣与将军们。③ 他认为，安妮女王与伊丽莎白一世一样伟大，在国外打败了绝对主义君主制的天主教法国与西班牙，在国内平息了派别的叛乱，保护了王位。笛福由此得出结论，安妮继位为王，是英国赢得对外战争胜利的先决条件。

小　结

晚期斯图亚特王朝时期的英国，是新旧社会更替、继承与发展并存的时代。安妮作为斯图亚特王朝的最后一位君主，她的即位被詹姆士党人视为斯图亚特王朝二次复辟的重大机遇，有关王权的争论再度兴起，特别是关于安妮王位继承的合法性之依据，她是一个拥有王位继承权的神授权

---

① Joseph Hone, *Literature and Party Politics at the Accession of Queen Anne,* Oxford University Press,2017, p.146.

② Thomas Heskith, *Laphyrologia: or A Discourse Concerning Plunder*, London,1703, p.50.

③ John Watkins, *Representing Elizabeth in Stuart England: Literature, History, Sovereignty*, Cambridge University Press,2002, p.213.

力的女王，还是一个由议会法案任命、应该对立法机关和人民负责的宪政君主？作为一国之君，安妮希望对内维护英国国内和平与稳定，对外打败法国，建立大英帝国。为实现这一目标，安妮采取了灵活、实用的策略，一方面接受 1688 年以来的政治与宪政变革，保持国王与议会的伙伴关系；另一方面又努力维护君主的权威。在努力保持君主独立于政党的同时，又任命那些能够形成多数、得到大众支持的党派组成政府。安妮带有党派调和色彩的君主形象就是这种策略的体现，在议会选举与政党政治造成人民分裂的时代，这种形象表述使女王保持着较高的人气，使君主逐渐成为大英帝国与民族主义精神的符号，从而维护了政权的稳定与国内和平，赢得了对外战争胜利，保证了新教汉诺威家族的王位继承。

参考文献

一、著作类

A. Bellany, *The Politics of Court Scandal in Early Modern England: News Culture and the Overbury Affair,1603–1660,* Cambridge, 2002.

A. F. Johnson, *A Catalogue of Engraved and Etched English Title Pages* , Oxford Bibliographical Society,1934.

A. Griffiths, *The Print in Stuart Britain 1603–1689*, London,1998.

Achsah Guibbory, *Ceremony and Community from Herbert to Milton: Literature, Religion, and Cultural Conflict in Seventeenth-century England* , Cambridge,1998.

A. Hind, *Engraving in England in the Sixteenth and Seventeenth Centuries: Pt. II, the Reign of James I,* Cambridge,1955.

A. Houston and S. Pincus eds., *A Nation Transformed: England after the Restoration*, Cambridge,2002.

A. Keay, *The Magnificent Monarch: Charles II and the Ceremonies of Power* (London,2008)A. L. Beier, D. Cannadine and J. Rosenheim eds., *The First Modern Society: Essays in English History in Honour of Lawrence Stone*, Cambridge,1989.

A. Lacey, *The Cult of King Charles the Martyr*, Woodbridge,2003.

A. MacGregor ed., *The Late King's Goods: Collections, Possessions and Patronage of Charles I in the Light of Commonwealth Inventories*, Oxford,1989.

A. McRae, *Literature, Satire, and the Early Stuart State*, Cambridge,2004.

A. Milton, *Catholic and Reformed: The Roman and Protestant Churches in English Protestant Thought,1600–1640*, Cambridge,1995.

A. Williams, *Poetry and the Creation of Whig Literary Culture,1681–1714*, Oxford,2005.

B. Levack, *The Formation of the British State: England, Scotland and the Union,1603–1707*, Oxford,1987.

C. Brown and H. Vlieghe, *Van Dyck 1599–1641*, London and Antwerp,1999.

C. Brown, *Van Dyck*, Oxford,1982.

C. D. Clark, *English Society,1688–1832: Ideology, Social Structure and Political Practice during the Ancient Regime*, Cambridge,1985.

C. H. Herford, P. Simpson and E.M. Simpson eds., *Ben Jonson Works*, II vols., Oxford,1925–1952.

C. H. McIlwain, *The Political Works of James I,* New York,1965.

C. Hibbard, *Charles I and the Popish Plot,* Chapel Hill, NC,1983.

C. MacLeod and J. Alexander eds., *Painted Ladies: Women at the Court of Charles II*, Exhibition catalogue, New Haven, CT, and London,2001.

D. Bergeron, *King James and Letters of Homoerotic Desire*, Iowa,1999.

D. Bergeron, *Royal Family Royal Lovers: King James of England and Scotland,* Columbia, Miss.,1991.

D. Bergeron, *Shakespeare's Romances and the Royal Family*, Lawrence, Kansas,1985.

D. Bevington and P. Holbrook eds., *The Politics of the Stuart Court Masque*, Cambridge,1998.

D. Cressy, *England on Edge: Crisis and Revolution 1640–1642*, Oxford,2006.

D. Fischlin and M. Fortier eds., *Royal Subjects: Essays on the Writings of James VI and I,* Detroit,2002.

D. Howarth, *Images of Rule: Art and Politics in the English Renaissance,1485–1649*, Berkeley and Los Angeles: University of California Press, 1997.

David Howarth, *Images of Rule:A Social and Political Analysis of English Renaissance Art*, Macmillan Publishers Limited,2007.

D. Howarth, *Lord Arundel and his Circle*, New Haven and London,1985.

D. Norbrook, *Writing the English Republic: Poetry, Rhetoric and Politics,1627–1660*, Oxford,1999.

D. Thomson, *Painting in Scotland,1570–1650*, Edinburgh,1975.

David Cressy's, *England on Edge: Crisis and Revolution,1640–1642*, Oxford,2006.

E. Besly, *Coins and Medals of the English Civil War*, London,1990.

E. Chaney ed., *The Evolution of English Collecting: Receptions of Italian Art in the Tudor and Stuart Periods*, New Haven and London,2003.

E. Corp, *A Court in Exile: The Stuarts in France,1689–1714*, Cambridge,2004.

E. Corp, *The King Over The Water: Portraits of the Stuarts in Exile after 1689,* Scottish National Portrait Gallery, Edinburgh,2001.

E. Cruickshanks ed., *The Stuart Courts*, Stroud,2000.

E. Hobby, *Virtue of Necessity: English Women's Writing,1649–1688*, London,1988.

E. McClure ed., *The Letters of John Chamberlain*, 2 vols., Philadelphia,1939.

E. Mijers and D. Onnekink eds., *Redefining William III: The Impact of the*

King-Stadholder in International Context, Aldershot,2007.

E. Miner, *Poems on the Reign of William III,* Augustan Reprint Society, Los Angeles, CA,1974.

E. Vallance, *Contexts of Conscience in Early Modern Europe,1500–1700,* Basingstoke,2004.

E. Veevers, *Images of Love and Religion: Queen Henrietta Maria and Court Entertainments* , Cambridge,1989.

Earl Miner, *The Cavalier Mode from Jonson to Cotton* , Princeton,1971.

F. Ellis ed., *Poems on Affairs of State: Augustan Satirical Verse,1660–1714,* Vol.6,1697–1704, New Haven, CT, and London,1970.

Felix Rabb, *The English Face of Machiavelli* , London:Routledge and Kegan Paul,1964.

G. Aylmer, *Rebellion or Revolution? England 1640–1660*, Oxford,1986.

G. Aylmer, *The State's Servants: The Civil Service of the English Republic,1649–1660*, London,1973.

G. B. Harrison ed., *A Jacobean Journal: Being a Record of Those Things Most Talked of During the Years 1603–1606,* New York: Macmillan Company,1941.

G. Brooke, *English Coins: From the Seventh Century to the Present day* , London,1950.

G. F. Lytle and S. Orgel eds., *Patronage in the Renaissance* , Princeton,1981.

G. Mahlberg, *Henry Neville and English Republican Culture in the Seventeenth Century* , Manchester,2009.

H. Lloyd–Jones, V. Pearl and B. Worden eds., *History and Imagination: Essays in Honour of H. R. Trevor-Roper* , Duckworth,1981.

H. M. Colvin, *The History of the King's Works, IV,1485–1660 Part II* ,

London: H.M.S.O.,1982.

H. Pierce, *Unseemly Pictures: Graphic Satire and Politics in Early Modern England* , New Haven and London,2008.

H. R. Trevor Roper, *Queen Elizabeth's First Historian: William Camden and the Beginnings of English Civil History*, Neal Lecture,1971.

H. R. Trevor Roper, *The Invention of Scotland: Myth and History* , New Haven, CT, and London,2009.

H. Webber, *Paper Bullets: Print and Kingship under Charles II* , Lexington, KY,1996.

Houston and Pincus eds., *A Nation Transformed: England after the Restoration* , Cambridge,2001.

I. B. Cowan, *The Scottish Reformation: Church and Society in Sixteenth-century Scotland* , New York: St. Martin's Press, 1982.

I. Pears, *The Discovery of Painting: The Growth of Interest in the Arts in England 1680–1768*, New Haven, CT, and London,1988.

J. Alexander eds., *Politics, Transgression, and Representation at the Court of Charles II* , New Haven, CT, and London,2008.

J. Bruce ed., *Letters of Queen Elizabeth and King James VI of Scotland* , Camden Society,46,1849.

J. Callow, *The Making of King James II* , Stroud,2000.

J. Craigie ed., *Minor Prose Works of King James VI and I* , Edinburgh,1982.

J. Daybel and P. Hinds eds., *Material Readings of Early Modern Culture* , Basingstoke,2011.

J. Garrett, *The Triumphs of Providence: The Assassination Plot,1696,* Cambridge,1980.

J. Goldberg, *James I and the Politics of Literature: Jonson, Shakespeare,*

Donne and the contemporaries , Baltimore and London,1983.

J. Guy ed., *The Reign of Elizabeth: Court and Culture in the Last Decade* , Cambridge,1995.

J. Harris, S. Orgel and R. Strong, *The King's Arcadia: Inigo Jones and the Stuart Court* , Arts Council of Great Britain,1973.

J. Israel ed., *The Anglo-Dutch Moment: Essays on the Glorious Revolution and its World Impact* , Cambridge,1991.

J. North, *English Hammered Coinage, II,1272–1661,* London, Spink and Son 1991.

J. Maltby, *Prayer Book and People in Elizabethan and Early Stuart England*, Cambridge,1998.

J. Miller, *James II: A Study in Kingship* , Hove,1977.

J. Morrill, P. Slack and D. Woolf eds., *Public Duty and Private Conscience in Seventeenth-Century England* , Oxford,1992.

J. Nichols, *The Progresses, Processions and Magnificent Festivities of King James the First* , Kessinger Publishing, LLC,2010.

J. Stewart, *Sir Godfrey Kneller and the English Baroque Portrait* , Oxford,1983.

J. Summerson, *Inigo Jones* , Harmondsworth,1966.

J. Whiting, *Commemorative Medals: A Medallic History of Britain from Tudor Times to the Present Day* , Newton Abbot,1972.

Jane Rickard, *Authorship and Authority: The Writings of James VI and I* , Manchester,2007.

Jean−Christophe Mayer ed., *The Struggle for the Succession in Late Elizabethan England: politics, Polemics and Cultural Representations* , Montpellier,2004.

Joad Raymond, *Pamphlets and Pamphleteering in Early Modern Britain*,
Cambridge,2003.

Jonathan Goldberg, *James I and the Politics of Literature: Jonson,
Shakespeare, Donne and their Contemporaries*, Baltimore,1983.

K. Fincham ed., *The Early Stuart Church 1603–1642,* Basingstoke,1993.

K. Hearn ed., *Van Dyck and Britain*, London,2009.

K. Sharpe and P. Lake eds., *Culture and Politics in Early Stuart England*,
Basingstoke,1994.

K. Sharpe and S. Zwicker eds., *Reading, Society and Politics in Early
Modern England*, Cambridge,2003.

K. Sharpe and S. Zwicker eds., *Refiguring Revolutions: Aesthetics and
Politics from the English Revolution to the Romantic Revolution*, Berkeley, CA,
and London,1998.

K. Sharpe ed., *Faction and Parliament: Essays on Early Stuart History*,
Oxford,1978.

K. Sharpe, *Criticism and Compliment: The Politics of Literature in the
England of Charles I*, Cambridge,1987.

K. Sharpe, *Selling the Tudor Monarchy: Authority and Image in Sixteenth-
Century England*, New Haven, CT, and London,2009.

K.P. Croft, Patronage, *Culture and Power: The Early Cecils*, New Haven
and London,2002.

K.Phillips, *The Reformation of Images: The Destruction of Art in
England,1535–1660*, Los Angeles,1973.

L. Barroll, *Anna of Denmark, Queen of England: A Cultural Biography*,
Philadelphia,2001.

L. Knoppers, *Constructing Cromwell: Ceremony, Portrait and*

Print,1645–1661, Cambridge,2000.

L. L. Peck ed., *The Mental World of the Jacobean Court* , Cambridge,1991.

L. Potter, *Secret Rites and Secret Writing: Royalist Literature,1641–1660,* Cambridge,1989.

L.D. Loewenstein and J. Mueller eds., *The Cambridge History of Early Modern English Literature* , Cambridge,2002.

L.G. Wickham Legg, *English Coronation Records* , London,1901.

L.M. Aston, *England's Iconoclasts: Laws against Images* , Oxford,1988.

M. Fissel, *The Bishops' Wars: Charles I's Campaigns against Scotland,1638–1640,* Cambridge,1994.

M. Knights, *Representation and Misrepresentation in later Stuart Britain: Partisanship and Political Culture* , Oxford,2005.

M. McKeon, *The Secret History of Domesticity: Public, Private, and the Division of Knowledge* , Baltimore, MD,2005.

M. Whinney, *Sculpture in Britain,1530–1830,* London,1988.

M. Zook, *Radical Whigs and Conspiratorial Politics in Late Stuart England*, Philadelphia, PA,1999.

Mason ed., *Scots and Britons: Scottish Political Thought and the Union of 1603*, Cambridge,1994.

Morrill ed., *Reactions to the English Civil War,1642–1649*, Basingstoke, 1982.

N. Jose, *Ideas of the Restoration in English Literature,1660–1671*, Cambridge, MA,1984.

N. Keeble ed., *The Cambridge Companion to Writing of the English Revolution* , Cambridge,2001.

N. Maguire, *Regicide and Restoration:English Tragicomedy,1660–1671,* Cambridge,1992.

N. Smith, *The Royal Image and the English People* , Aldershot,2001.

O. Airy ed., *Burnet's History of His Own Time* , 2 vols., Oxford,1897.

O. Millar, *The Tudor, Stuart and Early Georgian Pictures in the Collection of Her Majesty the Queen* , London,1963.

ODNB and B. Capp, *The World of John Taylor the Water Poet* , Oxford,1994.

P. Donald, *An Uncounselled King: Charles I and the Scottish Troubles,1637–1641*, Cambridge,1990.

P. Harth, *Pen for a Party: Dryden's Tory Propaganda in its Contexts* , Princeton, NJ,1993.

P. Lake eds., *Culture and Politics in Early Stuart England* , Basingstoke,1994.

P. McCullough, *Sermons at Court: Politics and Religion in Elizabethan and Jacobean Preaching* , Cambridge,1998.

P. Monod, *Jacobitism and the English People,1688–1788,* Cambridge,1989.

P. Seaby, *The Story of British Coinage* , London,1985.

P. Slack and D. Woolf eds., Public Duty and Private Conscience in Seventeenth−Century England , Oxford,1992.

P.Backscheider, *Spectacular Politics: Theatrical Power and Mass Culture in Early Modern England* , Baltimore, MD,1993.

R. A. Anselment, *Loyalist Resolve: Patient Fortitude in the English Civil War* , Newark, Delaware,1988.

R. Beddard ed., *A Kingdom without a King: The Journal of the Provisional Government in the Revolution of 1688*, Oxford,1988.

R. Cust, *The Forced Loan and English Politics,1626–1628*, Oxford,1987.

R. Dutton ed., *Jacobean Civic Pageants* , Keele,1995.

R. Houlbrooke ed., *James VI and I: Ideas, Authority, and Government* ,

Aldershot, 2006.

R. M. Smuts ed., *The Stuart Court and Europe: Essays in Politics and Political Culture* , Cambridge,1996.

R. Myers and M. Harris eds., *Aspects of Printing from 1600,* Oxford,1987.

R. Ollard, *The Escape of Charles II after the Battle of Worcester* , London,1966.

R. Ollard, *The Image of the King: Charles I and Charles II* , London,1979.

R. Sharp, *The Engraved Record of the Jacobite Movement* , Aldershot,1996.

R. Sherwood, *The Court of Oliver Cromwell* , London,1977.

R. Strong, *Charles I on Horseback* , Allen Lane,1972.

R. Strong, *The Tudor and Stuart Monarchy, Pageantry, Paintings, Iconography II: Elizabethan* , Woodbridge, Suffolk,1995.

R. Strong, *Henry Prince of Wales and England's Lost Renaissance,* New York: Thames and Hudson, 1986.

R. W. Bushnell, *Tragedies of Tyrants: Political Thought and Theater in the English Renaissance* , Ithaca, NY,1990.

Raymond, *Pamphlets and Pamphleteering in Early Modern Britain* , Cambridge,2003.

S. Amussen and M. Kishlansky eds., *Political Culture and Cultural Politics in Early Modern England* , Manchester,1995.

S. Barnes, N. de Poorter, O. Millar and H. Vey eds., *Van Dyck: A Complete catalogue of the Paintings* , New Haven, CT, and London,2003.

S. Clucas and R. Davies eds., *The Crisis of 1614 and the Addled Parliament: Literary and Historical Perspectives* , Aldershot,2002.

S. Orgel, ed., *Ben Jonson: The Complete Masques* , New Haven,1969.

S. Owen, *Restoration Theatre and Crisis* , Oxford,1996.

S. Thurley, *Hampton Court: A Social and Architectural History* , New Haven, CT, and London,2003.

S. Thurley, Whitehall Palace: An Architectural History of the Royal Apartments,1240–1698, New Haven, CT, and London,1999.

S. van Raaij ed., *The Royal Progress of William & Mary,* Amsterdam,1988.

S. Zwicker eds., *Writing Lives: Biography and Textuality, Identity and Representation in Early Modern England*, Oxford,2008.

S.Pincus eds., *Rethinking the Public Sphere in Early Modern England*, Manchester 2007.

Schwoerer ed., *The Revolution of 1688: Changing Perspectives*, Cambridge,1992.

Ming–Hsun Li, *The Great Recoinage of 1696 to 1699*, London: Weidenfeld and Nicolson,1963.

Sharpe, *Remapping Early Modern England: the Culture of Seventeenth-Century Politics,* Cambridge,2000.

Sharpe, *Selling the Tudor Monarchy: Authority and Image in Sixteenth-Century England*, New Haven and London,2009.

Sherwood, *Oliver Cromwell: King in All But Name,1653–1658*, Stroud,1997.

Simon Thurley, *Whitehall Palace: An Architectural History of the Royal Apartments,1240–1698*, New Haven and London,1999.

T. Claydon, *William III and the Godly Revolution*, Cambridge,1996.

T. Claydon, *William III: Profiles in Power*, Harlow,2002.

T. Cogswell, T*he Blessed Revolution: English Politics and the Coming of War,1621–1624*, Cambridge,1989.

T. Corns ed., The Royal Image: Representations of Charles I, Cambridge,1999.

T. Harris, *Restoration: Charles II and His Kingdoms,1660–1685*, London and New York, 2005.

T. Harris, *Revolution: The Great Crisis of the British Monarchy,1685–1720*, London and New York, 2006.

T. Watt, *Cheap Print and Popular Piety,1550–1640*, Cambridge,1991.

Tim Harris, *Restoration: Charles II and His Kingdoms,1660–1685*, London and New York,2005.

W.C. Abbott ed., *The Writings and Speeches of Oliver Cromwell*, 4 vols., Cambridge, MA,1937–1947.

二、论文类

A de Gooyer,"Edmund Waller on St. James's Park", *Restoration: Studies in English Literary Culture,1660–1700*,31, 2007.

A. McLaren,"The Quest for a King: Gender, Marriage, and Succession in Elizabethan England", *Journal of British Studies*,41, 2002.

A. Milton,"Licensing, Censorship, and Religious Orthodoxy in Early Stuart England", *Historical Journal*,41, 1998.

A.C. Roberts,"The Impeachment of the Earl of Clarendon", *Historical Journal,*13, 1957.

A.Garganigo,"William without Mary: Mourning Sensibly in the Public Sphere", *Seventeenth Century*,23, 2008.

B. Garganigo,"William without Mary: Mourning Sensibly in the Public Sphere", *Seventeenth Century*,23, 2008.

B. Weiser,"Owning the King's Story: The Escape from Worcester", *Seventeenth Century*,14, 1999.

C. Roberts,"The Constitutional Significance of the Financial Settlement of

1690", *Historical Journal*,20, 1977.

C. Wilson,"1688 and the Historians", *History Today*,38, 1988.

Carver,"The Restoration Poets and Their Father King", *Huntington Library Quarterly*,40, 1977.

D. Mermin,"Women Becoming Poets: Katherine Philips, Aphra Behn, Anne Finch", *English Literary History*,57, 1990.

F. M. Kelly,"Mytens and His Portraits of Charles I", *Burlington Magazine*,37, 1920.

G. R. Elton,"Tudor Government: The Points of Contact, III: The Court", *Transactions of the Royal Historical Society*,26, 1976.

G. W. Bernard,"The Church of England, c.1529−c.1642", *History*,75, 1990.

H. Farquhar,"Portraits of the Stuarts on the Royalist Badges", *British Numismatic Journal*,2, 1906.

H. Love,"Who Were the Restoration Audience?", *Yearbook of English Studies*,10, 1980.

J. Boulton,"Wage Labour in Seventeenth Century London", *Economic History Review*,49, 1996.

J. Kirk,"Iconoclasm and Reformation", *Records of the Scottish Church History Society*,24, 1992.

J. Raymond,"The Newspaper, Public Opinion,2 4and the Public Sphere in the Seventeenth Century", *Prose Studies*,21, 1998.

J. Rose,"Royal Ecclesiastical Supremacy and the Restoration Church", *Historical Research*,80, 2007.

J. Stewart,"William III and Sir Godfrey Kneller", *Journal of the Warburg and Courtauld Institutes*,33, 1970.

K. A. Esdaile,"The Busts and Statues of Charles I", *Burlington Magazine*,91, 1949.

K. Sharpe,"Private Conscience and Public Duty in the Writings of Charles I", *Historical Journal*,40, 1997.

L. J. Reeve,"Sir Thomas Roe's Prophecy of 1629", *Bulletin of the Institute of Historical Research*,56, 1983.

L. Racaut,"The 'Book of Sports' and Sabbatarian Legislation in Lancashire", *Northern History*,33, 1997.

Lake and Pincus,"Rethinking the Public Sphere in Early Modern England", Journal of British Studies,45, 2006.

M. Butler,"Early Stuart Court Culture: Compliment or Criticism?", *Historical Journal*,32, 1989.

M. Kishlansky,"Charles I: A Case of Mistaken Identity", *Past & Present*,189, 2005.

P. Herman,"Authorship and the Royal 'I': King James VI/I and the Politics of Monarchic Verse", *Renaissance Quarterly*,54, 2001.

P. Lake,"The King, the Queen and the Jesuit: James Stuart's True Law of Free Monarchies in Contexts", *Transactions of the Royal Historical Society*,6th ser.,14, 2004.

P. Shakeshaft," 'Too Much Bewitched With Thoes Intysing Things': The Letters of James, Third Marquis of Hamilton and Basil, Viscount Fielding in Venice,1635–1639", *Burlington Magazine*,128, 1986.

R. A. Anselment,"Clarendon and the Caroline Myth of Peace", *Journal of British Studies,23,* 1984.

R.Davies,"An Inventory of the Duke of Buckingham's Pictures at York House in 1635", *Burlington Magazine*,10, 1907.

T. Harris,"The Bawdy House Riots of 1668", *Historical Journal*,27, 1986.

责任编辑：陆丽云
封面设计：汪　莹

图书在版编目（CIP）数据

17 世纪英国政权形象与兴替研究／刘淑青 著 . — 北京：
　人民出版社，2023.5
ISBN 978 − 7 − 01 − 025237 − 7

I. ① 1⋯　 II. ①刘⋯　 III. ①政治制度史 – 研究 – 英国 –17 世纪
　IV. ① D756.19

中国版本图书馆 CIP 数据核字（2022）第 204618 号

17 世纪英国政权形象与兴替研究

17 SHIJI YINGGUO ZHENGQUAN XINGXIANG YU XINGTI YANJIU

刘淑青　著

人民出版社 出版发行
（100706　北京市东城区隆福寺街 99 号）

北京汇林印务有限公司印刷　新华书店经销

2023 年 5 月第 1 版　 2023 年 5 月北京第 1 次印刷
开本：710 毫米 ×1000 毫米 1/16　印张：19.25
字数：260 千字

ISBN 978 − 7 − 01 − 025237 − 7　定价：98.00 元

邮购地址 100706　北京市东城区隆福寺街 99 号
人民东方图书销售中心　电话（010）65250042　65289539